EM BUSCA DA SOLUÇÃO ADEQUADA DE CONFLITOS:
partes e instituições em disputa

BRUNO TAKAHASHI
Doutor, Mestre e Bacharel em Direito pela USP
Bacharel em Letras pela PUC/SP
Juiz Federal em São Paulo

EM BUSCA DA SOLUÇÃO ADEQUADA DE CONFLITOS:
partes e instituições em disputa

Belo Horizonte
2021

Copyright © 2021 Editora Del Rey Ltda.
Nenhuma parte deste livro poderá ser reproduzida, sejam quais forem os meios empregados, sem a permissão, por escrito, da Editora.
Impresso no Brasil | *Printed in Brazil*

EDITORA DEL REY LTDA.
www.editoradelrey.com.br

Editor: Arnaldo Oliveira

Editor Adjunto: Ricardo A. Malheiros Fiuza
(*in memoriam*)

Coordenação Editorial: Letícia Neves

Diagramação: Know-how Editorial

Revisão: João Rodrigues de Jesus

Editora:
Rua dos Goitacazes, 71 – Lojas 20 a 24
Centro – Belo Horizonte – MG
CEP 30190-050

Comercial:
Tel.: (31) 3284-3284
vendas@editoradelrey.com.br

Editorial:
editorial@editoradelrey.com.br
Tel.: (31) 2516-3340

CONSELHO EDITORIAL:

Alice de Souza Birchal
Antônio Augusto Cançado Trindade
Antonio Augusto Junho Anastasia
Antônio Pereira Gaio Júnior
Aroldo Plínio Gonçalves
Carlos Alberto Penna R. de Carvalho
Dalmar Pimenta
Edelberto Augusto Gomes Lima
Edésio Fernandes
Felipe Martins Pinto
Fernando Gonzaga Jayme
Hermes Vilchez Guerrero
José Adércio Leite Sampaio
José Edgard Penna Amorim Pereira
Luiz Guilherme da Costa Wagner Junior
Misabel Abreu Machado Derzi
Plínio Salgado
Rénan Kfuri Lopes
Rodrigo da Cunha Pereira

T136e   Takahashi, Bruno. Em busca da solução adequada para conflitos: partes e instituições em disputa / Bruno Takahashi. — Belo Horizonte: Del Rey, 2021.
304 p. : il.

Inclui bibliografia.
ISBN 978-65-00-22140-4

1. Processo civil – Brasil 2. Ação judicial 3. Acesso à justiça
4. Resolução de disputas (Direito) 5. Processo judicial I.Título

CDU(1976) 347.9(81)

Ficha catalográfica elaborada pelo bibliotecário
Junio Martins Lourenço - CRB 6/3167.

AGRADECIMENTOS

Se o processo não é ponto de partida e nem ponto de chegada, cabe valorizar o caminho que se faz ao caminhar. Agradeço a todos que, de alguma forma, tornaram o percurso menos tortuoso e, frequentemente, muito agradável.

Em particular, sou grato ao professor Carlos Alberto de Salles pelo apoio constante e pela orientação precisa desde os tempos do mestrado. Esta tese, em grande parte, é fruto das diversas conversas com o professor Salles e da leitura de sua obra. Seja do ponto de vista teórico, seja do pessoal, ele é um grande exemplo para mim.

Também agradeço ao professor Kazuo Watanabe pelas inúmeras lições a cada nova batalha para tentar fazer a ordem jurídica mais justa, bem como pelo apoio para a publicação desta obra. Do mesmo modo, sou grato ao professor Antonio Rodrigues de Freitas Jr., que generosamente me acolheu em seus projetos acadêmicos e com quem pude debater aspectos centrais deste trabalho.

Pelas valiosas sugestões durante a Banca de Qualificação, e fora dela, agradeço aos professores Susana Henriques da Costa e Paulo Eduardo Alves da Silva. Pelas relevantes observações feitas, sou grato aos componentes da Banca de Defesa, professores Celso Fernandes Campilongo, Antonio Rodrigues de Freitas Jr., Paulo Eduardo Alves da Silva, Daniela Monteiro Gabbay e Diego Werneck Arguelhes. Devo ainda uma menção especial à professora Ada Pellegrini Grinover, que esteve presente nas Bancas de Qualificação e de Defesa do mestrado e me deixou amáveis palavras de incentivo para persistir na trajetória acadêmica.

Este trabalho é mais um passo na caminhada que teve início na Iniciação Científica durante a Graduação em Letras. Embora voltado a um tema tão distante como o gênero fantástico nos contos de Machado de Assis, retrospectivamente percebo a importância que aqueles dois anos como bolsista do CNPq tiveram na minha formação como pesquisador. Por isso, agradeço à minha primeira orientadora, professora Maria Aparecida Junqueira.

O começo desta pesquisa coincidiu com o período que estive como pesquisador visitante na Universidade de Osaka. Por isso, sou novamente grato ao professor Tsuneo Niki, por ter me aceito naquela instituição e pelo contato mantido desde então. Também agradeço aos professores Akiyo Shimamura, Luis Pedriza e Kota Fukui pelas explicações acerca do sistema judicial japonês e que, indiretamente, foram de extrema utilidade para a análise do contexto brasileiro.

Durante o doutorado, tive a oportunidade de passar dois intensos meses como pesquisador na Universidade de Wisconsin-Madison. Pela admissão no *Global Legal Studies Center*, agradeço às professoras Sumudu Atapattu e Alexandra Huneeus. Sou extremamente grato ao professor Marc Galanter, que foi um verdadeiro anfitrião em Madison, dispondo-se a me encontrar semanalmente e a esclarecer minhas mais diversas dúvidas, sempre com uma paciência e uma humildade admiráveis. Também agradeço ao professor Neil Komesar por discutir meu projeto de pesquisa, bem como por me auxiliar com textos e esclarecimentos acerca da análise institucional comparada. Pela troca de experiências no período, sou igualmente grato aos professores Jeff Bowen e Boaventura de Sousa Santos, bem como a Richard Jacobson, Wenjie Hu, Paulo André Silva Nassar e Aldar Chirninov.

Se o direito dos livros e o direito em ação formam partes de uma mesma realidade multifacetada, a teoria não pode se dissociar da prática. Minha experiência profissional seria muito menos gratificante se não fosse o apoio da Desembargadora Federal Daldice Santana, a quem sou especialmente grato. Muitas das reflexões presentes nesta tese decorreram das inúmeras conversas, projetos e inquietações compartilhadas com ela, seja na época do Gabinete da Conciliação, seja no Comitê Gestor Nacional de Conciliação.

Entre as pessoas que foram fundamentais durante o período do doutorado, tanto pela troca de ideias como pela imprescindível amizade agradeço, em particular, a Márcia Hoffmann do Amaral e Silva

Turri, a Herbert Cornelio Pieter de Bruyn Junior e a Mauro Spalding. Por tudo isso e pela leitura crítica da versão preliminar do trabalho, sou grato a Carlos Gustavo Moimaz Marques.

Pelo imprescindível apoio institucional para o desenvolvimento desta tese, sou grato aos Desembargadores Federais Therezinha Cazerta, Paulo Fontes e José Marcos Lunardelli. Do mesmo modo, agradeço aos servidores da 2ª Vara Previdenciária, da 1ª Vara Federal de Naviraí, do Gabinete da Conciliação e da Central de Conciliação de São Paulo pelo convívio diário em épocas que coincidiram com o doutorado. Pelo auxílio na pesquisa bibliográfica, agradeço aos servidores das Bibliotecas do Tribunal Regional Federal da 3ª Região e da Justiça Federal de São Paulo.

Aos amigos Sallesianos, agradeço por todo o apoio e incentivo prestados durante toda a elaboração deste trabalho. Em particular, agradeço a Alex Alckmin de Abreu Montenegro Zamboni, Amanda de Araujo Guimarães, Bruna Braga da Silveira, Bruno Lopes Megna, Maria Cecília de Araujo Asperti, Julio Oliveira e Marcela de Oliveira Rama.

Também sou grato a professora Daniela Monteiro Gabbay, com quem pude compartilhar diversos projetos acadêmicos nos últimos anos e que foram fundamentais para o desenvolvimento deste trabalho. Ao professor Marco Antônio Garcia Lopes Lorencini manifesto meus sinceros agradecimentos não só pela troca de reflexões sobre os meios consensuais, mas, sobretudo, pelas reconfortantes palavras de apoio em um dos momentos mais críticos da pesquisa.

Em momentos diversos do percurso, muitas pessoas gentilmente contribuíram com sugestões que foram valiosas para a concretização do trabalho. Sou grato, em especial, a Zélia Luiza Pierdoná, Fernanda Tartuce, Yuri Kuroda Nabeshima, Ernani Shoiti Oda, Márcio Hayashi, Marcos Rolim da Silva, Marco Aurélio Serau Junior e Alexandre Schumacher Triches.

No desenvolvimento da pesquisa, pude apresentar conclusões parciais do trabalho nos Encontros Anuais da *Law and Society Association* de 2016 e de 2017; no XI Congresso Internacional de Estudos Japoneses no Brasil em 2016; e no *Brazil-Japan Litigation and Society Seminar* em 2018. Sou grato a todos os comentários recebidos nestas ocasiões e que auxiliaram no aprimoramento da pesquisa.

Ao João Rodrigues de Jesus, que, sempre com a competência habitual, corrige minhas redações desde a época do colégio, sou grato pela imprescindível revisão do texto original.

Sem o apoio familiar, nada seria possível ou, se possível, não valeria a pena. Por isso, agradeço a minha mãe, Keiko, ao meu pai, Martinho, ao meu irmão, Daniel, a minha cunhada, Mitie, e aos meus dois sobrinhos, Arthur e Pedro. Ao meu pai, em especial, agradeço também pela valiosa e atenta leitura crítica que fez deste trabalho.

Pelo apoio durante a pesquisa, agradeço a Olivia. A Violeta, agradeço pela alegria que trouxe desde a sua chegada, permitindo que eu olhasse o processo – e o mundo – sob outra perspectiva.

"(...) é claro que explicar os processos não é suficiente para ninguém; não temos outra opção além de vivê-los, e ao vivê-los é que se aprende, mas também é como se cometem os erros e como se perde o rumo."

Mario Levrero. *O romance luminoso.*

"– Todos aspiram à lei – diz o homem. – Como se explica que em tantos anos ninguém além de mim pediu para entrar?
O porteiro percebe que o homem já está no fim e para ainda alcançar sua audição em declínio ele berra:
– Aqui ninguém mais podia ser admitido, pois esta entrada estava destinada só a você. Agora eu vou embora e fecho-a".

Franz Kafka. *Diante da lei.*

APRESENTAÇÃO

Com esta obra, o magistrado federal BRUNO TAKAHASHI, sob a orientação do Prof. CARLOS ALBERTO DE SALLES, conquistou com brilhantismo o título de Doutor em Direito pela Faculdade de Direito da Universidade de São Paulo.

A tese, elogiada por todos os membros da banca, aborda o importante tema do *"processo adequado para o tratamento do conflito"* e sua inovadora conclusão, com aprofundados estudos dos diferentes aspectos do importante tema, é no sentido de que se deve começar *"a procurar em outro lugar"*. Esclarece que essa *"perspectiva diversa"* está apoiada na *instrumentalidade metodológica* do seu Orientador e *"envolve três movimentos:* **dar um passo atrás***, indo do litígio judicial para o conflito;* **olhar para os lados***, vendo as diversas instituições (processos decisórios) disponíveis além do Judiciário; e* **observar quem está presente***, notando a dinâmica das partes em ação"*.

Prof. CARLOS ALBERTO DE SALLES, criador da inovadora e importante perspectiva de análise por ele cunhada de *"instrumentalidade metodológica"*, em que se baseou o jovem e promissor processualista, no Prefácio à obra nos dá a síntese de seu conteúdo e de suas abordagens mais inovadoras e importantes.

Não me cabe, como mero leitor do trabalho, tecer mais considerações sobre seu conteúdo. Apenas me limitarei a anotar que, em nossa avaliação, é de fundamental importância para a análise dos vários problemas ligados ao acesso à justiça a perspectiva adotada por BRUNO TAKAHASHI, que é a do tratamento adequado dos conflitos (não quaisquer conflitos, segundo ele sublinha, e sim apenas os "conflitos de justiça", que são aqueles que interessam ao Direito).

Esta obra é fruto do trabalho que BRUNO TAKAHASHI vem desenvolvendo como juiz federal desde 2008, inicialmente em Jacarezinho, Estado do Paraná, quando passou a trabalhar sob a orientação do Juiz MAURO SPALDING, "que havia desenvolvido um sistema de perícias médicas orais seguidas de tentativas de conciliação em processos de benefícios previdenciários por incapacidade". A relevância desse projeto, em cuja continuidade e aperfeiçoamento passou a contribuir, foi reconhecida, em 2010, pelo Conselho Nacional de Justiça, vindo a ganhar o *I Prêmio "Conciliar é Legal"* na categoria "Juiz Federal", sendo contemplados ambos os magistrados, MAURO SPALDING e BRUNO TAKAHASHI.

Posteriormente, em 2012, foi removido para São Paulo, passando a auxiliar na Central de Conciliação de São Paulo, por indicação da Desembargadora Federal DALDICE SANTANA, então coordenadora do Gabinete da Conciliação do Tribunal Regional Federal da 3ª Região, onde permaneceu de 2012 a 2014.

Quando a Desembargadora DALDICE SANTANA passou a integrar, em 2015, o CONSELHO NACIONAL DE JUSTIÇA na condição de Conselheira, foi convidado para compor o Comitê Gestor Nacional da Conciliação, onde permaneceu de 2015 a 2019, e durante todo esse tempo foi auxiliar direto da Conselheira DALDICE SANTANA, vindo a ter contato com os inúmeros problemas e dificuldades enfrentados pelas soluções consensuais no sistema de justiça do país.

Em 2018, passou a coordenar a Central de Conciliação de São Paulo, onde atuara como juiz auxiliar de 2012 e 2014, e até a presente data continua comandando o importante setor da Justiça Federal de São Paulo.

Percebe-se assim que a presente obra é fruto da intensa e dedicada experiência no tratamento dos conflitos, não se tratando de tese baseada em estudos teóricos desenvolvidos para fins exclusivamente acadêmicos. Anteriormente, em 2012, sob a orientação do PROF. CARLOS ALBERTO DE SALLES, já havia se debruçado sob um outro aspecto importante do tratamento adequado dos conflitos, e elaborou a dissertação de mestrado sobre o *"papel do terceiro facilitador em conflitos previdenciários"*. Esta obra, tese de doutorado voltada ao estudo do "processo adequado", concluída e defendida 7 (sete) anos depois, é o resultado do aprofundamento das preocupações doutrinárias provocadas pelo diuturno trabalho de tratamento dos conflitos.

Com toda a certeza, provocará o surgimento de outros estudos sobre o importante tema do *tratamento adequado* dos conflitos, contribuindo de modo importante para a evolução das ciências sociais em geral, em especial do direito processual.

São Paulo, janeiro de 2021.

Kazuo Watanabe

PREFÁCIO

Processo e jurisdição são, hoje, conceitos que andam juntos. Não há como pensar o processo, com seriedade, sem refletir sobre a jurisdição e suas múltiplas implicações sociais e políticas. Sem essa referência, estuda-se o processo como um corpo sem alma, nos moldes de uma anatomia humana estudada somente em cadáveres. Afinal, é a jurisdição que dá ao processo o senso de finalidade e, ainda mais, permite ao estudioso conhecer seu funcionamento em concreto, entendendo suas consequências imediatas e antevendo aquelas mais longínquas. Sim, a jurisdição deve ser vista, no atual estágio do Direito Processual, como a verdadeira *anima* do processo.

O problema é que essa *anima* vive momentos tormentosos. Muitas são as inquietações que a cercam, pesados são os desafios que lhe são impostos. Demandas sociais, por vezes contraditórias, a jogam em profunda crise de identidade. Se, por um lado, se exige dela agir como contraponto aos demais poderes estatais, verdadeiro esteio do Estado democrático de direito, por outro, impõe-se a ela a condição de prestadora de serviços, responsável pela avalanche de processos que superlota os serviços judiciais.

Dessa maneira, a jurisdição deve estar apta a responder pelas mais elevadas questões de constitucionalidade, pelas mais intrincadas dificuldades de formulação e execução de políticas públicas e, ainda, dar conta de muitos milhões de processos individuais acumulados nos escaninhos e, agora, nos *drives* de plataformas eletrônicas. Para complicar, a jurisdição tende a ser prisioneira de seus próprios limites conceituais, adstrita a uma concepção ligada às funções tradicionais do Poder Judiciário.

No presente trabalho, que agora vem a público, Bruno Takahashi, corretamente, busca no problema da *litigiosidade* o caminho para romper aqueles limites analíticos da jurisdição. De fato, o problema não se coloca mais, de maneira estrita, como algo relativo ao "processo", a sua disciplina legal e a sua capacidade de responder às variadas situações de direito material. Ao contrário, o que passa a ser determinante é aquilo que dá causa ao surgimento de conflitos jurisdicionalizáveis, que alimenta a fogueira da tal *litigiosidade*.

Daí os *olhares* propostos nesta obra, a indicar a necessidade de novas perspectivas e, ao mesmo tempo, a marcar o *lugar de fala do autor* – como está na moda dizer –, como processualista e como Juiz Federal. É preciso *dar um passo atrás*, para examinar o conflito, não apenas o litígio levado a juízo, é preciso *olhar para os lados*, para ver as instituições envolvidas, e é preciso *observar quem está presente*, para entender quem são e como agem os vários sujeitos envolvidos no jogo.

Essa habilidosa *dinâmica de olhares*, construída pelo autor, mostra, também, a centralidade da perspectiva do processo e da jurisdição estatal, a partir da qual o foco de visão vai se alternando. De todo modo, o se busca é sair do "processo" em sua concepção tradicional, trilhando-se os caminhos da abordagem de uma *instrumentalidade metodológica*. Busca-se, assim, enxergar a *litigiosidade*, suas causas e seu impacto sobre a jurisdição, para buscar um juízo de adequação dos vários tipos e perfis de processo envolvidos. Esboça-se, portanto, um caminho de ida, mas também aquele de volta para o processo.

Claro, não basta olhar, é preciso saber o que se procura. Em termos de metodologia, a metáfora do olhar se completa na necessidade de um recorte específico, em uma correta delimitação do objeto. A esse propósito, a opção de Bruno Takahashi é bastante clara: examinar instituições e partes. Se a intenção é *dar um passo atrás*, para examinar o conflito, raiz da litigiosidade, a escolha do autor é verificar como partes e instituições se colocam em relação a ele. O recorte metodológico se justifica, pois se trata de fatores fundamentais na maneira pela qual o processo se organiza e pode-se mostrar mais ou menos adequado para tratamento do conflito.

Para esse recorte, a base teórica trazida pelo autor não poderia ser melhor. Sem dúvida, a análise comparativa institucional, de NEIL KOMESAR, tem muito a dizer sobre como instituições podem – ou não – atingir determinados objetivos. De igual maneira, o diagnóstico de MARC GALANTER, sobre a diferente capacidade de litigantes habituais e participantes eventuais obterem vantagens em sua atuação no Judiciário, traz riquíssimos elementos para análise das partes em face da jurisdição.

Bruno Takahashi termina sua instigante exposição com a provocativa questão de saber se existiria um *excesso de acesso à justiça*. Para o autor, a questão estaria deslocada, devendo-se na verdade perguntar qual a melhor instituição, e processo correspondente, para concretização da justiça. A *lógica do excesso*, em contraposição àquela do acesso à justiça, não pode preponderar. A litigiosidade exige respostas tão complexas quanto a esse próprio fenômeno, não admitindo atalhos ou respostas simplistas. A obra agora trazida a público tem muito a contribuir para o debate das temáticas aqui tratadas, seja em termos de reflexão, seja em termos dos instrumentos de análise, claramente expostos pelo autor.

São Paulo, fevereiro de 2020.

Carlos Alberto de Salles
Professor Associado da Faculdade de Direito da USP
Desembargador do TJSP

SUMÁRIO

Introdução 1

Capítulo 1 – Dando um passo para trás: do litígio judicial
para o conflito 11

1.1. Análise conceitual do conflito 12

    1.1.1. Da contraposição de interesses para a contraposição
de movimentos 12

        1.1.1.1. Follett e Deutsch: o conflito como contraposição
de movimentos 13

        1.1.1.2. Carnelutti: o conflito como contraposição
de interesses 17

        1.1.1.3. Comparando os conceitos 20

    1.1.2. O conflito de justiça e o conflito intersubjetivo de justiça ... 23

1.2. A dinâmica do conflito 26

    1.2.1. As etapas do conflito até a disputa (e daí por diante) 27

    1.2.2. A ampliação e a redução do conflito 32

    1.2.3. Cada conflito é um caso 34

1.3. O conflito de justiça em tempos complexos 36

    1.3.1. Mais conflitos... de justiça 37

    1.3.2. O conflito no ambiente do pluralismo jurídico 41

        1.3.2.1. O direito dos livros e o direito em ação 42

        1.3.2.2. À sombra da lei 44

    1.3.3. Os campos sociais semiautônomos e a sociedade em rede . 47

Síntese 51

Capítulo 2 – Olhando para os lados: as instituições e os processos jurisdicionais 53

2.1. O redimensionamento do conceito de jurisdição 55

    2.1.1 A ausência do monopólio estatal da jurisdição 56

        2.1.1.1. A jurisdição arbitral 56

        2.1.1.2. A jurisdição consensual 58

    2.1.2. Poder sem função nem atividade 60

    2.1.3. Duas questões da jurisdição como poder 63

        2.1.3.1. A questão da normatividade informal 63

        2.1.3.2. A questão dos valores do procedimento 64

    2.1.4. A jurisdição como processo diferenciado da relação entre as partes 68

    2.1.5. Resumidamente: onde incide a jurisdição? 70

2.2. Instituições: processos decisórios e processos jurisdicionais 71

    2.2.1. Instituições como feixe de processos decisórios 75

    2.2.2. A instituição e o processo decisório típico 78

    2.2.3. Processos jurisdicionais: entre o acordo e a decisão 82

    2.2.4. Uma proposta institucional comparada da jurisdição 84

        2.2.4.1. O processo jurisdicional em comparação com outros processos 84

        2.2.4.2. A comparação entre processos jurisdicionais 86

    2.2.5. Duas ressalvas para a análise institucional comparada..... 89

        2.2.5.1. O movimento conjunto das instituições 90

        2.2.5.2. A competição entre instituições impuras 90

2.3. A adequação entre instituições e conflitos 94

    2.3.1. Momento de atuação 94

    2.3.2. Moldando o conflito 98

2.4. A adequação aos objetivos 101

    2.4.1. Entre a eficiência e a equidade 103

    2.4.2. Argumentos de qualidade e argumentos de quantidade .. 106

2.5. A emissão de sinais pelas instituições 108

    2.5.1. Os efeitos irradiadores dos tribunais (e dos demais processos jurisdicionais) 110

2.5.2. Atração e repulsão de disputas... 112
2.6. A dificuldade de transformar o processo típico......................... 114
    2.6.1. O processo judicial em sua matriz tradicional
        e o processo de interesse público 115
    2.6.2. Rumo ao processo judicial da pacificação?...................... 117
Síntese 120

Capítulo 3 – Observando quem está presente: as partes em ação 123
3.1. Partes em ação 127
    3.1.1. Marc Galanter e o outro lado do telescópio 128
    3.1.2. Neil Komesar e o modelo centrado na participação.......... 130
    3.1.3. Pontos em comum 136
        3.1.3.1. Diálogo entre as obras 136
        3.1.3.2. A irradiação de sinais 137
        3.1.3.3. Jogadores habituais/participantes eventuais
              e minoria concentrada/maioria dispersa 138
        3.1.3.4. Igualando as vantagens no processo judicial.......... 140
        3.1.3.5. Resumo dos pontos em comum 141
    3.1.4. Vantagens do uso conjunto das teorias 141
        3.1.4.1. Os que têm estão na frente em qualquer lugar....... 142
        3.1.4.2. Os limites do processo judicial para corrigir
              tendências minoritárias 143
        3.1.4.3. Análise antes e depois da situação indesejada 145
        3.1.4.4. Outra combinação possível: os efeitos da repetição ... 146
        3.1.4.5. A recepção desigual dos sinais 150
        3.1.4.6. Subgrupos catalíticos na maioria dispersa............. 151
        3.1.4.7. Relações informais como causa de vantagem? 154
3.2. Mais motivos para os que têm saírem na frente......................... 155
    3.2.1. A interferência das partes sobre o conflito 155
        3.2.1.1. A escolha (racional?) do conflito 155
        3.2.1.2. Delineando o conflito 162

  3.2.2. A interferência das partes nas instituições 164
    3.2.2.1. A escolha da instituição 165
    3.2.2.2. A seleção dos objetivos 166
    3.2.2.3. Moldando as instituições 169
    3.2.2.4. A internalização da lei e a criação do próprio campo de jogo 173
3.3. E as demais oposições entre as partes? 180
3.4. Outros dois atores relevantes 182
  3.4.1. A importância dos advogados 182
  3.4.2. O papel dos juízes 187
Síntese 189

Capítulo 4 – E então? A justiça entre o excesso e o acesso 191
4.1. Do acesso para o excesso 192
4.2. O conflito como litígio judicial a ser eliminado 196
  4.2.1. Muitos processos judiciais e poucos conflitos no Judiciário? . 197
  4.2.2. Judicializar é legal? 201
4.3. O Judiciário como única instituição que presta jurisdição 204
  4.3.1. Os meios consensuais na Política Judiciária de tratamento adequado de conflitos 204
  4.3.2. A eliminação de acervo via conciliação 207
  4.3.3. A compatibilidade da política de tratamento de conflitos com o processo judicial típico 209
  4.3.4. A inserção da litigiosidade na agenda judicial 214
4.4. A ignorância das partes 216
  4.4.1. A judicialização excessiva e a sobrecarga de processo 216
  4.4.2. Tratando igualmente os desiguais? 218
  4.4.3. A responsabilização do participante eventual pela litigiosidade excessiva 225
4.5. A retomada da pauta expansionista 231
  4.5.1. O acesso à ordem jurídica justa sob a ótica da instrumentalidade metodológica 232
  4.5.2. A inevitável questão alocativa 237

 4.6. De novo, a análise institucional comparada 239
  4.6.1. Qual conflito? 241
  4.6.2. Quem decide? 243
  4.6.3. Quem se importa? 245
  4.6.4. Um quadro de perguntas 250
Síntese 252

Considerações finais 253

Referências 263

INTRODUÇÃO

Cada vez mais se ouve falar que há no Brasil uma "explosão de litigiosidade",[1] uma "inundação de ações",[2] um "tsunami processual",[3] uma "enxurrada"[4] ou uma "avalanche"[5] de processos, entre tantas outras expressões hiperbólicas. A construção desse cenário atemorizante é repleta de dados assustadores. Em especial, é corrente a análise que compara a quantidade de processos judiciais existentes no Brasil (cerca de 100 milhões)[6] com o número da população brasileira (aproximadamente 200

---

[1] ESTADO DE S. PAULO. Explosão de litigiosidade. Estado de S. Paulo, 18 set. 2010. Disponível em: https://bit.ly/2VhsGqi . Acesso em 24 ago. 2020.

[2] Ao apontar que a ampliação do campo dos direitos pela Constituição de 1988 teria aumentado enormemente a quantidade de áreas sujeitas ao controle judicial, Bernardo Sorj afirma que, como consequência, o "STF foi literalmente inundado por milhares de ações que se acumulam" (*A Nova Sociedade Brasileira*. 3. ed. Rio de Janeiro: Jorge Zahar Editor, 2006, p. 115-116).

[3] MANCUSO, Rodolfo de Camargo. *Acesso à justiça: condicionantes legítimas e ilegítimas*. 2. ed. São Paulo: Revista dos Tribunais, 2015, p. 45.

[4] ESTADO DE S. PAULO. Aumento de litigiosidade compromete mecanismos processuais. Estado de S. Paulo, 28 dez. 2015. Disponível em: https://bit.ly/2Q6mAoH . Acesso em 24 ago. 2020.

[5] MANUS, Pedro Paulo Teixeira. Avalanche de processos atrasa bons julgamentos ou gera decisões sem cuidado. *Consultor Jurídico*, 03 fev. 2017. Disponível em: https://bit.ly/2EQeu2g. Acesso em 24 ago. 2020.

[6] O *Relatório Justiça em Números – 2018*, produzido pelo Conselho Nacional de Justiça, indica que, no ano-base de 2017, houve o ingresso de 29,1 milhões de casos novos, foram baixados 31 milhões de processos e restaram 80,1 milhões de casos pendentes. A soma dos casos pendentes com os baixados atinge, então, mais de 100 milhões. Tal quantidade se mantém relativamente constante desde 2013 (Brasília: CNJ, 2018, p. 73-74).

milhões de habitantes)[7] e, após ponderar que há um processo para cada dois habitantes, chega à conclusão de que toda a sociedade brasileira é parte, na medida em que cada ação possui ao menos um autor e um réu.

Essa comparação não se restringe ao senso comum, invadindo as próprias decisões judiciais. No julgamento do Recurso Extraordinário n. 631.240/MG, em 03 de setembro de 2014, quando o Supremo Tribunal Federal (STF) consagrou a exigência do prévio requerimento administrativo para o ingresso de pedido judicial de benefício em face do Instituto Nacional do Seguro Social (INSS), o Ministro Gilmar Mendes ponderou em seu voto:[8] "O Brasil é um dos países com um dos maiores índices de judicialização. Estamos falando de 100 milhões de processos em tramitação. Portanto, estamos falando que, para cada dois habitantes, um tem uma demanda na Justiça".

Na mesma linha, em seu discurso de posse como Presidente do STF, em 10 de setembro de 2014, o Ministro Ricardo Lewandowski[9] reafirmou o cenário de "explosão de litigiosidade", mencionando que a Constituição de 1988 "escancarou" as portas dos tribunais, "não apenas porque continuou a dar guarida ao consagrado princípio da inafastabilidade da jurisdição (...), como também porque colocou à disposição dos cidadãos vários novos instrumentos de acesso à Justiça, em especial as ações de natureza coletiva". Dados estatísticos relativos aos milhões de processos foram sobejamente citados.[10]

---

[7] Para o ano de 2017, a projeção da população brasileira feita pelo Instituto Brasileiro de Geografia e Estatística (IBGE) foi de 207.660.929 (*Brasil em Números*. Vol. 26. Rio de Janeiro: IBGE, 2018, p. 88).

[8] É interessante observar como o argumento retórico de se dividir o número de ações pela população não se limita ao Brasil. Em fala publicada em 1986, o Presidente da Associação Nacional de Manufaturadores dos Estados Unidos já afirmava: "Atualmente nós somos o país mais beligerante da Terra; no ano passado, um em cada quinze norte-americanos ingressou com uma ação cível" (Cf. GALANTER, Marc. The Three-Legged Pig: Risk Redistribution and Antinomianism in American Legal Culture. *Mississippi College Law Review*, Vol. 22, 2002-2003, p. 53, em tradução livre).

[9] Disponível em: https://bit.ly/2GLueFy. Acesso em 24 ago. 2020.

[10] Destaque-se o seguinte trecho:
"Em 2013, segundo o último levantamento do Conselho Nacional de Justiça, tramitaram no Judiciário brasileiro cerca de 95 milhões processos. Naquele

Por sua vez, a Portaria do Conselho da Justiça Federal n. 369, de 10 de setembro de 2017, que dispõe sobre a instituição do Centro Nacional e Local de Inteligência da Justiça Federal, deixou expresso entre seus considerandos "que o crescimento acumulado de demandas desde 2009 foi de 19,4% e que, 'mesmo que o Poder Judiciário fosse paralisado sem ingresso de novas demandas, com a atual produtividade de magistrados e servidores, seriam necessários aproximadamente 3 anos de trabalho para zerar o estoque'".

Essa percepção da cúpula do Judiciário é propalada pela mídia e, assim, atinge a população em geral. No entanto, questionar se e até que ponto a litigiosidade é excessiva, caso centrada somente no Judiciário, leva a uma discussão bizantina. Saber se os juízes estão assoberbados de processos dependeria, no mínimo, da definição do que seria o volume suportável de trabalho. A diversidade de casos, a dificuldade em contrapor culturas diversas e a inexistência de dados consistentes para o levantamento de uma série histórica são apenas algumas das dificuldades.

Além disso, ainda que todas essas informações estivessem disponíveis, acredita-se que a questão principal permaneceria deslocada. Mais importante do que indagar se há processos em excesso é saber se os conflitos que estão sendo encaminhados para a via judicial deveriam sê-lo. De fato, se o Judiciário – isto é, o processo judicial – for a

---

ano, foram ajuizados aproximadamente 28 milhões de casos novos, sem contar os feitos que ingressaram no Supremo Tribunal Federal.
Mediante um esforço quase sobre-humano os magistrados brasileiros – cujo número correspondia a aproximadamente 16.500 juízes – proferiram mais de 25 milhões sentenças, o que resultou numa média de cerca de 1.600 para cada um deles. Não obstante esse excepcional desempenho, a taxa de congestionamento processual continuou elevadíssima, chegando a quase 71% das ações em trâmite. Isso, em grande parte, porque temos hoje quase 6.500 cargos em aberto, correspondendo a mais de 39% do total de nosso efetivo de juízes, por motivos que vão desde a falta de verbas para preenchê-los até a carência de candidatos motivados ou qualificados.
O Supremo Tribunal Federal, à semelhança do que ocorreu com o Judiciário como um todo, também foi contemplado com uma extraordinária sobrecarga de trabalho no ano passado. Ao longo de 2013 foram distribuídos 44.170 processos aos seus onze ministros, que proferiram 85.000 decisões, das quais 72.167 monocráticas e 12.833 colegiadas."

instituição mais recomendada para o tratamento do conflito, a "explosão de litigiosidade" deveria ser comemorada em vez de lamentada.

Para que essa análise seja possível, é necessário proceder a uma comparação entre as opções disponíveis. Assim sendo, em vez de investigar se o Judiciário possui ou não muitas demandas, o que importa é a seguinte questão: **dentre as instituições disponíveis, qual é a mais adequada para o tratamento do conflito existente entre as partes?**

A resposta a essa indagação, porém, exige considerar outra perspectiva, que gira em torno de três elementos: **o conflito, as instituições** e **as partes**. De fato, nota-se que, frequentemente, o Judiciário é tido como o foro exclusivo para o tratamento de conflitos, confundindo-se o que está judicializado com o conflito em geral. Além do mais, as partes, quando não são vistas sob o viés da relação de direito material, são consideradas como sujeitos processuais, o que minimiza a análise de suas características estruturais antes e além do processo. Nessa linha de raciocínio, a análise da adequação muitas vezes fica restrita ao conflito (judicializado) entre partes (sujeitos processuais) no interior de um processo (judicial). Centrado no Judiciário, critica-se o excesso de processos judiciais sem analisar as opções ao redor ou a dinâmica das partes envolvidas.

Na busca da solução adequada de conflitos, o que este trabalho propõe é alterar o foco de análise, realizando, metaforicamente, três movimentos: **dar um passo para trás** (esbarrando no conflito em vez de ficar restrito ao litígio judicial), **olhar para os lados** (enxergando as diversas instituições e processos jurisdicionais sem se limitar ao Judiciário) e **observar quem está presente** (percebendo as características estruturais das partes em ação).

Acredita-se que esses movimentos tanto servem como diagnóstico da insuficiência dos conceitos que sustentam o discurso da "explosão de litigiosidade" quanto como forma de tratamento para que o prognóstico seja favorável, isto é, para que seja empregado o processo mais adequado para o tratamento do conflito ou, de maneira ampliada, para a promoção da justiça.

Nesse contexto, por exemplo, avaliar se uma briga entre cônjuges é mais bem tratada na Vara de Família ou em uma Câmara Privada de Mediação depende da investigação do conflito, do modo como cada processo existente vai tratá-lo e das características das partes envolvidas. Também é relevante saber quais são os objetivos buscado pelos envolvidos, para, então, perquirir comparativamente qual instituição é mais propícia a atingi-los.

Em termos mais amplos, cabe perguntar: quais são as características do conflito em questão? Quais são as instituições ou processos disponíveis para o seu tratamento? Por quem e como tais instituições são acessadas? Isso é adequado para o quê? No contexto desses questionamentos, surge a hipótese central deste trabalho: **a análise da dinâmica entre conflito, instituições e partes permite identificar parâmetros que auxiliam na escolha do processo mais adequado para o tratamento do conflito de acordo com as partes envolvidas e com os objetivos que se quer atingir, o que possibilita, como consequência, ver a imagem da "explosão de litigiosidade" sob outro ângulo.**

Para o desenvolvimento dessa hipótese, cada um dos três movimentos é destacado em um capítulo. Neles, são trazidas algumas propostas conceituais que, para fins didáticos, são desde logo apontadas.

Desse modo, *dando um passo para trás*, o primeiro capítulo trata do conflito antes de se tornar um litígio judicial. Para tanto, torna-se necessária uma ampliação conceitual, considerando o conflito como contraposição de movimentos e não apenas como oposição de interesses. O conflito, assim, surge a partir da percepção da contraposição, quando o sujeito se vê diante de uma situação indesejada. Se essa situação indesejada é tida como injusta, tem-se um conflito de justiça, não se limitando o justo aos parâmetros do direito estatal. Se o conflito de justiça é atribuído a outra pessoa, que possui percepção diversa do que seria justo, há o conflito intersubjetivo de justiça. Caso essa contraposição entre as partes seja encaminhada para um processo decisório que tenha como traço diferenciado justamente o tratamento de conflitos, surge a disputa. Disputa, desse modo, é o conflito tornado público mediante o encaminhamento para um processo decisório especialmente voltado para o seu tratamento.

Por sua vez, *olhando para os lados*, o segundo capítulo aponta a diversidade de alternativas existentes para o tratamento da disputa, ressaltando que, sobretudo no pluralismo jurídico da sociedade complexa atual, o Judiciário não é a única opção. Isso exige, porém, o redimensionamento do conceito de jurisdição, que, então, é conceituada como o poder de decidir imperativamente a disputa por meio de um processo que seja minimamente diferenciado da relação entre as partes. Os termos dessa equação são desenvolvidos no decorrer do capítulo, mas, de imediato, cabe notar que processo jurisdicional (isto é, que oferece jurisdição), não se limita ao processo judicial, podendo também existir também no âmbito de outras instituições. Em particular, são destacadas quatro instituições: a comunidade, o mercado, o processo político e o Judiciário. Instituições são tomadas, assim, como feixes de processos decisórios, dentre os quais os processos jurisdicionais. Cada instituição possui um ou mais processos típicos que, tal como em uma metonímia, frequentemente são confundidos com a própria instituição. Por isso, costuma se falar do processo judicial adjudicatório como se fosse o próprio Judiciário, esquecendo-se de que o Judiciário também possui opções de processos não adjudicatórios e, mesmo, não jurisdicionais. Esse mesmo raciocínio permite identificar opções jurisdicionais nas instituições que tenham, como típicos, processos decisórios não jurisdicionais. Notar as características das instituições e a dinâmica institucional permite, portanto, comparar os processos em busca daquele que seja mais adequado aos objetivos visados.

Conflitos e instituições, porém, são meras abstrações sem os agentes envolvidos no conflito e que, ao menos potencialmente, participam dos processos decisórios. Assim sendo, *observando quem está presente*, o terceiro capítulo destaca a importância de se investigar a dinâmica das partes em ação. O conceito de parte, nesse contexto, não se reduz aos de envolvidos na relação de direito material ou de sujeitos processuais. Defende-se a necessidade de observar as características estruturais das partes no contexto fático em que estão inseridas, bem como perceber como tais características são transpostas na participação em um processo decisório. A desigualdade estrutural das partes pode, então, ser mitigada ou ampliada, dependendo do processo escolhido. Para destacar essa dinâmica, toma-se como base um caso em que o desequilíbrio é notório: a oposição entre a pobre pessoa física participante eventual (*one-shotter*) e o rico jogador habitual pessoa artificial (*repeat player*). Com isso, observa-se que o juízo de adequação não pode ignorar as partes em ação.

INTRODUÇÃO

Em contrapartida, o quarto e último capítulo busca retomar os conceitos apresentados, analisando a ideia de "explosão de litigiosidade" em contraposição à expansão do acesso à justiça, a partir dos parâmetros analíticos firmados nos capítulos anteriores. Sem pretender uma análise do complexo tema do acesso à justiça, limita-se a utilizá-lo para perceber como a lógica do excesso se fundamenta em concepções reducionistas do conflito, das instituições e das partes. Os três movimentos propostos, assim, servem para o diagnóstico do problema, ao mesmo tempo em que reforçam a necessidade de ir além das perguntas que normalmente são feitas. Em vez de questionar se há muitos processos judiciais, acredita-se que o relevante é saber se os processos que estão no Judiciário deveriam estar lá. Nesse segundo aspecto, procura-se apontar parâmetros para a busca do processo adequado, tanto para resolver a disputa como, em termos mais amplos, para alocar a justiça a ser oferecida. Tais parâmetros giram, basicamente, em torno de três eixos, que são resumidos nas seguintes questões: Qual conflito? Quem decide? Quem se importa?

Em síntese, **esta obra volta-se ao estudo do conflito, das instituições e das partes para observar como esses elementos se apresentam e como interagem entre si, com o objetivo de contribuir para o estabelecimento de parâmetros que auxiliem na identificação do processo adequado, o que poderá contribuir também para uma percepção mais crítica da ideia comumente difundida da "explosão da litigiosidade".**

A proposta tenta se distinguir dos estudos processuais correntes acerca do juízo de adequação ao partir de uma perspectiva que não esteja restrita ao processo judicial ou, mesmo, à análise estritamente jurídica. Por sua vez, no âmbito dos estudos sociojurídicos no qual este trabalho pretende se inserir (*Law & Society*), a particularidade é a tentativa do tratamento conjunto dos conflitos, instituições e partes, em vez de se limitar a um só aspecto.

A partir da breve menção aos capítulos do trabalho, já é possível vislumbrar a metodologia e os referenciais teóricos adotados. A abordagem sociojurídica leva ao uso de dados estatísticos e à consideração do Direito na realidade concreta. Embora não se ignorem tais fontes, este trabalho é marcantemente teórico, baseando-se, sobretudo, na leitura bibliográfica.

Em especial, como referências, destacam-se as obras de três autores: Marc Galanter, Neil Komesar e Carlos Alberto de Salles. A escolha justifica-se pela compatibilidade de suas observações com os movimentos propostos na busca do processo adequado. Não se trata, porém, de conferir-lhes exclusividade sobre o tema, mas apenas de tomá-los como o instrumental teórico que se entende mais apropriado para as finalidades escolhidas.

É certo que Galanter é mais associado aos estudos sociojurídicos (*Law & Society*), ao passo que Komesar é relacionado à análise econômica do direito (*Law & Economics*), sob a vertente da análise institucional comparada (*comparative institutional analysis*). Dado esse aparente distanciamento, os pontos em comuns das teorias e as potencialidades do uso conjunto serão detalhadas no decorrer do trabalho, em especial no capítulo 3.

Por ora, basta mencionar que o modo analítico de Galanter, em geral, baseia-se na percuciente análise da realidade fática em busca de padrões, mas sem a pretensão de criar propriamente um modelo teórico.[11] Seu famoso artigo *Why the "Haves" Come out Ahead: Speculations on the Limits of Legal Change*[12] pode ser interpretado como o resultado de um raciocínio indutivo do cenário norte-americano, que o levou à identificação das categorias dos *repeat players* e dos *one-shotters*. A utilização de tal artigo como referencial teórico ou a tentativa de replicar a oposição entre os dois tipos de litigantes para outros contextos pode, por isso, gerar ruídos, justamente porque não se buscou construir um modelo teórico. Como exemplo de ruído, basta citar a indevida aproximação entre *repeat players* e a litigiosidade repetitiva no Brasil. A ideia de repetição considerada por Galanter (estar frequentemente em juízo) não se confunde com se envolver repetidamente com os mesmos tipos de litígios.[13]

---

[11] Este argumento baseia-se na observação de Carlos Alberto de Salles, em comunicação pessoal durante o ano de 2018.

[12] *Law and Society Review*, 1974, Vol. 9, n. 1, p. 95-160.

[13] Chamando a atenção para tal distinção, vide: SILVA, Paulo Eduardo Alves da. *Acesso à justiça, litigiosidade e o modelo processual civil brasileiro*. Tese de Livre-Docência. Ribeirão Preto: Faculdade de Direito de Ribeirão Preto, Universidade de São Paulo, 2018, p. 57, nota 73.

Por sua vez, o que Komesar ambiciona é fornecer um modelo teórico consistente capaz de modificar a própria forma de interpretar o Direito nas suas diferentes áreas. Komesar, inclusive, defende a necessidade de o ensino e o discurso jurídicos serem modificados de modo a se reconhecer a importância da análise institucional comparada.[14] O uso de conceitos como instituições, modelo centrado na participação, tendências majoritárias e minoritárias (duas forças), entre outros,[15] visa à generalização e não simplesmente ao relato da realidade subjacente. Ademais, embora Komesar admita expressamente que sua obra se relaciona a *Law & Economics*, deixa também claro que não se restringe a ela, pois qualquer análise da lei e de política pública – seja ou não econômica, dependeria da análise institucional comparada.[16]

Desse modo, a abstração teórica de Komesar e as observações indutivas de Galanter podem contribuir reciprocamente para a análise do contexto brasileiro, em especial no que se refere ao tema da busca da solução adequada de conflitos. Essa aproximação entre Komesar e Galanter não é novidade no âmbito dos estudos processuais no Brasil, sendo realizado, sobretudo, na obra de Carlos Alberto de Salles.[17] De

---

[14] Essas mudanças são defendidas por Komesar em *Law's Limits: Rule of Law and the Supply and Demand of Rights*. New York: Cambridge University Press, 2001, p. 174-180.

[15] O conceito de instituição, de acordo com a teoria de Komesar, será explicitado, sobretudo, no Capítulo 2. A ideia de modelo centrado na participação e duas forças é destacada, em especial, no Capítulo 3.

[16] *Imperfect Alternatives: Choosing Institutions in Law, Economics and Public Policy*. Chicago: University of Chicago, 1994, p. 10. De todo modo, mesmo a associação mais simplista de Galanter com a corrente da *Law & Society* e de Komesar com a *Law & Economics* não impediriam sua aplicação conjunta, na medida em que os achados empíricos mais bem cuidados de uma corrente poderiam ser enriquecidos com os modelos teóricos rigorosos da outra e vice-versa. Nesse sentido, defendendo a possibilidade do uso conjunto da sociologia do direito e da análise econômica do direito, vide FIX-FIERRO, Héctor. *Courts, Justice & Efficiency: A Social-Legal Study of Economic Rationality in Adjudication*. Portland: Hart Publishing, 2003, 61-62.

[17] Em especial, o uso conjunto das contribuições de Galanter e Komesar fica visível em: SALLES, Carlos Alberto de. *Execução Judicial em Matéria Ambiental*. São

fato, Salles faz a devida contextualização de Galanter e Komesar para o cenário do direito processual pátrio, o que é de suma importância para os objetivos deste livro.

O uso da obra de Salles justifica-se, assim, pela identidade das fontes e das consequentes premissas teóricas adotadas. Além disso, ao propor a radicalização da ideia do processo como instrumento para realização de objetivos a ele externos, o que exige colocar a realidade fática e os problemas de cada campo específico do direito como ponto de partida,[18] o conceito de instrumentalidade metodológica é a principal justificativa para que, ao se perquirir acerca da adequação, não se limite à análise do processo judicial. À luz da instrumentalidade metodológica, é necessário dar um passo para trás em direção ao conflito, olhar para os lados enxergando as instituições e observar quais são as partes presentes.

Paulo: Revista dos Tribunais, 1998. As obras de Galanter e Komesar, porém, também contribuem para a análise e são referidos em: SALLES, Carlos Alberto de. *Arbitragem em Contratos Administrativos*. Rio de Janeiro: Forense, 2011.

[18] *Arbitragem em Contratos Administrativos*, cit., em especial, p. 13-27.

Capítulo 1

DANDO UM PASSO PARA TRÁS:
do litígio judicial para o conflito

> *"Do mesmo modo que o processo não consegue abarcar a complexidade envolvida em situações conflitivas determinadas, também o direito material não consegue dela dar conta. Por essa razão surge a necessidade de a análise jurídica trabalhar sob uma perspectiva mais aberta, considerando não apenas a realidade normativa, mas também aquela política, econômica e social na qual ela está envolvida, para além da perspectiva exclusivamente jurídica."*
>
> Carlos Alberto de Salles[19]

O conflito costuma ser estudado pelo direito processual sob o viés da controvérsia judicializada. Para Carnelutti, um conflito de interesses é caracterizado por uma pretensão resistida e carrega elementos extraprocessuais (vide item 1.1.1.2, *infra*). Contudo, mesmo que baseada na acepção ampla proposta pelo jurista italiano, a noção de lide acaba, ordinariamente, limitada à pretensão resistida deduzida *em juízo*. Tanto que, no justificado anseio de retomar a ideia originária, alguns falam em lide sociológica, o que, de certo modo, é uma redundância.

Para que tal enfoque seja alterado, é necessário dar um passo atrás, deixando de olhar apenas para os casos judicializados e caminhando em direção ao conflito. Para tanto, cabe analisar o conflito no contexto em que inserido. Essa postura é condizente com a instrumentalidade metodológica proposta por Carlos Alberto de Salles, segundo a qual o processualista, em vez de tomar as regras do processo como objeto primário de sua investigação, deve partir da análise de um campo específico da realidade jurídica e social para, então, determinar a melhor resposta processual possível, não se tratando simplesmente de

---

[19] *Arbitragem em Contratos Administrativos*, cit. p. 27.

estudar o direito material e, a partir dele, encontrar a ação correspondente.[20] Em suma, o que a instrumentalidade metodológica propõe é partir dos problemas de cada campo específico do direito e da realidade fática para, só então, se chegar ao processo.[21] Assim sendo, importa analisar o conflito em seu nascedouro e não apenas na forma de litígio judicializado.

1.1. Análise conceitual do conflito

Ir além dos casos judicializados implica a necessidade de tratar de certos aspectos conceituais do conflito. Em especial, cabe explicitar o que se entende por conflito e, em particular, por conflito de justiça e conflito intersubjetivo de justiça.

1.1.1. Da contraposição de interesses para a contraposição de movimentos

Acredita-se que vem conquistando espaço no Brasil, ainda que subliminarmente, a noção de conflito como contraposição de movimentos. É possível que isso se deva à valorização dos meios alternativos de disputas nos Estados Unidos, que ganhou forma nos anos 1970 e que, mais recentemente, exerceu grande influência no Brasil no contexto de institucionalização dos meios consensuais, sobretudo no âmbito do Poder Judiciário.[22]

---

[20] *Arbitragem em Contratos Administrativos*, cit. p. 24.

[21] *Arbitragem em Contratos Administrativos*, cit. p. 18.

[22] Trata-se do que, nos EUA, se denominou *Alternative Dispute Resolution movement* ou *ADR movement*. A influência desse movimento no Brasil foi considerável. Basta lembrar a constante associação dos centros judiciários de solução de conflitos e cidadania (CEJUSCs) instituídos pela Resolução CNJ n. 125/2010 com a imagem de tribunal multiportas atribuída a Frank Sander. Vide, por exemplo, LAGRASTA, Valeria Ferioli. Os Centros Judiciários de Solução Consensual de Conflitos (CEJUSCS) e seu Caráter de Tribunal Multi Portas. In: BACELLAR, Roberto Portugal; LAGRASTA, Valeria Ferioli (coord.). *Conciliação e Mediação: ensino em construção*. São Paulo: IPAM/ ENFAM, 2016, p. 95-118 (no qual a autora afirma que os CEJUSCs foram criados com base nos parâmetros do gerenciamento do processo e do Fórum de Múltiplas Portas ou Tribunal Multiportas do direito norte-americano).

De fato, ao se retomarem as bases teóricas que deram sustentação ao *ADR movement* norte-americano, nota-se que o conceito de conflito não veio do Direito, mas de áreas como a Sociologia, a Psicologia Social, o Serviço Social e a Administração, ganhando destaque nomes como Georg Simmel, Lewis Coser, Morton Deutsch e Mary Parker Follett.[23] A influência dos EUA no desenvolvimento da política pública de promoção dos meios consensuais no Brasil fez com que, ainda que muitas vezes de modo superficial, essa mesma fundamentação interdisciplinar fosse utilizada. Em particular, passaram a ser conhecidos os nomes de Follett e Deustch. A partir de uma rápida análise da obra desses dois últimos autores, é possível perceber a fundamentação subjacente à ideia de conflito como contraposição de movimentos.

1.1.1.1. Follett e Deutsch: o conflito como contraposição de movimentos

A influência de Mary Parker Follett no cenário brasileiro é quase caricatural, encontrando-se praticamente reduzida à breve descrição de sua biografia e ao uso constante em cursos de mediação e conciliação do seu exemplo das janelas da biblioteca. Neste Follett se coloca como personagem em conflito com outra pessoa numa das menores salas de uma biblioteca universitária. Follett queria a janela da sala fechada, a outra pessoa gostaria da janela aberta. As duas acabam por concordar em abrir a janela da sala ao lado, sem que nenhuma tivesse que ceder, na medida em que Follett não se opunha à abertura de uma janela, apenas não queria que o vento batesse direto nela; a outra pessoa, por sua vez, desejava apenas que entrasse mais vento na sala, independentemente de qual janela fosse aberta.[24]

---

[23] MENKEL-MEADOW, Carrie. Mothers and Fathers of Invention: The Intellectual Founders of ADR. *Ohio State Journal on Dispute Resolution*, Vol. 16, 2000, p. 4 e 6-10.

[24] A situação é narrada em uma das palestras dadas por Follett entre janeiro e fevereiro de 1933 no então recém-criado departamento de Administração de Empresas da *London School of Economics*. As palestras, por sua vez, foram derivadas de apresentações anteriores feitas pela autora entre 1925 a 1932, e posteriormente reunidas em livro. Essas informações são baseadas no prefácio escrito por L. Urwick a esse livro de textos de Follett: URWICK, L. Preface. In: FOLLETT, Mary Parker. *Freedom & Co-ordination: Lectures in Business Organisation*. Editado por L. Urwick *et al.* London: Management Publications Trust, 1949, p. vii-viii.

Na palestra em que o exemplo foi inserido, Follett enfatizou que existem três formas de resolver divergências: a dominação, em que uma das partes se sobrepõe a outra; o compromisso, em que cada parte cede um pouco; e a integração, em que se cria uma terceira opção que satisfaça simultaneamente os interesses de ambas as partes. Na defesa da terceira forma é que Follett trouxe a ilustração da biblioteca.[25] O que se valorizou, então, foi a cooperação e a visão construtiva do conflito.

Por sua vez, na recepção da obra de Morton Deutsch no Brasil, foi muito importante a tradução para o português, em 2004, de três capítulos de seu livro *The Resolution of Conflict: Constructive and Destructive Processes*, cuja edição original é de 1973.[26] A tradução foi feita no âmbito do Grupo de Pesquisa e Trabalho em Mediação, Negociação e Arbitragem da Universidade de Brasília (UnB), que, por sua vez, participou ativamente na redação do *Manual de Mediação Judicial*, publicado no início sob os auspícios do Conselho Nacional de Justiça (CNJ).[27]

Observa-se que o aspecto mais destacado da teoria de Deutsch é a possibilidade de conflitos serem tratados de maneira cooperativa e construtiva.[28] Em relação a esse ponto, Deutsch ressalta que o conflito possui diversas funções positivas, dentre as quais: prevenir a estagnação;

---

[25] Vide FOLLETT, Mary Parker. Co-ordination. In: *Freedom & Co-ordination: Lectures in Business Organisation*. Editado por L. Urwick et al. London: Management Publications Trust, 1949, p. 61-76.

[26] A referência completa do original é: DEUTSCH, Morton. *The Resolution of Conflict: Constructive and Destructive Processes*. New Haven/ London: Yale University Press, 1973. Por sua vez, a mencionada tradução para o português possui como referência: DEUTSCH, Morton. A resolução do conflito: processos construtivos e destrutivos. Tradução de Arthur Coimbra de Oliveira, com revisão de Francisco Schertel Mendes. In: AZEVEDO, André Gomma (org.). Estudos em arbitragem, mediação e negociação – Vol. 3. Brasília: Brasília Jurídica, 2004, p. 29-98.

[27] Isso é explicitamente informado no próprio Manual que, na seção de Agradecimentos, indica que a obra é resultado do esforço iniciado em 2001 por referido Grupo de Pesquisa da UnB (AZEVEDO, André Gomma de (org.). *Manual de Mediação Judicial*. 6. ed. Brasília: Conselho Nacional de Justiça, 2016, p. 13).

[28] Vide, a propósito, que o capítulo do *Manual* relativo à Teoria do Conflito traz inúmeras referências à obra de Deutsch e destaca a importância dos processos construtivos (*Manual de Mediação Judicial*, cit. p. 49-57).

estimular interesse e curiosidade; e servir de meio para ventilar ideias acerca dos problemas e chegar a soluções, sendo, assim, a base para a mudança pessoal e social.[29]

Como consequência, diversamente do que se costuma pensar, conflito não é sinônimo de competição. A competição pressupõe a oposição de objetivos entre as partes envolvidas, de modo que o aumento na probabilidade de uma obter o que pretende implica a diminuição da outra em atingir o que deseja. Em contrapartida, o conflito pode existir mesmo quando os interesses são os mesmos, como no caso do casal que discute acerca de como tratar a picada de mosquito do filho.[30] Se a competição produz conflito, nem todas as instâncias de conflito refletem competição.[31] Em uma situação cooperativa, todos afundam ou nadam juntos, enquanto na competitiva para que um nade o outro precisa afundar.[32]

Assim sendo, o conflito pode tanto ser tratado de forma cooperativa como competitiva. Para Deutsch,[33] não há nada inerente na maior parte dos conflitos que torne impossível o seu tratamento mediante um processo cooperativo. Nesta situação, o conflito é visto como um problema comum no qual as partes pretendem atingir a solução que satisfaça a ambas.

Portanto, o que se costuma destacar das obras de Follett e Deutsch é a ausência de uma carga inerentemente destrutiva do conflito, o que possibilita que ele seja construtivo e possa ser resolvido de forma cooperativa ou integrativa. Todavia, para chegar a essa conclusão, o conceito de conflito é ampliado, extrapolando o próprio sentido usual do termo. Passa-se da contraposição de interesses para a contraposição de movimentos.

Isso é explicitamente afirmado por Deutsch, ao mencionar que um "conflito existe quando movimentos incompatíveis ocorrem".[34]

---

[29] *The Resolution of Conflict...*, cit. p. 8-9.
[30] *The Resolution of Conflict...*, cit. p. 10.
[31] *The Resolution of Conflict...*, cit. p. 10.
[32] *The Resolution of Conflict...*, cit. p. 20.
[33] *The Resolution of Conflict...*, cit. p. 362-363.
[34] *The Resolution of Conflict...*, cit. p. 10. Tomou-se como base a tradução em português: DEUTSCH, Morton. A resolução do conflito: processos construtivos e destrutivos, cit. p. 35. No entanto, diversamente da referida tradução,

Inclusive, é possível afirmar que a grande contribuição de Deutsch foi apontar que movimentos incompatíveis ocorrem tanto em contextos de objetivos compatíveis como incompatíveis.[35] Do mesmo modo, a ideia também aparece na essência da fala de Follett, ao propor que existem formas de tratamento de conflito que possibilitam a satisfação de ambas as partes, o que, implicitamente, indica que não haveria necessariamente uma contraposição de interesses. A janela aberta da sala ao lado agrada a ambos os leitores, pois o interesse de um era que o local fosse mais arejado e de outro que o vento não fosse direto ao seu rosto.

A possibilidade de solução cooperativa e integrativa do conflito está, assim, baseada no pressuposto de que o conflito não necessariamente implica interesses diversos, podendo ser fruto de uma simples contraposição de movimentos. O conflito não é, inerentemente, positivo ou negativo. Se o conflito tivesse como pressuposto o choque de interesses, seria impossível imaginar pontos comuns. Por isso também, utilizar a ideia de contraposição de movimentos é especialmente útil no campo dos meios consensuais, pois consegue compor com maior facilidade a aparente contradição entre a existência do conflito e a possibilidade de solução com base em ganhos mútuos. Isso porque, se existe uma solução em potencial que possa satisfazer a todos os envolvidos, não haveria uma contraposição de interesses. O que haveria seria um choque inicial de movimentos que, posteriormente, por meio do diálogo e, por vezes, do trabalho do terceiro facilitador, levaria a uma solução que agrade a todos, o que aliás reforça a ideia de que um acordo não necessariamente implica concessões recíprocas.

Tal concepção, porém, choca-se com a noção de conflito que serve como fundamento para o conceito de lide mais difundida no Brasil, de forte inspiração carneluttiana.

---

preferiu-se substituir *activities* por "movimentos" em vez de "atividades". Isso porque o termo "atividade", no Direito brasileiro, é polissêmico. Assim, por exemplo, atividade pode ser relacionada ao conjunto de atos jurídicos, como ao se falar em atividade empresária. Para evitar essas e outras ambiguidades, preferiu-se utilizar o termo "movimento".

[35] ELGOIBAR, Patricia; EUWEMA, Martin; MUNDUATE, Lourdes. Conflict Management. *Oxford Research Encyclopedia of Psychology*, jun. 2017. Disponível em: https://bit.ly/2RdUjBp . Acesso em: 24 ago. 2020.

1.1.1.2. Carnelutti: o conflito como contraposição de interesses

É conhecida a definição de Francesco Carnelutti no sentido de que a "lide é o conflito de interesses qualificado pela pretensão de um dos interessados e da resistência do outro",[36] o que costuma ser resumido como o "conflito de interesses qualificado por uma pretensão resistida". Decompondo os termos da definição de lide, é possível observar que conflito, para Carnelutti, é a contraposição de interesses. Em outras palavras, o autor, em sua teoria, não se preocupa em distinguir o conflito que não seja de interesses.[37]

Nesse contexto, para Carnelutti, interesse é a posição favorável à satisfação de uma necessidade. O sujeito do interesse é o homem, o meio para satisfação é um bem.[38] Como as necessidades humanas são infindáveis e os bens são finitos, torna-se previsível que haja conflitos de interesses.[39] Embora reconheça a possibilidade de interesses diversos na mesma pessoa, o autor ressalta que, na análise do fenômeno jurídico, o mais relevante são conflitos entre pessoas diversas, ou seja, os conflitos intersubjetivos.[40] Dessa forma, sinteticamente, o conflito de interesses existe quando duas pessoas possuem interesses contrapostos em relação a um bem.

---

[36] *Sistema di Diritto Processuale Civile*. Vol. I. Padova: CEDAM, 1936, p. 40, em tradução livre.

[37] Heitor Vitor Mendonça Sica aponta que o conceito de lide pode ser extraído da obra de Carnelutti, em especial do primeiro volume do *Sistema di Diritto Processuale Civile*, a despeito de algumas mutações que sofreu ao longo do tempo (Perspectivas Atuais da "Teoria Geral do Processo", s/d, arquivo do autor, p. 4). Como o objetivo desta obra não é a análise das nuances da produção carneluttiana, e partindo da observação de Sica, vale-se quase exclusivamente do primeiro volume do *Sistema di Diritto Processuale Civile* para observar qual é o conceito de conflito que está subjacente à noção de lide. Para a descrição do conceito de lide na obra de Carnelutti, vide, por exemplo: RAYMUNDO, Adhemar. O Processo Penal à Luz do Pensamento "Carneluttiano". In: SUPERIOR TRIBUNAL DE JUSTIÇA. *Ministro Adhemar Raymundo da Silva: Homenagem Póstuma*. Brasília: Superior Tribunal de Justiça, 2007, especialmente p. 93-96.

[38] *Sistema di Diritto Processuale Civile*, cit. p. 7.

[39] *Sistema di Diritto Processuale Civile*, cit. p. 12.

[40] *Sistema di Diritto Processuale Civile*, cit. p. 12-13.

Para a solução do conflito, Carnelutti não descarta a possibilidade de soluções pacíficas. Uma delas seria a solução moral, na qual os antagonistas, por si mesmos, encontrariam a razão para que um restringisse a satisfação de sua necessidade em favor do outro. Haveria ainda duas outras possibilidades de limitação das necessidades, baseadas no medo da força do outro ou da força de um terceiro e que correspondem, respectivamente, à solução contratual e à solução arbitral.[41]

No entanto, o mencionado autor afirma que nenhuma dessas três hipóteses eliminaria na prática o perigo da violência. A solução moral exigiria uma evolução humana que não seria encontrada no estado atual da civilização. As soluções contratual e arbitral, por sua vez, seriam efêmeras, na medida em que a paz duraria apenas enquanto ainda existisse o medo do adversário ou do terceiro.[42]

Para Carnelutti, como a solução violenta das controvérsias dificulta a vida em sociedade, os homens adotariam regras para a composição dos conflitos, que são impostas mediante comandos. A combinação de regras e comandos forma o Direito.[43] Quando um conflito de interesses é composto mediante um comando jurídico, torna-se uma relação jurídica (*rapporto giuridico*). Relação jurídica, assim, pode ser definida como o conflito de interesses regulado pelo direito.[44]

Carnelutti ressalta, todavia, que o conceito de relação jurídica é um conceito estático, na medida em que representa um conflito em que há coordenação das vontades dos seus titulares. Na relação jurídica, a composição do conflito já está definida e não há divergência de vontades em relação à obediência do comando normativo. Sob o aspecto dinâmico, porém, é comum que a vontade de um dos sujeitos em exigir a subordinação dos interesses do outro a seus próprios interesses – ou seja, sua pretensão – enfrente resistência por parte do outro. Nesse caso, não haveria coordenação, mas sim divergência de vontades entre os sujeitos. É o que Carnelutti chama de lide.[45]

---

[41] *Sistema di Diritto Processuale Civile*, cit. p. 13.
[42] *Sistema di Diritto Processuale Civile*, cit. p. 13.
[43] *Sistema di Diritto Processuale Civile*, cit. p. 13-15.
[44] *Sistema di Diritto Processuale Civile*, cit. p. 25.
[45] *Sistema di Diritto Processuale Civile*, cit. p. 40-41.

Dessa forma, um mesmo conflito de interesses tanto poderia ser uma relação jurídica como uma lide. Por exemplo, seria relação jurídica e não lide se houver regramento jurídico e as partes não divergem quando a tais regras; em contrapartida seria lide e não relação jurídica se houver divergência quanto ao regramento.[46] No primeiro caso, haveria coordenação de vontades e, no segundo, existiria contraste. Além disso, na teoria carneluttiana, outra forma que pode assumir o conflito de interesses é a da posse (*possesso*). Nesse caso, existiria a prevalência de uma vontade sobre a outra. Em outros termos, a posse é o estado de fato que representa a concretização da pretensão. Enquanto a pretensão objetiva a prevalência do interesse próprio sobre o interesse alheio, a posse seria a própria atuação nesse sentido.[47]

Quando a pretensão encontra uma resistência e não pode ser resolvida por si mesma, há necessidade do processo para que a paz social seja conservada. O processo, então, vai fornecer um comando concreto ou uma regra para o conflito de interesses apresentado.[48] Carnelutti reconhece que processo, no senso comum, pode ser visto como uma cadeia de atos coordenados para se alcançar uma finalidade, nisso abrangendo o processo legislativo ou o processo administrativo.[49] No entanto, para ele, no linguajar jurídico, processo é aquela sequência de atos voltados à composição da lide, limitando-se assim, ao processo judicial.[50] A lide é vista como pressuposto do processo,[51] adquirindo centralidade no sistema processual proposto por Carnelutti.

Em suma, na teoria carneluttiana, conflito de interesses envolve duas pessoas que desejam um mesmo bem. Caso uma dessas pessoas exerça uma pretensão sobre a outra que, por sua vez, apresenta resistência, tem-se a lide. Acrescente-se que a lide, assim como a relação jurídica e a posse, é tomada como o conflito de interesses juridicamente qualificado, ou seja, relevante para o Direito.[52] Ademais, o conflito é visto como algo negativo, que precisa ser resolvido, seja pelas soluções moral, contratual ou arbitral, seja mediante o processo.

---

[46] *Sistema di Diritto Processuale Civile*, cit. p. 41.
[47] *Sistema di Diritto Processuale Civile*, cit. p. 42-43.
[48] *Sistema di Diritto Processuale Civile*, cit. p. 43.
[49] *Sistema di Diritto Processuale Civile*, cit. p. 44.
[50] *Sistema di Diritto Processuale Civile*, cit. p. 44.
[51] *Sistema di Diritto Processuale Civile*, cit. p. 342.
[52] *Sistema di Diritto Processuale Civile*, cit. p. 342.

Esse último aspecto fica patente quando se observa que, para Carnelutti, a lide (ou seja, o conflito de interesses em que há uma pretensão resistida) traz implícita a injustiça e somente haveria um interesse justo, ainda que de forma parcial,[53] de modo que "satisfazendo o interesse de uma pessoa, fica-se sem satisfazer o interesse da outra e vice-versa".[54] Não por acaso, na sua visão, a lide seria uma situação perigosa para a ordem social que, se não devidamente combatida, poderia culminar em um delito.[55]

Desse modo, a base do conceito tradicional de lide é a de contraposição de interesses. Tanto que, se não houver conflito de interesses, é possível afirmar que inexiste sequer o interesse de agir, uma das condições da ação que ordinariamente é caracterizada pelo binômio necessidade-adequação. Se uma pessoa quer o local arejado e outra que o vento não irrompa no seu rosto, o pedido inicial formulado por uma das partes até poderia ser para que a janela fosse aberta, ao que a outra contraporia que a janela deveria estar fechada. Mas, no fundo, seria possível notar a ausência de interesses contrapostos.

1.1.1.3. Comparando os conceitos

Desse modo, as visões do conflito como contraposição de interesses e como contraposição de movimentos podem ser resumidas no seguinte quadro:

	Contraposição de interesses	Contraposição de movimentos
Influência teórica	Carnelutti	ADR movement, com destaque para Follett e Deutsch
Natureza do conflito	Negativa	Neutra, com ênfase em aspectos positivos do conflito
Relação entre as partes	Competitiva	Competitiva ou Cooperativa, com destaque para a segunda
Tipo de solução	Ganha-perde	Ganha-perde ou ganha-ganha, com preferência por soluções integrativas

Figura 1 O conflito como contraposição de interesses ou como contraposição de movimentos.
Fonte: Elaboração própria.

---

[53] *Como se Faz um Processo*. Tradução de Hiltomar Martins de Oliveira. Belo Horizonte: Líder, 2005, p. 27.
[54] *Como se Faz um Processo*, cit. p. 26.
[55] *Como se Faz um Processo*, cit. p. 26 e p. 125-126.

Percebe-se, assim, que o conflito, como contraposição de movimentos, não nega a possibilidade de existirem casos nos quais os interesses são de fato inconciliáveis. Se uma das pessoas da biblioteca quer o local arejado e a outra prefere que o local permaneça abafado, deixa de existir a opção de se abrir a janela ao lado. Não se nega ainda que o conflito possa ser resolvido de maneira competitiva, resultando em vencedores e vencidos, o que, aliás, nem sempre é ruim (por exemplo, a competição mediante concurso público é um mecanismo importante para a garantia da impessoalidade da Administração).[56] Não se trata, assim, de simplesmente refutar que o conflito seja negativo e passar a defender sua carga inerentemente positiva. O conflito passa a ser visto como algo neutro, podendo ser negativo ou positivo conforme as circunstâncias. Nesse contexto, é possível afirmar a existência de uma ampliação – e não uma substituição – do conceito de conflito. Em vez de se tomar como conflito apenas a contraposição de interesses, aumenta-se o seu escopo para a contraposição de movimentos.

Contudo, cabe a ressalva de que trazer os meios consensuais para o âmbito do processo judicial, diante de premissas conceituais diversas sobre o conflito, não deixa de gerar ruídos. Se, para o ingresso em juízo, exige-se a contraposição de interesses, seria de se perguntar até que ponto seria possível abranger o aspecto mais amplo da contraposição de movimentos quando da tentativa de mediação ou conciliação judicial. Caberia também avaliar, dentre tantos outros aspectos, se isso serviria de justificativa para que a tentativa de solução seja mais bem posicionada antes do início formal da ação.

Não se pretende aprofundar nas implicações desses questionamentos, que poderiam levar a discussões infindáveis acerca da definição do objeto litigioso, dos pontos controvertidos, do grau de cognição judicial, etc. O que se quer destacar é que a ideia de conflito subjacente à valorização dos meios consensuais no Brasil, inspirada na doutrina norte-americana, parte da noção de contraposição de movimentos, enquanto o conceito de lide normalmente adotado em terras pátrias

---

[56] A possibilidade da competição como algo a ser valorizado foi apontada por Antonio Rodrigues de Freitas Jr. durante a Banca de Defesa da Tese ocorrida em 17 de abril de 2019 e que deu origem a esta obra.

segue a definição de Carnelutti que, por sua vez, considera como conflito a contraposição de interesses.[57] Isso permite que se aceitem soluções de ganha-ganha na primeira vertente, e se considere que o ganho de um é a perda de outro na segunda.

De todo modo, considerando-se que o conceito de conflito como contraposição de movimentos é amplo o suficiente para abranger a versão mais restrita de conflito enquanto contraposição de interesses, entende-se que ela se mostra mais adequada aos fins do presente trabalho, em que se pretende uma abordagem que não se limite aos meios adjudicatórios ou mesmo ao processo judicial. Ao mesmo tempo, essa discussão de duas correntes diversas sobre o conflito já indicam a plasticidade do conceito.

No entanto, cabe apenas a ressalva de que a concepção de Deutsch do conflito como contraposição de movimentos permite que se considere como conflito qualquer forma de contraposição, independentemente da percepção do sujeito envolvido, do que se discorda. De fato, ao propor uma tipologia de conflitos, Deutsch identifica situações nas quais o conflito existe em termos objetivos, mas não é percebido como tal. Isso ocorreria, por exemplo, no caso do conflito latente. Segundo Deutsch, alguém poderia sofrer uma discriminação de gênero sem perceber que estaria vivenciando uma situação conflitiva. O conflito objetivo, assim, estaria presente, mas a percepção do conflito seria somente latente.[58] Diante das etapas do conflito a serem vistas pouco mais adiante, acredita-se que ele só existe a partir do momento em que é percebido por ao menos um dos envolvidos. Essa é a fase inicial em que uma situação indesejada passa a ser percebida e, então, nomeada como conflito. Por isso, o que Deutsch se refere como conflito objetivo é aqui tratado como situação indesejada não percebida.

---

[57] Inclusive, como relata Heitor Vitor Mendonça Sica, a ausência de contraposição de interesses motivou os estudiosos contrários à teoria geral do processo a defender que não haveria lide no processo penal, na medida em que, nele, o Estado buscaria o resultado justo, prestigiando tanto o interesse na punição quanto na liberdade do acusado (Perspectivas Atuais da "Teoria Geral do Processo", cit. p. 5). Nesse aspecto, a ampliação da ideia de conflito para a contraposição de movimentos poderia também servir indiretamente como reforço para a aproximação entre processo civil e penal, pois, mesmo neste último, não se pode negar que existam movimentos contrapostos entre o Estado e o réu, mesmo que, ao final, se note que os interesses (de não punir um inocente, p. ex.) sejam coincidentes.

[58] The Resolution of Conflict..., cit. p. 12-14.

1.1.2. O conflito de justiça e o conflito intersubjetivo de justiça

Outro aspecto importante é que, embora Carnelutti destaque que lide, relação jurídica e posse envolvem conflitos de interesses relevantes para o Direito,[59] não se nota em sua teoria quais seriam os conflitos irrelevantes juridicamente. De todo modo, isso é de pouca monta em um sistema no qual a lide é o pressuposto do processo, e o processo é o processo judicial. No entanto, como aqui se pretende tratar do conflito para além do processo judicial, torna-se imprescindível delimitar o que seria um conflito relevante para o Direito.

Tal necessidade é ainda mais premente quando se observa que, na concepção de conflito como contraposição de movimentos, praticamente todas as possíveis interações sociais estão incluídas. Em um jogo de futebol, por exemplo, dois times se enfrentam em busca da vitória, em uma clara contraposição. O simples esbarrar silencioso de dois pedestres na rua, apenas percebido como incômodo, mas sem qualquer discussão posterior, poderia ser interpretado como um conflito. Trata-se, assim, de uma visão que levaria à perda de foco do que seria um conflito relevante para o Direito.[60] Para tanto, é necessário dar ênfase à noção de percepção de injustiça.

Nesse aspecto, Antonio Rodrigues de Freitas Jr,[61] reconhecendo a amplitude do conceito de conflito, salienta que, para o Direito, o que importa é o conflito intersubjetivo de justiça. Neste, estariam presentes simultaneamente: a) um problema alocativo sobre bens tidos por escassos ou encargos tidos por inevitáveis, sejam tais bens e encargos

---

[59] *Sistema di Diritto Processuale Civile*, cit. p. 342.

[60] Não se quer, com isso, evidentemente, dizer que o conflito não seja algo multifacetado, que possa, ao mesmo tempo, atrair a atenção de ciências diversas. Mas é necessário um mínimo de especificidade, até para que não se pretenda dar um tratamento uniforme a conflitos independentemente dos objetivos pretendidos. É o que ocorre, por exemplo, quando se pregam o uso de psicoterapias ou outras técnicas correlatas como se mediação fossem.

[61] O conceito proposto por Freitas é explicitado em diversos textos dele. Em especial, este trabalho toma como base dois: Conflitos de Justiça e Limites da Mediação para a Difusão da Cultura da Paz. In: SALLES, Carlos Alberto de (org.). *As grandes transformações do processo civil brasileiro: homenagem ao Professor Kazuo Watanabe*. São Paulo: Quartier Latin, 2009, p. 509-534; e Conflitos intersubjetivos e apropriações sobre o justo. In: SILVA, Luciana Aboim Machado Gonçalves da (org.). *Mediação de Conflitos*. São Paulo: Atlas, 2013, p. 33-41.

de natureza material ou imaterial (plano objetivo); b) a contraposição no vetor de conduta entre dois ou mais sujeitos, consciente ou inconsciente, intencional ou não (plano comportamental); c) percepções não convergentes sobre como tratar o problema alocativo, sob o ângulo dos valores de justiça (plano moral).

Assim como em Carnelutti, o conceito de Freitas baseia-se na contraposição de dois sujeitos em torno de um bem. No entanto, ao trabalhar com noções tais quais contraposição de vetores de conduta e percepções distintas (que podem posteriormente se mostrar equivocadas), entende-se que o conceito de Freitas vai ao encontro da ideia de contraposição de movimentos. Do mesmo modo, o bem buscado não necessariamente precisa ser escasso, bastando que seja percebido como tal. O necessário, em síntese, é o choque inicial dos sujeitos em relação ao que é a alocação justa. Não se exige, como em Carnelutti, que os interesses entre os sujeitos sejam irrevogavelmente contrapostos.

O conceito proposto por Freitas possui ainda a vantagem de centrar o conflito em percepções dos sujeitos envolvidos. Isso tanto coloca o foco no papel dos sujeitos no delineamento do conflito, quanto também aponta que o conflito é algo maleável, que não permanece estanque independentemente dos sujeitos envolvidos ou das instituições de tratamento. Outro aspecto importante é que a proposta de Freitas não se limita às pretensões deduzidas em juízo, indicando que seu tratamento pode ser feito tanto em ambiente privado como em ambiente público: o Judiciário seria apenas uma das opções. Além disso, ao destacar as percepções distintas sobre a justiça, não se limita à ordem jurídica positivada, o que dá abertura para soluções baseadas em concepções sobre o justo relacionadas aos costumes, a valores morais ou a concepções religiosas.[62]

---

[62] De fato, Freitas enfatiza esse aspecto nos seguintes termos: "E aqui é bom ressaltar: refiro-me à justiça na acepção mais trivial de convicção acerca da equidade de possíveis escolhas e decisões no terreno alocativo; não, necessariamente, relacionado e, com frequência sem nenhuma correspondência direta, com o repertório objetivamente positivado da legalidade." (Conflitos de Justiça e Limites da Mediação para a Difusão da Cultura da Paz, cit. p. 521, sem os grifos do original). Essa mesma acepção mais trivial de justiça que é adotada neste trabalho.

Reitere-se então que, dentro da teoria de Freitas, o conflito que interessa ao Direito (em termos amplos e não apenas aquele que emana do Estado) é aquele que se baseia em percepções – ao menos iniciais – divergentes sobre o que seria o justo. Desse modo, o aspecto central do conflito que possui relevância para o Direito é o elemento injustiça.

Cabem apenas algumas ponderações, de modo a compatibilizar o conceito de Freitas com as etapas do conflito que serão detalhadas no próximo item. Em primeiro lugar, entende-se que a ideia de conflito intersubjetivo de justiça não ignora que possa haver conflitos que não sejam de justiça, embora se considerem tais conflitos menos relevantes para a respectiva política pública.[63] Além disso, nota-se que a proposta de Freitas parte do conflito como manifestação externa e, por isso, coerentemente, não se preocupa com as fases iniciais em que o conflito pode existir internamente (alguém se percebe como vivenciando uma situação conflituosa decorrente de um movimento contrário ao seu, mas ainda não externa sua percepção na busca de um culpado).[64] Nas etapas a serem vistas, portanto, os elementos do conflito apresentados somente se configuram a partir da fase do responsabilizar. Por isso, neste trabalho, adota-se o termo mais amplo de conflito de justiça para a etapa inicial da nomeação, quando a situação indesejada for percebida como injusta. Para momentos em que já haja a identificação de um responsável, que possui uma percepção diversa do justo, reserva-se o termo conflito intersubjetivo de justiça, nesse caso adotando na integralidade o conceito proposto por Freitas.

Todavia, se Carnelutti parece considerar os interesses em contraposição como inflexíveis, percepções sobre o justo são instáveis. Como destaca Marc Galanter, os domínios do justo e do injusto são móveis, variando conforme o tempo e o espaço.[65] Fatos que não eram

---

[63] A propósito, vide: FREITAS JR., Antonio Rodrigues de. Conflitos de Justiça e Limites da Mediação para a Difusão da Cultura da Paz, cit. p. 521-522.
[64] Ver FREITAS JR., Antonio Rodrigues de. Conflitos de Justiça e Limites da Mediação para a Difusão da Cultura da Paz, cit. p. 518.
[65] A ideia de fronteiras móveis com destaque para o tema do acesso à justiça é especialmente tratada em: GALANTER, Marc. Access to Justice in a World of Expanding Social Capability. *Fordham Urban Law Journal*, Vol. 37, n. 1, 2009, p. 115-128. Ver também: GALANTER, Marc. The Dialectic of Injury and Remedy. *Loyola of Los Angeles Law Review*, Vol. 44, n. 1, 2010, p. 1-10; GALANTER, Marc. The Travails of Total Justice, cit.

considerados danos aptos a ensejar remédios jurídicos passam a ser (por exemplo, a proteção ao direito de minorias); fatos que eram considerados danos do ponto de vista jurídico deixam de ser (como a maior proteção a falas contra pessoas públicas). O avanço tecnológico, se inegavelmente elimina injustiças, também cria outras: com o avanço da ciência, a produção agrícola fica mais abundante, mas, ao mesmo tempo, existem mais casos de obesidade.

Por isso, conflitos intersubjetivos de justiça podem surgir em decorrência de contraposições de movimentos que antes não teriam significado jurídico. Os conflitos de justiça são móveis porque varia a própria noção do que é justo e injusto e, em termos mais amplos, o que importa ou não para o Direito.

Consciente dessa mobilidade entre justiça e injustiça, cabe salientar que este trabalho se foca, sobretudo, no conflito de justiça, isto é, naquele que, embora possa nascer de contraposições de movimentos, caminha para percepções distintas do que seja justo. Feito esse recorte, cabe tratar da dinâmica do conflito.

1.2. A dinâmica do conflito

A ideia de que o conflito pode ser visto sob o escopo restrito do conflito de interesses ou sob o espectro amplo do conflito de movimentos, bem como que pode ser percebido ou não como um envolvendo um problema de justiça, já indica que se trata antes de um constructo social do que de um fenômeno natural.[66]

Sendo móvel, torna-se importante observar como o conflito é construído na sua interação com as instituições e as partes envolvidas. Para tanto, cabe destacar dois aspectos da dinâmica do conflito: as etapas do seu surgimento (e posterior tratamento) e as transformações (ampliativas ou redutivas) que o conflito sofre no caminho. Com isso, será possível notar que o seu desenvolvimento nem sequer é uniforme, variando conforme a questão apresentada.

---

[66] FELSTINER, William L. F.; ABEL, Richard L.; SARAT, Austin. The Emergence and Transformation of Disputes: Naming, Blaming, Claiming... *Law & Society Review*, Vol. 15, n. 3/4, Special Issue on Dispute Processing and Civil Litigation (1980-1981), p. 631.

1.2.1. As etapas do conflito até a disputa (e daí por diante)

Como salientado, o conflito nasce da contraposição de movimentos, ao passo que o conflito de justiça surge a partir da percepção de uma injustiça. Todavia, há etapas a serem percorridas da contraposição de movimentos para a percepção da situação como conflituosa, da situação conflituosa para a percepção como injusta, do conflito sobre o justo para a responsabilização de alguém, e da responsabilização para o direcionamento a uma instituição de tratamento, quando, enfim, tem-se uma disputa.

Na lição de Felstiner, Abel e Sarat,[67] para que haja o surgimento de uma disputa (*dispute*), inicialmente aquele que sofre a ofensa deve se reconhecer como lesado; em seguida, deve ser capaz de atribuir a situação a alguém; por fim, é necessário que possa reclamar seu direito perante o suposto ofensor. Na terminologia utilizada por eles são, respectivamente, as etapas do *naming*, do *blaming* e do *claiming*, e que são traduzidas por nomear, responsabilizar (ou culpar) e reivindicar.

O verbo relativo a cada etapa pode ser associado a determinado substantivo. No começo, existiria a *lesão não percebida* (*unperceived injurious experiences* ou *unPIE*) que, se evoluir para a fase de nomeação, torna-se a *lesão percebida* (*perceived injurious* ou *PIE*). Caso se culpe alguém por causa dessa lesão, surge a *ofensa* (*grievance*). Ao se dirigir àquele apontado como culpado, faz-se uma *reclamação* (*claim*). Apenas se negada a reclamação, nasce a *disputa* (*dispute*).

Essas ideias remetem à pirâmide das disputas, em que a base mais ampla do nomear seria apenas o primeiro degrau rumo ao topo do reivindicar. Desse modo, o mérito do modelo piramidal é o de chamar a atenção para fases anteriores da formação das disputas, em vez de limitar-se ao momento em que a petição inicial é protocolada em algum órgão judicial.

Cabe notar que, na etapa do nomear, não fica claro qual é o sujeito que percebe a lesão, se o observador externo, se aquele que vivencia a situação. De modo a manter coerência com as fases posteriores, porém, deve se considerar que o foco é sempre naquele que sofre o

---

[67] The Emergence and Transformation of Disputes: Naming, Blaming, Claiming..., cit. p. 631-654.

impacto do movimento contraposto. De fato, nas fases do culpar e do reivindicar, a perspectiva é do sujeito que participa do conflito e não do observador externo (o culpado é considerado em termos subjetivos e não objetivos). Assim sendo, em vez do termo lesão, prefere-se a noção mais ampla de *situação indesejada*, na medida em que ela retoma a perspectiva do sujeito (indesejada, por evidente, é para o sujeito que sofre a ação) e não se limita à exigência de haver alguém responsável, o que apenas será cobrado na fase seguinte.[68] Esquematicamente, chega-se à seguinte figura:

Figura 2 A pirâmide das disputas.
Fonte: Elaborado a partir de FELSTINER *et al*. The Emergence and Transformation of Disputes: Naming, Blaming, Claiming..., cit.

No entanto, diversamente do que possa parecer, o percurso do conflito não é invariavelmente voltado ao topo. Muitas vezes, há idas e vindas pelo caminho. Uma situação indesejada inicialmente nomeada como injusta depois pode ser percebida como sendo alheia ao Direito. Ao se dirigir ao culpado pode-se ter a impressão – ou mesmo a convicção – que a responsabilidade não é dele, o que faz com que se retroceda à fase anterior do nomear. Nem sempre há um direcionamento gradativo e uniforme para o Olimpo judicial.

---

[68] A abrangência da situação indesejável no *naming* fica explícita em: SARAT, Austin.The Litigation Explosion, Access to Justice, and Court Reform: Examining the Critical Assumptions. *Rutgers Law Review*, Vol. 37, 1984-1985, p. 331.

Além disso, no conceito adotado de conflito como contraposição de movimentos percebida pelo sujeito, já há conflito a partir da etapa do nomear, e não apenas após a reivindicação negada e o direcionamento para o processo de solução de controvérsias de uma instituição, ou seja, quando o conflito se transforma em disputa. Conflito e disputa, assim, não são tomados como sinônimos, sendo o primeiro conceito mais amplo que o segundo.

Nesse aspecto, há um distanciamento em relação à formulação de Felstiner, Abel e Sarat, que parecem admitir a corriqueira superposição dos termos *dispute* e *conflict*, algo que também é comum em português quando se consideram *disputa* e *conflito* como sinônimos. Além disso, como mencionado, tais autores apontam que a disputa surge da negativa do suposto culpado, ao passo que aqui se pressupõe a busca a um processo voltado à solução do conflito para que haja uma disputa.

Ao dar tratamento indistinto aos dois termos, deixa-se em segundo plano o aspecto da institucionalização do conflito. De fato, é possível dizer que um conflito se torna uma disputa quando se torna público, mediante a reivindicação perante alguma instituição.[69] Esta instituição, dependendo do caso, pode ser ligada ao próprio ofensor, desde que seja destacada ou diferenciada de suas atividades habituais (por exemplo, o acionamento da Ouvidoria de um órgão público ou o Serviço de Atendimento ao Consumidor – SAC de dado fornecedor). A exigência da publicidade e do encaminhamento institucional permite ainda que ocorra um afunilamento da mera percepção contraposição de movimentos – definida anteriormente como sendo o conflito – para

---

[69] Richard Abel afirma em outro texto: "O conflito pode gerar uma *disputa* se as reclamações inconsistentes forem afirmadas publicamente, i.e., se as reclamações, e suas incompatibilidades, forem comunicadas a alguém" (A comparative theory of dispute institutions in society. *Law & Society Review*, Vol. 8, n. 2, 1973, p. 227, em tradução livre). Na nota a essa passagem, ressalta, porém: "Mesmo esta definição carrega uma área cinzenta na qual cada reclamante faz sua reclamação a uma pessoa diferente (por exemplo, sua esposa), e nenhum confronto se desenvolve. Portanto, disputa é um conceito de tipo que pode existir mais ou menos" (*idem*, p. 307). Acredita-se, assim, que a ideia de publicidade para que haja uma disputa é útil, mas, de modo a restringir as áreas cinzentas, defende-se que apenas a publicidade decorrente do encaminhamento para alguma instituição decisória que torna o conflito uma disputa.

o reconhecimento dessa contraposição como um problema de justiça a demandar uma solução por meio de um processo destacado.

É importante ressaltar ainda que o conflito intersubjetivo de justiça não necessariamente se confunde com disputa. A ideia de conflito de justiça está atrelada à qualificação da situação indesejada como injusta. Por exemplo, se duas pessoas estão competindo por uma vaga de emprego, então há um conflito, embora alheio a critérios de justiça, uma vez que, em princípio, regulado por valores próprios do empregador.[70] No entanto, caso exista a percepção de que o processo seletivo foi de alguma forma injusto, apontando-se práticas discriminatórias pelo potencial empregador, então o conflito passa a ser intersubjetivo de justiça. Nesse segundo caso, o conflito pode evoluir para uma disputa caso seja acionada uma instituição decisória que trabalhe igualmente com parâmetros de justiça, ou seja, que ofereça jurisdição. Em contrapartida, se as partes se entendem diretamente sem que se veja necessidade de encaminhamento a uma instituição externa à relação existente (por exemplo, o empregador aceita contratar o entrevistado que alega estar sofrendo discriminação e, assim, resolve o impasse), o conflito não se torna uma disputa.

Em suma, o conflito, considerado como constructo social, possui como origem a percepção de alguém de que, diante da contraposição de movimentos, sente estar diante de uma situação indesejada. Caso tal situação seja também considerada injusta, tem-se o conflito de justiça que, com a atribuição de culpa à outra pessoa (incluindo entes personalizados), torna-se conflito intersubjetivo de justiça. Desse modo, o conflito intersubjetivo de justiça é a espécie de conflito que se caracteriza pela divergência de percepções sobre o justo, o que, reitere-se, não necessariamente envolve interesses irrevogavelmente colidentes. Avançando um pouco mais, foi dito que a existência da disputa está intimamente relacionada com o encaminhamento do conflito a uma instituição decisória, que pode ou não ser o Judiciário. Somente se houver a escolha do processo judicial para o tratamento do conflito, surgirá então a judicialização, muitas vezes chamada simplesmente de litígio ou ação judicial.

---

[70] O exemplo de conflito alheio ao Direito é de Marc Galanter. Comunicação pessoal em 03 out. 2017.

Esquematicamente:

Figura 3 Do conflito ao conflito intersubjetivo de justiça (e daí em diante).
Fonte: Elaboração própria.

A partir do modelo da pirâmide das disputas, percebe-se, assim, que o caminho até a judicialização não é inevitável e nem único. Nem todos os conflitos são qualificados como intersubjetivos de justiça. Alguns simplesmente não são percebidos como tal. Outros são percebidos como situações indesejadas, mas não injustas. Além disso, mesmo dentre os conflitos qualificados como intersubjetivos de justiça, poucos chegam a ingressar em uma instituição voltada a seu tratamento. Menos ainda se dirigem ao processo judicial.

Em outras palavras, várias disputas em potencial se desviam no caminho. Os motivos são diversos, abrangendo a ignorância de como agir; a ausência de identificação de um culpado; a renúncia consciente; a resignação, etc. Todos esses desvios podem ser agrupados sob o conceito de atrição (*attrition*), que assim é tomada como qualquer desvio antes de se chegar a uma disputa.

Como este trabalho valoriza a ideia de que existem diversas instituições de tratamento da disputa, a atrição não é tomada apenas como desvio do Judiciário, mas em relação a qualquer instituição que ofereça jurisdição. De fato, o conflito pode se dirigir para outras instituições de solução de disputas, como uma câmara privada de arbitragem ou um órgão administrativo. Dessa forma, o encaminhamento a um processo jurisdicional alheio ao Judiciário é visto como opção e não como atrição.

Do mesmo modo, elementos que afetem a percepção do sujeito (como a falta de informação sobre seus direitos), a identificação do culpado (como a atribuição do dano ao acaso) ou a reivindicação perante uma instituição decisória (como os altos custos de acesso) são, todos, causas de atrição.

Além disso, a despeito do que sugere o modelo da pirâmide, nem sempre chegar ao topo, atingindo a fase da disputa, é o melhor percurso. Os desvios podem se mostrar os melhores atalhos, dependendo do destino a que se pretenda chegar. Em relações comerciais continuadas, por exemplo, pode ser preferível realizar negociações informais sem o direcionamento para uma instituição decisória.

O importante é analisar a configuração de cada situação conflituosa para avaliar se o direcionamento à determinada instituição é ou não positivo. Todavia, para que essa avaliação seja feita, é necessário também perceber que a própria configuração do conflito se altera durante o percurso.

1.2.2. A ampliação e a redução do conflito

Sendo um constructo social, o conflito somente existe como representação humana e, portanto, nasce no âmbito de comunidade determinada no tempo e no espaço. Uma coisa é vivenciar determinada experiência, outra é interpretá-la como sendo um conflito. Nesse sentido, a subespécie dos conflitos intersubjetivos de justiça também depende de atos humanos de interpretação. Por não ser uma realidade estática, o conflito vai se transformando durante a sua trajetória. Essa transformação não se limita às fases de formação, abrangendo também as etapas posteriores à configuração da disputa.

Lynn Mather e Barbara Yngvesson[71] tratam do processo de transformação das disputas, assim entendidas como conflitos tornados públicos perante um terceiro. As autoras afirmam que as disputas se transformam como resultado da interação dos outros participantes

---

71 MATHER, Lynn; YNGVESSON, Barbara. Language, Audience, and the Transformation of Disputes. *Law & Society Review*, Vol. 15, Number 3-4, 1980-1981, p. 775-821.

(partes, auxiliares, terceiros e audiência) no processo de tratamento. Desse modo, ocorre o reenquadramento da disputa mediante movimentos de redução ou de expansão.

Na redução, são impostas categorias pré-estabelecidas aos eventos e situações apresentados perante o terceiro. É o que ocorre, exemplificativamente, quando há uma redução dos fatos a categorias legais apresentadas em juízo. Quando um advogado traduz os fatos apresentados pelo cliente em uma petição inicial ou quando o juiz limita os aspectos controvertidos do caso, invariavelmente, há uma redução.

Em contrapartida, o movimento da expansão busca um novo enquadramento que desafia as categorias pré-existentes. Como exemplo, Mather e Yngvesson[72] citam a situação das enfermeiras mal remuneradas (*Underpaid Nurses*) que buscaram judicialmente expandir o conceito de "mesmo pagamento para o mesmo trabalho" (*"equal pay for equal work"*) para o de "mesmo pagamento para trabalho de mesmo grau de complexidade" (*"equal pay for work of comparable worth"*), ao argumento de que haveria ocupações, de forma significativa, segregadas por sexo, com remunerações mais elevadas para aquelas tipicamente masculinas. Embora não tenham notado muito sucesso até aquele momento, as autoras observam um movimento rumo à expansão pretendido pelas enfermeiras.

No processo de transformação das disputas, os movimentos de redução e expansão não são isolados. O que ocorre é o que, em outro texto, Mather e Yngvesson[73] chamam de dialética da redução e da expansão. As autoras oferecem um exemplo esclarecedor da dialética, ao reportarem notícias de estudantes de universidades norte-americanas que, ao reclamarem de abusos sexuais, eram direcionadas para órgãos disciplinares internos.[74] Como tais órgãos frequentemente agiam no interesse da universidade em evitar publicidade indesejada, as queixas eram rejeitadas mediante o implícito reenquadramento dos casos como

---

[72] Language, Audience, and the Transformation of Disputes, cit. p. 808-809.

[73] Disputes, Social Construction and Transformation of. In: WRIGHT, James (ed.). *International Encyclopedia of the Social & Behavioral Sciences*, Vol. 6. 2. ed. Amsterdam: Elvesier, 2015, p. 562.

[74] Disputes, Social Construction and Transformation of, cit. p. 563.

parte da cultura estudantil de relacionamentos fugazes decorrentes do consumo de álcool. Somente com a publicidade de alguns casos pela mídia e a consequente mobilização de estudantes, houve alteração no quadro. Novamente, é possível dizer que houve o reenquadramento da disputa, desta vez para considerá-la como uma violação a direitos e não apenas como um acontecimento rotineiro da vida estudantil. Portanto, a um movimento inicial de redução pelos órgãos disciplinares internos seguiu-se um movimento de expansão provocado pela mídia e pelos próprios estudantes. Fazendo uma relação com os conceitos trazidos anteriormente, pode-se dizer que o movimento de redução caminhou no sentido de descaracterizar o próprio conflito como sendo de justiça, ao passo que a expansão caminhou no sentido inverso.

De todo modo, o que a dialética da redução e da expansão reforçam é que o conflito é contingente, dependendo de como é feito seu enquadramento pelos envolvidos. Assim sendo, ganham destaque as instituições e as partes envolvidas. No entanto, como cada conflito envolve partes diferentes que fazem opções diversas, a dinâmica do conflito necessariamente vai variar conforme o caso.

1.2.3. Cada conflito é um caso

A diferença entre os conflitos indica que o percurso percorrido nem sempre é idêntico. Variações no nomear, culpar e reivindicar apontam que o formato da pirâmide das disputas não é constante. Há conflitos que podem ser representados por uma pirâmide de base larga e topo mais estreito, indicando grande grau de nomeação e baixo de reivindicação; existem ainda conflitos ilustrados por uma pirâmide de bases estreitas e vértices comparativamente largos, sugerindo maior atingimento da etapa das disputas.[75]

Publicado em 2011, o relatório do Sistema de Indicadores de Percepção Social (SIPS) relativo à Justiça brasileira, além de confirmar que grande parte dos conflitos não são judicializados, corrobora que alguns deles são trazidos com mais frequência ao Judiciário do que

---

[75] Nesse sentido: SILVA, Paulo Eduardo Alves da. *Acesso à justiça, litigiosidade e o modelo processual civil brasileiro*, cit. p. 67-68, com referência aos achados do *Civil Litigation Research Project* relatados por Miller e Sarat no início da década de 1980.

que outros. A pesquisa conclui, por exemplo, que a probabilidade de os respondentes buscarem a justiça é maior nos casos criminais, sendo menor em casos como os da previdência, assistência social ou demandas por direitos sociais.[76]

Em última análise, cada caso concreto traz suas singularidades e poderia, assim, ser investigado de forma isolada. Assim, por exemplo, é o enfoque de um conflito envolvendo determinado segurado da Previdência Social, citando suas mazelas e desencontros com o sistema. Outra possibilidade seria agrupar todos os conflitos não criminais a partir da observação da média do que costuma ocorrer. Seria possível ainda voltar-se a diversos conflitos em conjunto, investigando os traços em comum que permitiriam o tratamento coletivo. Investigar se ações individuais pleiteando medicamentos podem ser tratadas de forma conjunta passam por esse último tipo de análise. Enfim, metodologicamente, o conflito pode ser analisado de diversas maneiras.

Em geral, o conflito é tratado sob o viés do conflito judicializado, identificando as suas características gerais quando se apresenta em juízo. Questionar quem são as partes, o pedido e a causa de pedir em uma ação de alimentos normalmente segue esse viés. Sem negar a importância de tal tipo de investigação, acredita-se que, para *dar um passo para trás*, o mais pertinente é tratar do conflito antes de sua judicialização, observando o contexto que pode ensejar o seu surgimento, as fases a serem percorridas e as alterações sofridas no caminho.

Assim sendo, quando se fala de determinado conflito, tem-se em mente um problema específico e não como caso ou processo. Nesse sentido, segue-se postura análoga àquela adotada por Carlos Alberto de Salles que, ao analisar o caso do fornecimento de medicamentos, salienta que, por "caso", deve-se entender "um problema específico levado à apreciação do Poder Judiciário" e não um "processo" ou "julgado determinado".[77]

---

[76] INSTITUTO DE PESQUISA ECONÔMICA APLICADA. *Sistema de Indicadores de Percepção Social – Justiça*. Brasília: IPEA, 2011, especialmente p. 8-11. O relatório foi elaborado por Fábio de Sá e Silva.

[77] Duas faces da proteção judicial dos direitos sociais no Brasil. In: SALLES, Carlos Alberto de (org.). *As grandes transformações do processo civil brasileiro: homenagem ao Professor Kazuo Watanabe*, cit. p. 807.

No entanto, neste trabalho, não se limita ao problema levado ao Judiciário, mas também se questiona qual a instituição mais adequada para o tratamento do problema. Somada à ideia de que o conflito não necessariamente envolve questões de justiça, tem-se a necessidade de inseri-lo no ambiente da sociedade complexa e do pluralismo jurídico.

1.3. O conflito de justiça em tempos complexos

Vive-se atualmente em uma sociedade complexa. Em relação à temática do conflito, costuma haver uma associação entre a complexidade da sociedade moderna e a litigiosidade. Assim, a complexidade do mundo levaria à atomização das relações sociais, a exigir maior uso de um terceiro externo para solução de controvérsias. Também haveria maior necessidade de produção normativa para regular as relações cada vez mais intrincadas, fazendo com que o Direito passasse a ser produzido em abundância por diversas fontes.[78] Isso, frequentemente, é associado à maior judicialização.

Lawrence Friedman, por exemplo, defende que causas como o avanço tecnológico e o *welfare state* teriam gerado mais direitos exigíveis. Haveria poucas zonas de imunidade à lei.[79] Aspectos antes reservados ao acaso passam a ser considerados passíveis de controle e, assim, regulamentação pelo saber humano. O volume de processos judiciais e as transformações nos sistemas judiciais seriam basicamente reflexos do que estaria ocorrendo na sociedade. Com isso, o número de conflitos judicializáveis aumentaria.

A relação entre complexidade, produção normativa e judicialização é um argumento recorrente também no Brasil. A ideia de que o amplo rol de direitos consagrado na Constituição Federal de 1988 seria uma das causas do grande número de processos segue essa linha. Uma vez que novos direitos foram positivados como obrigação do Estado, surgiriam novos conflitos capazes de serem exigidos em juízo.

---

[78] GALANTER, Marc; ASPERTI, Maria Cecília de Araujo; GABBAY, Daniela Monteiro; SALINAS, Natasha Schmitt Caccia; SILVA, Paulo Eduardo Alves da. Talking About the Limits of Legal Change: an interview with Marc Galanter. *Revista de Estudos Empíricos em Direito*, Vol. 1, n. 2, jul. 2014, p. 208.
[79] *Total Justice*. New York: Russell Sage Foundation, 1994 [a versão original é de 1985].

No entanto, tem-se que associações desse tipo, apesar de possivelmente válidas, precisam ser tomadas com cautela quando se analisa o conflito sob uma perspectiva mais ampla. Assim, entende-se que, no processo de modernização, houve um crescimento de conflitos intersubjetivos de justiça e não necessariamente de conflitos em geral. Mesmo tal aumento de conflitos de justiça, por sua vez, não implica de modo automático que o Judiciário passou a invariavelmente ser mais acessado. Nesse contexto, é importante fazer algumas considerações sobre os conflitos de justiça em um cenário de pluralismo jurídico no qual predominam relações em rede.

1.3.1. Mais conflitos... de justiça

Evidentemente, não existiam conflitos decorrentes de acidentes com veículos automotores em uma época em que o seu uso era inexistente. Todavia, não se tem conhecimento de dados empíricos suficientes que confirmem que as sociedades modernas possuem mais conflitos que no passado. A luta pela sobrevivência em circunstâncias de alimentos escassos, bem como as diversas guerras existentes na história permitiriam, inclusive, a conclusão inversa de que o passado seria mais conflituoso que o presente.

De todo modo, o que se percebe é a tendência das sociedades ditas modernas em considerar como conflitos intersubjetivos de justiça o que antes eram tidos como alheios ao Direito, frutos do acaso ou da Providência. Em tempos remotos, um surto de epidemia, uma má colheita ou a eclosão de uma guerra eram atribuídos a forças sobrenaturais superiores. Com o passar do tempo, o homem foi adquirindo o domínio técnico de grande parte do seu ambiente, fazendo valer a sua vontade sobre o que antes era tido como algo além de seu controle. O humanismo, predominante no século XXI, faz com que os homens busquem alcançar a imortalidade, a felicidade e, assim, a divindade.[80] Por isso, aumentam-se os limites do que é considerado controlável

---

[80] HARARI, Yuval Noah. *Homo Deus: uma breve história do amanhã*. Livro Eletrônico. São Paulo: Companhia das Letras, 2015 (a ideia da busca pela divindade a partir da felicidade e da imortalidade é explorada, em especial, no capítulo introdutório, pos. 32-1245).

pelo próprio homem. Um terremoto deixa de ser obra da natureza, passando a ser fato atribuível à conduta omissiva de alguém. Tomar mais conflitos como envolvendo noções acerca do justo pode ser visto como um desdobramento desse movimento de alargamento do domínio humano sobre o ambiente que o cerca. Os conflitos mudaram, mas nunca deixaram de existir.

Assim, nota-se que mais situações que antes eram consideradas indiferentes ao Direito passam a ser tidas por relevantes e não o inverso, ainda que este movimento em si mesmo não seja linear. Nesse sentido, compreende-se a percepção de que praticamente tudo pode ser judicializado. Uma situação antes considerada indesejada passa também a ser considerada injusta. Retornando para a imagem da pirâmide das disputas, no momento da nomeação, o que muitas vezes era colocado para fora do domínio da justiça passa a integrá-lo.

Por óbvio, este movimento não é uniforme e, ainda hoje, existem comunidades que apresentam características próximas a agrupamentos que seriam considerados como primitivos sob o ponto de vista da sociedade moderna e comunidades nas quais o domínio da natureza sobre o homem ainda é marcante. De todo modo, a existência de exceções não impede que seja identificada uma tendência geral rumo ao crescimento dos conflitos intersubjetivos de justiça.

O crescimento de conflitos de justiça pode ser relacionado com aquilo que Marc Galanter[81] identifica nas sociedades industriais como sendo a modernização do Direito. Para Galanter, o modelo do Direito moderno seria caracterizado por: i) regras uniformes e de aplicação invariável, sendo territoriais em vez de pessoais; ii) os direitos e obrigações são transacionais (contratuais, criminais, de responsabilidade civil), no sentido de se basearem em transações partilhadas entre as

---

[81] The Modernization of Law. In: WEINER, Myron (ed.). *Modernization*. New York: Basic Books, 1966, p. 154-156. Existe a seguinte tradução em português, que também foi utilizada nesta pesquisa para a interpretação do texto original: A Modernização do Direito. Traduzido por Maria da Conceição Barbosa. In: SOUTO, Cláudio; FALCÃO, Joaquim (ed.). *Sociologia e Direito: leituras básicas de sociologia jurídica*. São Paulo: Pioneira, 1980, p. 233-241 (nessa tradução, as onze características listadas estão entre as páginas 234-235).

partes e não em elementos imutáveis externos a essas transações (como religião, classe ou sexo); iii) as normas legais possuem viés universal, dirigindo-se à aplicação geral, em vez da aplicação particular e intuitiva, o que as torna previsíveis e replicáveis; iv) o sistema é hierárquico, com uma estrutura de órgãos julgadores de primeira instância e tribunais, o que possibilita a uniformidade e a previsibilidade; v) para atingir a uniformidade, o sistema deve operar de maneira impessoal, seguindo procedimentos determinados e regras escritas e, por isso, organiza-se de maneira burocrática; vi) o sistema é racional, na medida em que seus procedimentos podem ser averiguados em fontes escritas e mediante o uso de técnicas que podem ser aprendidas e transmitidas sem nenhum dom não racional; vii) profissionais gerenciam o sistema e, assim, senhores feudais ou dignatários religiosos são substituídos por juristas profissionais treinados, policiais, examinadores, etc.; viii) ao passo que o sistema se torna mais técnico e complexo, surgem intermediários profissionais especializados entre os tribunais e as pessoas que precisam acessá-los – advogados substituem agentes gerais; ix) o sistema é alterável, contendo procedimentos de revisão, que podem ser feitos de modo calculado e deliberado para atingir objetivos específicos, vindo a legislação a substituir a lenta reconstrução do direito consuetudinário; x) o sistema é político, no sentido de que o Direito é tão conectado ao Estado que este goza de monopólio sobre as disputas em sua jurisdição, apenas deixando atuar em seus interstícios ou tolerando outros órgãos (como tribunais eclesiásticos ou associações comerciais), mas sempre sob sua supervisão; xi) a tarefa de encontrar o direito aplicável ao caso concreto é diferenciada de outras funções governamentais (Legislativo, Judiciário e Executivo são separados e distintos).

Nesse contexto, tem-se que o maior controle do homem sobre o ambiente que o cerca, com o consequente crescimento dos conflitos intersubjetivos de justiça, também fortalece a tendência chamada por Galanter de modernização do Direito, pois dá margem para a concepção de uma ordem jurídica unitária, uniforme e universal. É reforçada a imagem de um Direito centralizado que, de modo racional, valendo-se da hierarquia e da burocracia, seria capaz de corrigir o que fosse local, desviante ou irregular.

No entanto, Marc Galanter também salienta que nenhum sistema legal restringe-se ao Direito estatal.[82] É possível que, em sociedades tidas como primitivas, as próprias regras locais se confundam com o "Direito estatal", uma vez que haveria uma integração entre esse Direito e atitudes populares sobre a legalidade (as regras locais uniformes são também as únicas regras oficiais). Ocorre que, em sociedades complexas, não se observa tal grau de uniformidade. O Direito dos juristas não se confunde com todo o Direito. O que é chamado de Direito estatal pode ser visto como o corpo de normas criadas pela elite governante.[83] Para além desse Direito, há uma série de normas locais, práticas desviantes e atitudes populares divergentes. Existe, assim, uma tensão entre a unidade e a diversidade, entre o centro e a periferia, entre o aprovado e o desaprovado.

Embora a multiplicidade de normas em uma mesma sociedade também existisse no passado, Galanter[84] afirma que a nota peculiar do Direito moderno é como se lida com a situação. O Direito estatal não busca conviver harmonicamente com o Direito local, mas sobrepor-se aos demais, firmando-se como Direito único em substituição à diversidade. Isso não impede, porém, que haja espaços no Direito estatal para acomodação de práticas e interesses locais, como regras contratuais, formas de associações voluntárias, limitações ao governo, mecanismos como o júri, etc. Assim, o particular e o desviante são permitidos mesmo se mantendo a ficção do uniforme e invariável.[85] O que se observa, de todo modo, é que, na sociedade contemporânea, o Direito estatal e não estatal não conseguem viver isolados entre si. Como afirma Galanter, o "mundo legal é transformado, de congregações de capelas mais ou menos independentes, em poucas igrejas hierárquicas".[86]

Se a existência de um Direito estatal uniforme é uma ficção, é importante inserir o conflito no ambiente de pluralismo jurídico.

---

[82] The Modernization of Law, cit. p. 157-159.
[83] The Modernization of Law, cit. p. 159.
[84] The Modernization of Law, cit. p. 159-163.
[85] The Modernization of Law, cit. p. 162-163.
[86] The Modernization of Law, cit. p. 163. O trecho citado vale-se da tradução para o português feita Maria da Conceição Barbosa (A Modernização do Direito, cit. p. 240).

Todavia, como não se trata do mesmo tipo de pluralismo de um passado remoto, no qual comunidades diversas podiam se valer de sistemas jurídicos autônomos, é relevante também mostrar a importância da relação entre o Direito estatal e não estatal.

1.3.2. O conflito no ambiente do pluralismo jurídico

A existência de outros Direitos no espaço e tempo do Direito estatal pretensamente unitário indica a importância de o conflito de justiça ser inserido no contexto do pluralismo jurídico. Noções do justo e do injusto não se baseiam apenas do ponto de vista do que é positivado pelo Estado. Quando se diz que na mediação o justo é aquilo que as partes entendem como tal, já se vislumbra que, ao lado do que é justo pelo Direito estatal, pode haver também o justo fora dele. Como salienta Marc Galanter, assim como a saúde não é encontrada principalmente em hospitais ou o conhecimento em escolas, também a justiça não se encontra principalmente em instituições estatais voltadas ao seu fornecimento.[87]

O pluralismo jurídico, porém, não se resume aos direitos costumeiros, aos grupos marginalizados da sociedade ou à ideia de formações comunitárias primitivas em que inexiste a centralidade de um governo, envolvendo organismos internacionais, agências reguladoras, entidades de autorregulação, normas internas das empresas e câmaras de comércio. Nessa visão, são norma jurídica tanto as regras comunitárias vigentes em uma favela, as decisões proferidas pelos tribunais, as leis estatais vigentes ou as normas não escritas da chamada *lex mercatoria*. Assim sendo, é preciso olhar tanto o pluralismo "para baixo" como o pluralismo "para cima".[88]

Só que isso implica também considerar que instituições alheias ao sistema estatal possam trabalhar com noções do justo. Haveria

---

[87] *Justice in Many Rooms: Courts, Private Ordering and Indigenous Law*. Madison: University of Wisconsin, s/d, p. 17.

[88] As expressões "pluralismo para baixo" e "pluralismo para cima" são de Boaventura de Sousa Santos que, em contato pessoal feito em 06 de outubro de 2017, destacou que os estudos do pluralismo jurídico em geral se voltaram "para baixo", ignorando a necessidade de se observarem também as interações existentes "para cima".

critérios de justiça aplicáveis também pela comunidade e por órgãos privados, ainda que essas mesmas instituições possam se valer de outros valores que se distanciem do parâmetro clássico de justiça (por exemplo, o mercado pode se basear exclusivamente em critérios de eficiência gerencial).

Em um movimento de delegação de autoridade estatal para atores privados, é de suma importância entender a lei para além do Estado.[89] Isso não significa, porém, que exista um tipo de norma que seja o melhor de modo universal e atemporal. O fato de dada sociedade privilegiar certo tipo – como a valorização da lei escrita na sociedade ocidental moderna – não significa que este seja o ápice do processo civilizatório. Da mesma forma, o selvagem nem sempre é bom, sendo igualmente prudente se afastarem acepções acríticas da suposta superioridade das normas advindas de povos marginalizados.[90]

De todo modo, cabe distanciar-se da noção da centralidade e da exclusividade do sistema legal estatal. Para notar a sutileza como a valorização do sistema legal ainda ocorre, bem como de modo a propor visões alternativas que se fundem no pluralismo, cumpre revisitar criticamente duas noções importadas da doutrina norte-americana e que vem ganhando espaço no solo brasileiro: a oposição entre o direito nos livros e o direito em ação (*law on the books* X *law in action*); e a ideia da sombra da lei (*shadow of the law*).

1.3.2.1. O direito dos livros e o direito em ação

O direito positivado nas leis e códigos não se confunde com o direito vivo na dinâmica social. O que está nos livros não se confunde com a ação da realidade. Essas afirmações são constantes na literatura do Direito

---

[89] BERMAN, Paul Schiff. The New Legal Pluralism. *Annual Review of Law and Social Science*, Vol. 5, 2009, p. 236.

[90] Isso já era observado por Marc Galanter em *Justice in Many Rooms*, cit. Referindo-se a esse artigo, Mitra Sharafi afirma que, naquela época de florescimento do pluralismo jurídico, Galanter foi um dos poucos que alertaram para os riscos da glorificação das normas não estatais (Justice in Many Rooms Since Galanter: De-Romanticizing Legal Pluralism Through the Cultural Defense. *Law and Contemporary Problems*, Vol. 71, 2008, p. 140).

e Sociedade (*Law & Society*), especialmente nos primeiros estudos datados entre a metade dos anos 1960 e os anos 1970.[91] No entanto, em um contexto de pluralismo jurídico, a oposição entre o direito nos livros (*law on the books*) e o direito em ação (*law in action*) deve ser analisada com a devida cautela. Segundo Marc Galanter e Lauren Edelman, a partir do momento em que se percebe que não há propriamente um direito formal separado do contexto social em que inserida, nota-se que a distinção não é tão acentuada. Pode-se dizer, então, que o direito é o direito em movimento.[92]

Nesse contexto, Marc Galanter[93] identifica três formas de lidar com a lacuna (*gap*) que haveria entre o que está nos livros e o que está no mundo: negá-la (*denying the gap*), preenchê-la (*filling the gap*) ou atravessá-la (*crossing the gap*).

A primeira opção de negar a lacuna não significa refutar propriamente sua existência, mas considerar os desvios da realidade em relação à teoria como exceções. Seria considerar que a prevalência continua sendo do que está nos livros, a despeito das exceções. Entende-se que as limitações são óbvias, na medida em que isso seria a manutenção do formalismo jurídico e a negação da pluralidade.

Por sua vez, a alternativa de preencher a lacuna reconhece a importância de serem investigados os terrenos além do direito positivado. No entanto, Galanter nota que essa opção é decorrência e expressão da expectativa de congruência entre o ensino normativo autorizado e os padrões de ação, o que inibe outras formas de formulações teóricas.[94] De fato, dentro dessa crítica, tem-se a impressão de que o objetivo do estudo da *law in action* é fazê-la integrar a *law on the books*, reiterando assim a postura de valorizar a norma estatal.

---

[91] GALANTER, Marc; EDELMAN, Lauren. Law: The Social-Legal Perspective. In: WRIGHT, James (ed.). International Encyclopedia of the Social & Behavioral Sciences, Vol. 13. 2. ed. Amsterdam: Elvesier, 2015, p. 605-606.

[92] Law: The Social-Legal Perspective, cit. p. 606.

[93] The Portable Soc 2; or, What to Do until the Doctrine Comes. In: MACALOON, John J. (ed.). *General Educaton in the Social Sciences: Centennial Reflections on the College of the University of Chicago*. Chicago/ Londres: University of Chicago Press, 1992, p. 256-259.

[94] The Portable Soc 2..., cit. p. 257.

Por fim, a última alternativa disponível seria atravessar a lacuna. Só que, conforme Galanter,[95] isso implica uma segunda pergunta: atravessar para onde? Para ele, haveria três destinos possíveis. Um seria em direção a um "positivismo científico puro", que construiria uma ciência do comportamento legal quase independente tanto da consciência dos atores como do ensinamento institucionalizado da lei, objetivando, assim, encontrar as regras subjacentes às ações. Outro caminho levaria ao que Galanter chama de "insurgência à esquerda" (*left insurgency*), isto é, à construção de novos ensinamentos sobre o direito de modo a desmantelar as repressivas instituições legais e promover novas instituições legais (ou ilegais) que expressariam um novo (ou refundado) estado comunitário, abandonando desse modo a lei formal ou a reconstituindo de modo a ser fiel aos anseios da comunidade local. Por fim, o terceiro destino, a que Galanter chama de "liberalismo eclético" e admite ser partidário, combinaria o sentido da explicação descolada dos imperativos da prescrição e da política do primeiro caminho, e o sentido do redescobrimento das perspectivas oprimidas e desacreditadas do segundo caminho.

Nota-se, assim, que a perspectiva de atravessar a lacuna não desconhece a distância entre o direito estatal e o direito das ruas, mas prefere ir além dessa dicotomia, o que pode resultar no "positivismo científico puro" ou na "insurgência à esquerda". A terceira alternativa, porém, é promover a integração dessas duas opções, reconhecendo as vantagens de cada alternativa. Reconhece, dessa maneira, que o direito é o direito em movimento, o que não significa ignorar as exigências de uma análise minimamente objetiva e isenta, sem tomar partido de determinada perspectiva. É a premissa que se entende mais condizente com o formato atual de pluralismo jurídico.

1.3.2.2. À sombra da lei

Outro ponto em que se nota a centralidade que assume o sistema legal estatal está na discussão do que se considera à "sombra da lei" (*shadow of the law*). Tal ideia pode ser buscada no estudo de Robert H. Mnookin e Lewis Kornhauser[96] que, tratando de casos de divórcio, afirmaram:

---

[95] The Portable Soc 2..., cit. p. 258-259.

[96] Bargaining in the Shadow of the Law: The Case of Divorce. *The Yale Law Journal*, Vol. 88, 1979, p. 968, em tradução livre.

> Os pais que se divorciam não barganham acerca da divisão dos bens da família ou das prerrogativas em relação à custódia no vácuo; eles barganham à sombra da lei [*shadow of the law*]. As leis que regem os alimentos, o amparo à criança, a propriedade marital e a custódia dão a cada pai certas reivindicações baseadas no que cada um iria obter se o caso fosse a julgamento. Em outras palavras, o resultado que a lei impõe caso nenhum acordo seja obtido dá a cada pai certas fichas de barganha – uma espécie de dotação.

Na conclusão, os mesmos autores indicam que esta perspectiva vai além dos casos de família, expandindo assim a noção de barganha à sombra da lei.[97] Todavia, é importante ressaltar o contexto em que o conceito é apresentado.

Mnookin e Kornhauser[98] identificam cinco fatores como influências importantes ou determinantes para o resultado do processo de barganha em uma situação de divórcio: i) as preferências dos pais que estão se divorciando; ii) as dotações de barganha criadas pelas regras legais e que indicam qual seria a alocação de bens a ser feita pelo Estado-juiz no caso de inexistência de acordo; iii) o nível de incerteza relacionado ao resultado de uma eventual decisão judicial, o que por sua vez é associado à atitude das partes diante de riscos; iv) os custos da transação (*transaction costs*) e a capacidade das partes em suportá-los; v) o comportamento estratégico.

Somente o segundo desses elementos é identificado mais especificamente com o que os autores chamam de *shadow of the law*. No primeiro grupo, as preferências de cada parte podem incluir a felicidade da criança, o respeito ao outro ou o sentimento de rancor. No terceiro, pesa a atitude das partes diante de riscos, de modo a preferir arriscar a sorte ou não em direção a um pronunciamento judicial incerto. No quarto, os custos do processo judicial são considerados, sejam eles financeiros ou emocionais. No último grupo, as partes podem valer-se de estratégias como blefe, ameaças ou promessas.

Desse modo, o que se observa é que diversos fatores extrajurídicos também são relevantes no processo de barganha. Não se trata,

---

[97] Bargaining in the Shadow of the Law..., cit. p. 997.
[98] Bargaining in the Shadow of the Law..., cit. especialmente p. 966-973.

então, simplesmente de um cálculo racional entre o resultado que se espera obter em juízo e, à sombra dele, realizar um acordo. Caso se considere que fatores como o meio sociocultural da pessoa interferem na formação da sua personalidade e, assim, no seu maior ou menor respeito pelo outro ou na sua maior ou menor propensão ao risco, seria igualmente possível dizer que a barganha é feita "à sombra da psicologia" ou "à sombra do meio circundante" ou, quem sabe, "à sombra da formação religiosa". Se, por sua vez, pesam os custos financeiros do processo judicial, a barganha seria "à sombra da economia".

Enfim, tem-se que a ideia da centralidade da sombra da lei remete, mais uma vez, a um centralismo do direito estatal. De certa maneira, isso retoma a discussão acerca da lacuna entre a *law in action* e a *law on the books*, sendo possível dizer que a ideia da "sombra da lei" parte do pressuposto de que o direito estatal deve prevalecer.

Essa ideia é visível, por exemplo, quando Mariana Hernández Crespo[99] salienta que, nos Estados Unidos, as *ADR* representariam uma alternativa à solução judicial, operando, todavia, dentro da moldura de um sistema legal, ou seja, dentro da "sombra da lei". Já na maioria dos países da América Latina, existiria uma lacuna entre as leis dos livros e da realidade, o que faria com que os meios alternativos operassem apenas sob uma "pálida sombra da lei" (*a pale shadow of the law*).

Para Crespo, isso levaria a acordos sem garantia de justiça. Frequentemente, a ineficácia do Judiciário e a existência de sistemas normativos paralelos baseados em relações de poder informais (como os líderes de uma favela) faria com que, na prática, não houvesse uma alternativa à não realização do acordo. Para superar tal situação, ela defende uma maior participação social, salientando, entre outras medidas, a importância da inclusão da sociedade na discussão e edição das leis e a criação de um mecanismo de solução de controvérsias que propicie uma maior participação popular, como o caso do Tribunal Multiportas.

Logo, o argumento de Crespo é baseado na ideia de que a "sombra da lei", ou seja, o direito emanado do Estado (por meio de leis ou

---

[99] A systemic perspective on ADR in Latin America: enhancing the shadow of the Law through citizen participation. *Cardozo Journal of Conflict Resolution*, Vol. 10, outono 2008, p. 91-129.

por um tribunal estatal, ainda que multiportas), deve guiar a forma de solução dos conflitos. Isso faz com que modos informais de solução de conflitos sejam colocados em segundo plano. Daí se percebe como a noção da "sombra da lei" pode se chocar com a visão pluralista que se entende mais adequada.

Edward Purcell Jr.,[100] por sua vez, citando variados estudos sobre o tema, lembra que existem situações em que o direito estatal é parcial ou totalmente irrelevante, em especial nos casos em que as partes possuem relacionamento prévio; em que são notoriamente desiguais; em que uma não é assistida por advogado; quando fatores sociais ou culturais restringem a capacidade de uma das partes de fazer valer seus direitos previstos em lei; ou quando o processo judicial impõe custos sociais ou econômicos desproporcionalmente a uma das partes. Assim, embora não negue que a "sombra da lei" exerça influência, Purcell destaca que nem sempre isso é predominante.

Embora se concorde com Purcell, tem-se que é possível ir um pouco mais além da sua afirmação. O que se defende é que a "sombra da lei" não apenas pode possuir papel secundário, como também que convive com outras "sombras" que interagem entre si e que, dependendo do caso em análise, vão ter maior ou menor influência. A "sombra da lei" é grande, mas não abarca tudo, havendo espaços sujeitos a outros vultos. O conflito, nesse contexto, será ou não encaminhado pelo Judiciário, a depender da configuração da série de influências – ou "sombras" – que pairam sobre ele. O importante, então, não é observar uma sombra, mas sim o "jogo de sombras".

1.3.3. Os campos sociais semiautônomos e a sociedade em rede

Nesse contexto, falar que diversas práticas, costumes e regras convivem ao mesmo tempo no mesmo espaço não é novidade. É possível afirmar que o pluralismo jurídico se confunde com o momento em que os homens passaram a se agrupar em pequenas comunidades. Tendo cada comunidade o seu conjunto de normas de conduta, que possivelmente seriam diversas entre si, haveria pluralismo. Assim

---

[100] *Litigation and Inequality: Federal Diversity Jurisdiction in Industrial America, 1870-1958*. New York: Oxford University Press, 1992, p. 6.

sendo, entende-se que a marca do pluralismo jurídico contemporâneo não está na diversidade de sistemas normativos (que desde há muito existe), senão na interação praticamente inevitável entre eles. Como salienta Galanter,[101] o direito estatal não preside um cenário deserto de regulamentação, mas em um emaranhado de companheiros e rivais.

Entende-se que o ponto central do pluralismo contemporâneo é, dessa forma, a comunicação entre os diversos sistemas jurídicos existentes no mesmo espaço e tempo. Os sistemas se comunicam com maior frequência e em maior intensidade, sendo impossível conceber a existência de um sem a influência do outro. Com isso, há choques inevitáveis entre o universal e o local, o geral e o particular, o estatal e o não estatal.

O que existem são campos sociais semiautônomos (*semi-autonomous social fields*), conforme conceito proposto por Sally Falk Moore.[102] Segundo a autora,[103] esses campos podem gerar regras, costumes e símbolos internamente, mas, ao mesmo tempo, são vulneráveis a regras e decisões vindas do ambiente mais amplo que os circunda, possuindo, assim, uma autonomia parcial. Os campos sociais semiautônomos podem criar regras, bem como de induzir ou forçar seu cumprimento. Porém, esses campos também estão inseridos em uma matriz social maior que pode afetá-los e invadi-los, seja por força própria, seja por provocação de algum membro interno da comunidade.

Moore[104] afirma ainda que a questão da autonomia de campos sociais existe em sociedades tribais, mas é ainda mais central no estudo antropológico de sociedades complexas. Dando como exemplo a indústria têxtil de New York, ela defende que os campos sociais podem se articular uns com os outros de tal modo a formar cadeias complexas. Essa articulação interdependente de campos sociais diversificados constituiria uma das características básicas da sociedade contemporânea.

---

[101] The Legal Malaise; or, Justice Observed. *Law & Society Review*, Vol. 19, n. 4, 1985, p. 544.

[102] Law and Social Change: The Semi-Autonomous Social Field as an Appropriate Subject of Study. *Law and Society Review*, Vol. 7, n. 4, verão/1973, p. 719-746.

[103] Law and Social Change: The Semi-Autonomous Social Field as an Appropriate Subject of Study, cit. p. 720.

[104] Law and Social Change: The Semi-Autonomous Social Field as an Appropriate Subject of Study, cit. p. 720-722.

Nas relações entre direito e Estado, ganha força também a ideia de sociedade em rede. Karl-Heinz Ladeur,[105] por exemplo, destaca a passagem do direito administrativo decorrente da sociedade de indivíduos, de matriz liberal clássica e com ênfase no ato administrativo, para aquele da sociedade de organizações (*society of organizations*), chegando ao atual cenário da sociedade em rede (*network society*). Em todos os casos, Ladeur destaca que o processo de tomada de decisões pela Administração também envolve a criação normativa, o que não se limita à mera delegação de poder do Legislativo para o Executivo, e nem com o papel desempenhado pela jurisprudência dos Tribunais. Na sociedade em rede, porém, a criação de normas não se restringe à Administração e nem mesmo ao Estado. Muitas vezes não é possível nem mesmo identificá-la com determinada organização ou agente, sendo antes fruto do conhecimento coletivo e de rede de redes (*network of networks*). A decisão administrativa unilateral entra em declínio, juntamente com a noção de soberania estatal, em favor de uma construção normativa coletiva e difusa.[106] Relações complexas, não hierárquicas, instáveis, instantâneas e policêntricas caracterizam a sociedade em rede, o que traria novas indagações sobre o papel do Estado.

O que se nota de comum nos dois textos citados é relevância que se dá à comunicação existente entre os diversos sistemas jurídicos, seja sob o rótulo de campos sociais semiautônomos (Moore), seja ainda sob a ideia de rede de redes (Ladeur). O pluralismo jurídico contemporâneo não se caracteriza somente pela multiplicidade de sistemas jurídicos, mas pela interação frenética e inevitável entre eles.

No entanto, se existem diversos sistemas jurídicos concomitantes interagindo entre si, torna-se previsível que cada sistema possua diferentes mecanismos que também se relacionam reciprocamente. Outrossim, se a complexidade da sociedade gera o aumento de conflitos intersubjetivos de justiça, seria de se estranhar que também não gerasse, paralelamente, um maior número de instituições e mecanismos aptos a

---

[105] The Emergence of Global Administrative Law and the Evolution of General Administrative Law. 14 set. 2010. Disponível em: https://bit.ly/2GGZwgV. Acesso em: 24 ago. 2020.

[106] The Emergence of Global Administrative Law..., cit. p. 22-23.

tratá-los.[107] Nesse contexto, para compreender a questão da adequação do conflito ao processo, cabe ir além do Judiciário e, além disso, perceber a relação entre as diversas instituições disponíveis.

Nesse sentido, Calvin Morrill et al.,[108] baseados na literatura da pirâmide das disputas, da sombra da lei e das ações externas ao sistema legal, indicam quatro modelos possíveis para a mobilização legal:[109] a) ação legal formal, com ingressar com uma ação judicial, uma reclamação administrativa ou contatar um advogado; b) ação quase-legal, como usar procedimentos de reclamação formais oferecidos em escolas, organizações religiosas ou por algum fórum interno de solução de disputas (como um serviço de mediação ou de aconselhamento); c) ação extralegal, como contatar a mídia, confrontar a outra pessoa verbal ou fisicamente, buscar suporte de um profissional ou de um religioso, falar com os pares ou com a família; d) não fazer nada (*"lumping it"*).

Isso leva a um modelo multidimensional que é representado pelos autores referidos no seguinte gráfico:

---

[107] Consoante Samuel Krislov: "A mesma complexidade e criatividade que fizeram surgir as novas e mal definidas relações apontadas por Durkheim contribuíram para o estabelecimento de instituições novas e recombinantes – arbitragem, procedimentos para tratamento de ofensas, estruturas de seguros, garantias financeiras antecipadas – as quais auxiliaram, incentivaram e suplantaram a resolução de conflitos nos tribunais. Em momentos distintos, ora essas instituições foram invejadas e combatidas pelos tribunais, ora foram bem-vindas e encorajadas." (Theoretical Perspectives on Case Load Studies: A Critique and a Beginning. In: BOYUM, Keith O.; MATHER, Lynn. *Empirical Theories About Courts*. 1ª reimpr. Quid Pro: New Orleans, 2015, p. 168, em tradução livre).

[108] MORRILL, Calvin; EDELMAN, Lauren B.; TYSON, Karolyn; ARUM, Richard. Legal Mobilization in Schools: The Paradox of Rights and Race among Youth. *Law & Society Review*, Vol. 44, 2010, p. 654-656.

[109] Os autores conceituam mobilização legal (*legal mobilization*) como "o processo social por meio do qual os indivíduos definem seus problemas como potenciais violações de direitos e decidem agir dentro ou fora do sistema legal para buscar compensação" (Legal Mobilization in Schools..., cit. p. 654, em tradução livre). A amplitude desse conceito não será detalhada neste trabalho, que se limita a tomar a mobilização legal como o móvel da ação após o reconhecimento de um problema como envolvendo a noção de justiça, ou a percepção de que se está diante de uma injustiça.

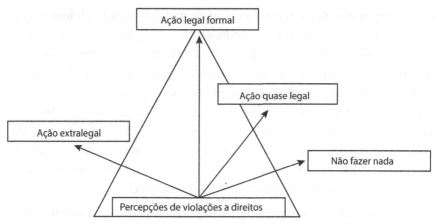

Figura 4 Modelo conceitual multidimensional da mobilização legal.
Fonte: In: MORRILL, Calvin; EDELMAN, Lauren B.; TYSON, Karolyn; ARUM, Richard. Legal Mobilization in Schools..., cit. p. 655, em tradução livre.

A figura possui o mérito de indicar a existência de caminhos variados como alternativa ao Judiciário, contudo, ao mesmo tempo em que reforça a utilidade da imagem da pirâmide também expõe as deficiências do modelo. Em primeiro lugar, nota-se nele ainda uma forte predominância da solução adjudicada judicial. De fato, as disputas colocadas no topo invariavelmente são associadas àquelas que chegam ao Judiciário. Por isso, ao colocar a adjudicação judicial no andar mais elevado, a metáfora da pirâmide dá primazia a soluções e remédios jurídicos, não elaborando suficientemente as diferenças entre reivindicação jurídica formal e reivindicação social informal.[110]

Como se nota, três das quatro setas da figura extrapolam os limites traçados pela pirâmide das disputas, o que indica a própria insuficiência do modelo piramidal.

Síntese

Dar um passo atrás em direção ao conflito significa perceber sua trajetória antes de eventual judicialização. A partir de uma visão ampliativa, toma-se o conflito como contraposição de movimentos, o que

---

[110] ALBISTON, Catherine; EDELMAN, Lauren B.; MILLIGAN, Joy. The Dispute Tree and the Legal Forest. *Annual Review of Law and Social Science*, Vol. 10, 2014, p. 106.

nem sempre envolve interesses inconciliáveis. As ações colidentes, porém, só se tornam conflito quando a situação indesejada é percebida como tal pelo sujeito envolvido. Se, neste ato de nomeação, o indesejado também é visto como injusto, tem-se um conflito de justiça. Se há atribuição de culpa a alguém que possui percepção diversa acerca do justo, passa a haver um conflito intersubjetivo de justiça. A disputa se configura somente se existir posterior reivindicação da solução do conflito intersubjetivo de justiça perante uma instituição voltada ao seu tratamento. O Judiciário é apenas uma das opções possíveis, nem sempre sendo a mais adequada ou a mais acessível.

Muitas disputas se perdem no caminho, seja porque não há a nomeação do conflito, a responsabilização de alguém como causador da situação indesejada ou a reivindicação perante uma instituição decisória. Além disso, a trajetória do conflito não se encerra no momento em que ele é reivindicado. Cada instituição irá tratar o conflito de uma forma. Se o conflito passa por etapas de formação, nem por isso está completo e acabado quando surge. A natureza do conflito se altera conforme o modo como é tratado. Durante sua existência, o conflito vai sofrendo transformações, sendo ampliado ou reduzido conforme o caso.

Em tempos complexos, nota-se que mais conflitos que antes estavam alheios ao Direito passam a envolver noções de justiça e de injustiça. No ambiente de pluralismo jurídico, a justiça não se limita às normas estatais. Igualmente, a solução do conflito não envolve apenas os tribunais, o que, por sua vez, exige a revisão do conceito de jurisdição. É necessário buscar outros modelos. Trata-se de algo essencial olhar para os lados, vendo outras instituições de tratamento do conflito.

Capítulo 2

OLHANDO PARA OS LADOS:
as instituições e os processos jurisdicionais

> *"No complexo mundo da escolha institucional, raposas podem ser colocadas para cuidar do galinheiro, quando as alternativas (ursos, doninhas, etc.) forem piores"*
>
> Neil Komesar[111]

Assim como o modelo da pirâmide das disputas, caso aplicado sem ressalvas, continua centrado no processo judicial, o mesmo pode ser dito em relação a outras metáforas comumente utilizadas. Pela imagem da estrada congestionada, por exemplo, o processo judicial seria uma via rodoviária pela qual todos os carros deveriam passar para atingir o seu destino. A falta de opções alternativas faria com que o caminho ficasse congestionado de veículos. Desse modo, deveriam ser abertos caminhos vicinais para as quais poderiam ser desviados casos menos relevantes, aliviando o trânsito da estrada principal. Reforça-se, assim, a hierarquia entre a decisão adjudicatória do Estado-Juiz (estrada principal) e os meios ditos alternativos (caminhos vicinais).

Mesmo a imagem quase mítica do *multi-door courthouse*, na qual haveria diversas portas (arbitragem, adjudicação, mediação, etc.) a serem utilizadas conforme o tipo de conflito, é frequentemente utilizada com ênfase no Judiciário, que seria o órgão central de direcionamento dos conflitos.[112] Isso é ainda mais visível na apropriação

---

[111] *Imperfect Alternatives*, cit. p. 204, em tradução livre.

[112] Para Tania Sourdin o modelo de tribunal multiportas, surgido nos anos 1970, coloca o Judiciário como o epicentro do direcionamento de casos. Isso não seria mais apropriado em muitas localidades, em especial naquelas em que muitas disputas resultam em acordos feitos fora do sistema judicial. Para ela, então, uma abordagem mais moderna seria considerar um sistema de

brasileira do modelo, em que a triagem dos casos e o encaminhamento para a porta mais adequada é colocada como atribuição judicial.[113]

Ainda que as metáforas não sejam idênticas ao objeto posto em relação de similaridade, pois senão seriam o próprio objeto, elas auxiliam na percepção de um ou outro aspecto do fenômeno a ser analisado. Se não esclarecem o todo, ao menos lançam luzes sobre algumas partes. Todavia, se o foco está desviado, o risco é tomar a parte pelo todo.

Por isso, dentro da premissa do pluralismo jurídico exposta no capítulo anterior, as metáforas da pirâmide, da estrada e das portas devem ser complementadas pela da árvore das disputas. Segundo Catherine Albiston, Lauren Edelman e Joy Milligan,[114] criadoras da metáfora, a árvore representaria melhor a multiplicidade de opções, além de refletir a natureza viva e evolutiva dos conflitos. Nesse sentido, cada um dos galhos da árvore representaria uma forma de solução, como a decisão judicial, a mediação ou a arbitragem. Conforme o tempo, os galhos cresceriam de modos diversos. Alguns seriam mais simples de alcançar, outros estariam em uma altura que somente poderia ser atingida por aqueles que possuíssem escadas (ou seja, recursos suficientes). Os ganhos poderiam ser inócuos, produzir flores (representações simbólicas de justiça, como o direito de ser ouvido) e/ou frutos (compensações materiais, como reintegração no trabalho ou indenização financeira). Pessoas poderiam interagir com a árvore subindo pelos seus galhos ou simplesmente sentando à sua sombra.

Em uma visão mais ampla, cada árvore representaria um tipo de disputa, que variariam de formato conforme o passar do tempo. Assim, em determinado conflito, os galhos das *ADR* poderiam ter se desenvolvido mais do que o da adjudicação por sentença. Algumas árvores cresceriam,

---

múltiplas opções de justiça (*"multi option" justice system*), em vez do tribunal multiportas (*multi-door courthouse*). (The Role of the Courts in the New Justice System. *Yearbook on Arbitration and Mediation*, Vol. 7, 95, 2015. Disponível em: https://bit.ly/2Akj5WJ. Acesso em 24 ago. 2020).

[113] De fato, na versão brasileira, o papel do Judiciário foi reforçado, atribuindo-se aos Centros Judiciários de Solução de Conflitos e Cidadania da Resolução CNJ n. 125/2010 o papel de tribunal multiportas, com a triagem e direcionamento que, inclusive, é feito a setores do próprio Judiciário.

[114] The Dispute Tree and the Legal Forest, cit. p. 109.

outras morreriam. No conjunto, elas formariam uma grande floresta, sujeita não apenas a ações do indivíduo, mas de todo o ecossistema que as cerca.

Nesse contexto, as metáforas da pirâmide e da árvore são complementares. A imagem da pirâmide das disputas é útil para dar atenção às etapas do conflito antes do seu direcionamento para uma instituição de tratamento. Além disso, é mais fácil visualizar os desvios no percurso – e, por consequência, o conceito de atrição – por meio da imagem da pirâmide do que da árvore das disputas. Em contrapartida, a árvore, além de evidenciar a multiplicidade e instabilidade das disputas, também deixa claro que existem várias formas de tratamento (galhos), com resultados diversos (frutos, flores ou nem frutos e nem flores).

Partindo da visão dessa multiplicidade de galhos de uma árvore e de árvores em uma floresta, este capítulo pretende destacar que existem múltiplas instituições e formas de tratamento do conflito. Este ambiente de policentrismo institucional[115] não se limita à instância judicial, também dando espaço a processos desenvolvidos em Câmaras Privadas de mediação e arbitragem, em processos comunitários ou em órgãos administrativos de solução de controvérsias. Do mesmo modo, instituições podem atuar em variadas etapas do surgimento do conflito, não necessariamente se restringindo à disputa.

No entanto, para que essa abordagem seja possível, inicialmente é necessário redimensionar o conceito de jurisdição, tornando-o mais adequado a esse quadro. Em seguida, cabe especificar o que se entende por instituições e qual a relação delas com o conflito. Só então será possível tratar da busca da instituição adequada e tecer algumas observações sobre a dinâmica existente entre as instituições.

2.1. O redimensionamento do conceito de jurisdição

Ordinariamente, a jurisdição é considerada um dos institutos processuais fundamentais, ao lado da ação, da defesa e do processo.[116]

---

[115] O termo "policentrismo institucional" foi sugerido por Paulo Eduardo Alves da Silva.

[116] Cândido Rangel Dinamarco, inclusive, coloca a jurisdição no centro em torno do qual gravitam os demais institutos fundamentais do direito processual. Para ele, o próprio direito processual é considerado como a disciplina jurídica

Contudo, quando se fala em jurisdição, em geral o que se tem em mente é a atividade estatal prestada pelo juiz. De fato, tal como tradicionalmente definida, jurisdição é poder, função e atividade, sendo destinada à solução imperativa e definitiva dos conflitos mediante a aplicação do Direito a casos concretos em regime de monopólio estatal.[117] A análise crítica dos termos da definição tradicional permite avançar no redimensionamento a ser proposto.

2.1.1 A ausência do monopólio estatal da jurisdição

Talvez o aspecto do conceito tradicional mais criticado na atualidade é o da suposta existência de monopólio estatal. Dentro da visão abrangente aqui adotada, esta característica é facilmente rejeitada, na medida em que nem disputas e muito menos conflitos são reduzidos à parcela judicializada. Aliás, o Estado nunca possuiu o monopólio da solução de conflitos, tanto que a negociação é a atividade habitual nas relações humanas, sendo frequente a negociação direta entre os próprios envolvidos em uma contenda. Para que esse aspecto fique mais claro, cabe tratar da inconsistência da concepção do monopólio estatal da jurisdição a partir do reconhecimento – já consolidado – da jurisdição arbitral e da aceitação – ainda em curso – da jurisdição consensual.

2.1.1.1. A jurisdição arbitral

Antes mesmo da existência de uma lei específica para a arbitragem, Carlos Alberto Carmona[118] já defendia o caráter jurisdicional da arbitragem, lembrando que a participação do povo na administração da justiça não retira o caráter jurisdicional, como, aliás, poderia ser observado na instituição do tribunal do júri. Assim, embora ainda se note a

---

da jurisdição (*A Instrumentalidade do Processo*. 15. ed. São Paulo: Malheiros, 2013, p. 135-136 e p. 373).

[117] Para uma breve síntese de conceitos clássicos de jurisdição, com destaque a autores italianos como Chiovenda, Carnelutti e Calamandrei e Liebman, vide NAGAO, Paulo Issamu. *O Papel do Juiz na Efetividade do Processo Civil Contemporâneo*. São Paulo: Malheiros, 2016, p. 51-59.

[118] Arbitragem e Jurisdição. *Revista de Processo*, Vol. 58, abr./jun. 1990, p. 33-40. As referências às páginas baseiam-se na publicação eletrônica.

tentativa de submeter a arbitragem ao trinômio poder-função-atividade, percebe-se a clara intenção de negar o monopólio estatal da jurisdição, valorizando a participação do povo na administração da justiça.

Na ocasião, Carmona destacava, porém, o entrave decorrente da necessidade de submeter a sentença arbitral à homologação em juízo, apesar de indicar a produção de efeitos decorrentes da decisão arbitral ainda que não houvesse tal homologação. De qualquer forma, com a chegada da Lei n. 9.307, de 23 de setembro de 1996 (Lei de Arbitragem), tal obstáculo foi superado, pois seu artigo 18 deixou expresso que *"[o] árbitro é juiz de fato e de direito, e a sentença que proferir não fica sujeita a recurso ou a homologação pelo Poder Judiciário"*.

Alguns anos depois, a constitucionalidade da Lei de Arbitragem foi reconhecida pelo Supremo Tribunal Federal em 12 de dezembro de 2001 incidentalmente em sede de Recurso em Homologação de Sentença Estrangeira (SE n. 5206, Relator Min. Sepúlveda Pertence, Tribunal Pleno, DJ 30/04/2004). Diante disso, insistir na ausência do caráter jurisdicional da arbitragem seria quase como lutar contra fatos. A doutrina, então, passou por um processo de acomodação para que a jurisdição arbitral fosse reconhecida como jurisdição.

Cândido Rangel Dinamarco, por exemplo, dá grande ênfase à jurisdição como algo relacionado ao poder do Estado. Valendo-se da ciência política, o autor ressalta que a jurisdição é uma das formas do poder estatal, que é uno.[119] Nesse aspecto, ontologicamente, como forma de expressão do poder estatal, a jurisdição não difereria da administração e da legislação: a diferença estaria nas funções que cada uma desempenharia e pelo exercício da jurisdição ser sempre ligado a casos concretos.[120] E embora Dinamarco admita que o poder não venha unicamente do Estado, seria dele o comando global.[121]

O reconhecimento da jurisdição na arbitragem, porém, fez com que Dinamarco reconhecesse existir, ao menos, o dualismo jurisdicional. Além da jurisdição estatal, haveria a jurisdição arbitral, igualmente dotada de poder, embora emanado de fonte diversa do poder estatal.

---

[119] *A Instrumentalidade do Processo*, cit. p. 136 e p. 371.
[120] *A Instrumentalidade do Processo*, cit. p. 137.
[121] *A Instrumentalidade do Processo*, cit. p. 103.

Todavia, partindo da ideia de que a jurisdição estatal e a jurisdição arbitral são excludentes, parece não existir uma tentativa de unificação das duas espécies em um conceito unitário de jurisdição. Nessa medida, tem-se a impressão de que a arbitragem continua sendo tratada como um equivalente jurisdicional, mas não propriamente como jurisdição.

Em obra escrita após o Código de Processo Civil de 2015, Cândido Rangel Dinamarco e Bruno Vasconcelos Carrilho Lopes[122] reconhecem que a solução de conflitos não é exclusividade do Estado. No entanto, eles reiteram a definição tradicional ao qualificarem a jurisdição como "uma *expressão do poder estatal*, exercida com a *função* de pacificar mediante as *atividades* disciplinadas pela Constituição e pela lei".[123] Isso faz com que se mantenha a dificuldade de tratar do poder na jurisdição arbitral, o que exige explicação adicional no sentido de que, nesse caso, haveria outra espécie de poder.[124]

Desse modo, muitas vezes, embora se reconheça o caráter jurisdicional da arbitragem, seu tratamento é feito como se fosse outra jurisdição, uma alternativa à jurisdição estatal. Não parece existir grande preocupação na formatação de conceito unitário que explicite os traços que permitam que ambas sejam chamadas sob o mesmo denominador comum.

2.1.1.2. A jurisdição consensual

Por sua vez, os meios consensuais ganharam forte impulso em tempos recentes, sobretudo por meio da Resolução CNJ n. 125, de 29 de novembro de 2010, do atual Código de Processo Civil (Lei n. 13.105, de 16 de março de 2015) e da Lei de Mediação (Lei n. 13.140, de 26 de junho de 2015), que formam o que Ada Pellegrini Grinover chamou de "minissistema brasileiro de métodos consensuais de solução judicial de conflitos".[125] Ainda assim, a admissão de tais mecanismos como integrantes do conceito de jurisdição é menos tranquila que a da arbitragem, talvez até pela sua mais recente valorização.

---

[122] *Teoria Geral do Novo Processo Civil*. São Paulo, Malheiros, 2016.
[123] *Teoria Geral do Novo Processo Civil*, cit. p. 77.
[124] *Teoria Geral do Novo Processo Civil*, cit. p. 79.
[125] Os Métodos Consensuais de Solução de Conflitos no Novo CPC. IN: VVAA. *O Novo Código de Processo Civil: questões controvertidas*. São Paulo, Atlas, 2015, p. 1-2.

De todo modo, os mesmos argumentos que justificam o reconhecimento do caráter jurisdicional da arbitragem podem ser transportados para os meios consensuais. Em especial, a ideia de participação do povo na administração da justiça é ainda mais marcante nos meios consensuais, uma vez que as próprias partes decidem o conflito em que estão envolvidas, não se limitando a exercer autonomia mediante a escolha de um terceiro a quem é transferido o poder de proferir uma decisão adjudicatória.

Igualmente, a ausência de homologação judicial não impede que um acordo produza efeitos. De fato, o artigo 784, IV, do Código de Processo Civil de 2015, indica, dentre os títulos executivos extrajudiciais, *"o instrumento de transação referendado pelo Ministério Público, pela Defensoria Pública, pela Advocacia Pública, pelos advogados dos transatores ou por conciliador ou mediador credenciado por tribunal"*, previsão esta que, em linhas gerais, já constava do artigo 585, II, do Código de Processo Civil de 1973, embora sem a menção à Advocacia Pública, ao conciliador e ao mediador.[126] Note-se ainda que o parágrafo único do artigo 28 da Lei de Mediação, nesse ponto mais flexível que o CPC/2015, nem sequer insere a homologação do juiz como condição obrigatória para o encerramento do processo judicial.[127] Desse modo, o acordo pode ser realizado em juízo e mesmo assim não exigir homologação judicial, o que reforça o caráter jurisdicional dos meios consensuais.

Além disso, a inserção dos meios consensuais (e também da arbitragem) como jurisdição é reforçada pelo artigo 3º do CPC/2015 que, figurando entre as normas fundamentais do processo civil, assim estabelece:

> Art. 3º *Não se excluirá da apreciação jurisdicional ameaça ou lesão a direito.*
>
> *§ 1º É permitida a arbitragem, na forma da lei.*

---

[126] O acordo homologado pelo juiz, por sua vez, constitui título executivo judicial (art. 515, II e III, do CPC/2015 e do art. 475-N, III e V, do CPC/1973).

[127] De acordo com parágrafo único do artigo 28 da Lei de Mediação: *"Se houver acordo, os autos serão encaminhados ao juiz, que determinará o arquivamento do processo e, desde que requerido pelas partes, homologará o acordo, por sentença, e o termo final da mediação e determinará o arquivamento do processo"*. Por sua vez, o § 11 do artigo 334 do CPC prevê que a "autocomposição obtida será reduzida a termo e homologada por sentença".

§ 2º *O Estado promoverá, sempre que possível, a solução consensual dos conflitos.*

§ 3º *A conciliação, a mediação e outros métodos de solução consensual de conflitos deverão ser estimulados por juízes, advogados, defensores públicos e membros do Ministério Público, inclusive no curso do processo judicial.*

Note-se que o "caput" do artigo 3º remete ao inciso XXXV do artigo 5º da Constituição Federal (*"a lei não excluirá da apreciação do Poder Judiciário lesão ou ameaça a direito"*). Todavia, é interessante observar que a menção ao Poder Judiciário foi substituída por "apreciação jurisdicional". Isso permite, mesmo em uma interpretação literal, que se considere a existência de atividade jurisdicional que não seja exclusiva do Poder Judiciário.

Acrescente-se que os parágrafos do mesmo dispositivo do CPC evidenciam a valorização de outros meios de tratamento de conflitos, como a arbitragem, a conciliação e a mediação. Ao mencionar a possibilidade do uso de meios consensuais no curso do processo judicial e ao remeter a arbitragem à lei específica, observa-se, indiretamente, o reconhecimento da existência do uso de mecanismos alheios ao Judiciário, sem que isso exclua o caráter jurisdicional.

Desse modo, o reconhecimento da arbitragem e dos meios consensuais como jurisdição, inclusive quando exercidos fora do processo judicial, deixa evidente a inexistência de monopólio estatal na solução de conflitos. Contudo, isso implica a criação de um conceito unitário de jurisdição que possa ir além do serviço oferecido pelo Estado-juiz. São poucos, porém, os autores que se arriscam a realizar um redimensionamento mais sistematizado do conceito.

2.1.2. Poder sem função nem atividade

Dentro dos que se propõem criticamente redimensionar o conceito de jurisdição, destaca-se a proposta de Carlos Alberto de Salles.[128] Lembrando que, tradicionalmente, jurisdição seria o *poder* de decidir imperativamente e, ao mesmo tempo, a *função* de pacificar conflitos e

---

[128] Em especial, vide SALLES, Carlos Alberto de. *Arbitragem em Contratos Administrativos*, cit. p. 88-95.

a *atividade* exercida pelo juiz estatal, Salles defende a perda de sentido em se destacarem os elementos *função* e *atividade* – mais relacionados ao Judiciário – em um momento em que o Estado deixa de exercer o monopólio da solução de conflitos.[129] Assim, o autor propõe um conceito mais abrangente da jurisdição capaz de abranger os meios consensuais e que se baseia exclusivamente no elemento poder. O núcleo do poder jurisdicional seria então "a capacidade de *decidir imperativamente controvérsias*",[130] isto é, na terminologia aqui adotada, de decidir imperativamente disputas. Isso faz com que haja um núcleo comum no poder exercido no âmbito judicial, arbitral ou administrativo.

A distinção entre o poder jurisdicional do árbitro, do órgão administrativo e do juiz estaria na sua extensão – quanto à coercibilidade e vinculatividade – e quanto à sua forma de constituição – por lei ou por consenso entre as partes. Em especial, destaca-se que apenas o Estado poderia fazer o uso legítimo da força (coercibilidade). O monopólio estatal não seria da decisão, mas da imposição da decisão.[131]

Salles[132] também trata do processo como mecanismo de regulação do poder em geral – e não apenas do jurisdicional – definindo-o como o procedimento dotado de normatividade, ou seja, de um conjunto de valores que se projetam no procedimento (e de que o contraditório é apenas um exemplo). Desse modo, os conceitos de jurisdição e de processo estão intimamente relacionados na teoria proposta.[133] O processo, na sua visão, seria destinado a regular o exercício do poder, dentre os quais o poder jurisdicional. Tendo em vista que a jurisdição não se limita ao Poder Judiciário, a dificuldade estaria não na falta ou insuficiência de jurisdição, mas na adequada ordenação dos procedimentos a ela direta ou indiretamente relacionados.[134]

---

[129] *Arbitragem em Contratos Administrativos*, cit. p. 89.
[130] *Arbitragem em Contratos Administrativos*, cit. p. 89.
[131] *Arbitragem em Contratos Administrativos*, cit. p. 90-92.
[132] *Arbitragem em Contratos Administrativos*, cit. p. 105.
[133] Vide, em especial, *Arbitragem em Contratos Administrativos*, cit. p. 95-99, no item 1.2, sugestivamente intitulado "Processo e Jurisdição: Relação Necessária".
[134] Essa ideia aparece em *Arbitragem em Contratos Administrativos*, cit. p. 104, limitada à arbitragem (o autor faz a ressalva "no que toca à arbitragem"). No entanto, posteriormente, em artigo que retoma tais reflexões, Salles faz a

Dentro dessa linha de pensamento, é possível dizer que o poder jurisdicional é colocado como aquele voltado a decidir imperativamente disputas. Assim, permite-se concluir que o processo jurisdicional seria o procedimento dotado de normatividade que regula a decisão imperativa dessas disputas. A junção desses dois conceitos propostos por Salles traz algumas reflexões.

Em primeiro lugar, nota-se que a regulação da jurisdição por meio do processo é o que lhe confere legitimidade. Sem que haja um procedimento dotado de normatividade, a própria ideia de jurisdição resta esvaziada. Isso porque, se a normatividade é o que confere a natureza de processo ao procedimento, é ela também que qualifica a jurisdição. Portanto, o que Salles se refere como "elemento normativo do procedimento"[135] é, então, também o *elemento normativo da jurisdição*.

Em segundo lugar, nota-se que a jurisdição se encarrega de decidir impasses decorrentes de percepções distintas de justiça. Significa dizer que, do imenso campo possível de conflitos sociais, a jurisdição volta-se somente àquela parcela em que a contraposição envolva o binômio justo-injusto. Mesmo o conceito ampliativo de Salles não permite chamar de jurisdição aquela prestada para solução de impasses alheios ao Direito, como seriam, em um exemplo extremo, o caso de decisões tomadas por árbitros de futebol.

Em terceiro lugar, observa-se que o conceito de jurisdição é ligado ao da solução de disputas por meio de um processo. Todavia, o conceito de processo, uma vez que compreende decisões legislativas e mesmo corporativas, não necessariamente envolve conflito. Por exemplo, o procedimento legislativo para conferir o nome para determinada rua pública não deixará de ser processo, guiado por valores próprios (por exemplo, a relevância do homenageado ou a vedação da homenagem em vida). Difícil dizer, porém, que se está diante de um conflito, ainda que tomado como a mera contraposição de movimentos. Há um campo, assim, que é processo, mas que não está ligado ao exercício da

---

afirmação em termos amplos (Processo: Procedimento Dotado de Normatividade – uma Proposta de Unificação Conceitual. In: ZUFELATO, Camilo; YARSHELL, Flávio Luiz (org.). *40 anos da Teoria Geral do Processo no Brasil: Passado, presente e futuro.* São Paulo: Malheiros, 2013, p. 212).

[135] *Arbitragem em Contratos Administrativos*, cit. p. 103.

jurisdição. O processo implica a tomada de decisão, mas não necessariamente solução de disputas.

Jurisdição, desse modo, é o poder de decidir imperativamente a disputa decorrente de um conflito intersubjetivo de justiça por meio de procedimento dotado de normatividade. Partindo desse conceito, conclui-se que a jurisdição pode ser prestada por diversas instituições. De fato, se jurisdição envolve o poder de decidir imperativamente o conflito, existindo ao menos a "jurisdição do juiz, do árbitro e do órgão administrativo",[136] decisões tomadas por meio da mediação privada, desde que baseadas em um procedimento dotado de normatividade e que envolvam contraposições (ao menos iniciais) de visões sobre o justo, também seriam jurisdições. Haveria, inclusive em uma mesma ordem interna, jurisdições e não uma única jurisdição? Acredita-se que sim, embora se reconheça que essa afirmação seja polêmica.

2.1.3. Duas questões da jurisdição como poder

No entanto, a limitação da jurisdição a partir do elemento poder faz com que surjam duas outras questões que precisam ser enfrentadas de modo mais detido: o que seria a normatividade necessária para que o procedimento possa ser considerado jurisdicional? E quais são os valores que fariam do procedimento um processo?

2.1.3.1. A questão da normatividade informal

Dentro da perspectiva que dá um passo atrás na análise do conflito e que procura considerá-lo no contexto do pluralismo jurídico, seria incongruente tomar normatividade simplesmente como sinônimo das regras emanadas do Estado, tais como leis, regulamentos ou decretos. Se esta poderia ser considerada a *normatividade formal*, há que se reconhecer a existência de toda uma *normatividade informal*,[137] caracterizada por uma série complexa de normas, ainda que não escritas e não emanadas do Estado, mas que permitem a ordenação das relações sociais.

---

[136] SALLES, Carlos Alberto de. *Arbitragem em Contratos Administrativos*, cit. p. 92.

[137] A expressão "normatividade informal" foi sugerida por Paulo Eduardo Alves da Silva.

Na década de 1960, com base em pesquisa empírica realizada principalmente com empresas atuantes em Wisconsin, Stewart Macaulay[138] já notava que, com frequência, empresários utilizam meios informais de solução de conflitos e não se valem de contrato formal em suas transações. Dentre outros motivos para não ingressarem no Judiciário, ou nem mesmo buscarem um advogado, estaria a intenção de não romper a relação existente, o objetivo de evitar que a questão se torne pública e, até mesmo, o entendimento de que a legislação acerca dos contratos não forneceria os remédios suficientes.

Se, por um lado, nem sempre as interações sociais envolvem discussões acerca do justo, por outro, a injustiça está em toda parte, sendo contraditório afirmar que a justiça somente possa ser ofertada pelo aparato estatal. Assim como dinheiro não se encontra apenas nos bancos, igualmente as situações de injustiça não estão somente no Judiciário.[139] Limitar-se a uma ou outra instituição seria tomar a parte pelo todo. E o justo, nesse sentido, pode ser decorrente tanto do respeito à normatividade formal como à informal.

2.1.3.2. A questão dos valores do procedimento

Evidentemente, a possibilidade de procedimentos baseados em normatividade informal não significa que quaisquer normas sejam aceitas. Caso o conceito de jurisdição se limite à existência de um procedimento dotado de normatividade, e tomada a normatividade como algo que engloba normas informais, seria igualmente possível considerar que práticas ilícitas do ponto de vista do direito estatal estariam englobadas no conceito de jurisdição. Por exemplo, o assassinato

---

[138] Non-Contractual Relations in Business: A Preliminary Study. *American Sociological Review*, Vol. 28, n. 1, fev. 1963, p. 55-67.

[139] A referência crítica aqui é a fala de Frank Sander que, quando perguntando sobre a relação entre a ideia de tribunal multiportas e o Judiciário, afirmou que, embora não haja uma relação necessária, lá é que os casos estão, assim como um ladrão de bancos teria respondido que assaltou o local por ser onde o dinheiro estava. Vide: SANDER, Frank E. A.; CRESPO, Mariana Hernandez. A Dialogue Between Professors Frank Sander and Mariana Hernandez Crespo: Exploring the Evolution of the Multi-Door Courthouse. *University of St. Thomas Law Journal*, Vol. 5, nº 3, 2008, p. 671).

cometido por uma organização criminosa com o objetivo de punir um membro da comunidade que estaria prejudicando a paz local, se levado o conceito nos seus extremos, poderia ser indevidamente considerado como jurisdição.

Para resolver esse impasse, Carlos Alberto de Salles afirma que:

> (...) o contraditório e os valores que servem de base ao desenvolvimento do processo são representativos de uma determinada racionalidade normativa, pela qual se orienta o modo de produção de decisões no Estado contemporâneo.
>
> O atributo que dá ao procedimento natureza de processo, e determina o interesse jurídico, é portanto, a presença de uma racionalidade normativa a qual a decisão deve estar condicionada. Essa racionalidade diz respeito à presença de determinadas normas – como da própria participação das partes, da amplitude probatória, da celeridade, da segurança jurídica, a capacidade de induzir soluções consensuais, etc. –, representativas de valores vazados na regulação procedimental do processo.[140]

Desse modo, a racionalidade normativa indica quais valores fazem com que o procedimento seja considerado um processo que regula a jurisdição. Infere-se que essa racionalidade normativa é necessariamente contingencial, na medida em que os valores tidos como relevantes se alteram conforme o tempo e o espaço (parece não ser ao acaso que Salles refere-se ao Estado contemporâneo, circunscrevendo seu exemplo a determinado contexto). Além disso, vislumbra-se que a racionalidade normativa não dispensa certa regulação ou, ao menos, deferência por parte do Estado, o que impede que práticas ilícitas sejam consideradas jurisdição. Nesse aspecto, o Estado, ainda que não exerça o monopólio da jurisdição, continua tendo hegemonia.

Por isso, o procedimento voltado à decisão imperativa de disputas deve ser baseado em valores que, se não expressamente previstos, devem ao menos ser permitidos pelo direito estatal. Só assim o procedimento pode ser qualificado como processo jurisdicional. É nesse sentido que se deve compreender o conceito de normatividade.

---

[140] *Arbitragem em Contratos Administrativos*, cit. p. 103-104.

A noção ora adotada é ampla o suficiente para abranger tanto procedimentos legalmente previstos como procedimentos que, embora baseados pela normatividade informal, são aceitos pela ordem jurídica estatal. Inclusive, por vezes, a normatividade informal pode exercer maior influência e ter mais peso do que a formal. O que releva para fins de jurisdição é que os valores possam ser, no mínimo, aceitos pelo direito estatal.

Não se ignora, porém, a existência de zonas cinzentas que tornam móveis os próprios contornos do conceito de jurisdição. O que é lícito depende de interpretação e do contexto social. Além disso, o campo de normas informais permitidas pelo direito estatal é extenso. Mais relevante, há uma tensão entre direito estatal e não estatal que afeta diretamente os limites do que pode ser considerado como jurisdição.

Tércio Sampaio Ferraz Jr.[141] afirma que qualquer destinatário de uma norma pode reagir de três formas: confirmando, rejeitando ou desconfirmando a ordem. A confirmação é a resposta positiva. A rejeição, embora seja uma resposta negativa, pressupõe a norma, assim como o ilícito pressupõe o lícito. Por sua vez, a desconfirmação é uma desqualificação. O "direito oficial" estaria fundado na ideia de que não haveria espaço para desconfirmação, que seria dissimulada, desacreditada e absorvida pelo direito único.

No entanto, tendo em mente o que se refere como sociedades complexas do Ocidente, Tércio nota a existência de um "direito inoficial". Neste, não há propriamente nem negação do "direito oficial", nem desconfirmação revolucionária (que, significaria a instauração de um novo "direito oficial") e nem a desconfirmação pelo desuso. Isso foge aos quadros da dogmática oficial, na medida em que não se trata de ilicitude, de revolução ou de costume negativo.

Valendo-se do exemplo retirado de pesquisa da Universidade Federal de Pernambuco sobre as invasões de terrenos urbanos na área do Recife por parte de populações de baixo poder aquisitivo, Tércio nota a existência de discursos que desconfirmam o "direito oficial", seja pela sua reinterpretação desorientadora ("Eu vi que depois de 10 anos

---

[141] O oficial e o inoficial: ensaio sobre a diversidade de universos jurídicos temporal e espacialmente concomitantes. In: Joaquim Falcão. (Org.). *Invasões Urbanas: conflito de direito de propriedade*. Livro Eletrônico. 2. ed. Rio de Janeiro: Editora FGV, 2008, pos. 2153-2254.

que o terreno esteja desobrigado, o terreno pode ser ocupado. Fui a primeira a chegar aqui e estou tranquila dos meus direitos..."), seja pela desconfirmação baseada na situação de fato, mas camuflada por um princípio ("Esta ordem, do jeito que está, é injusta e não há por que respeitá-la"). Essas desconfirmações abalam o "direito oficial" que, acuado por não conseguir abarcar a realidade fática dentro de seus parâmetros, acaba por dar espaço para o "direito inoficial", ainda que busque integrá-lo em sua linguagem.

O "direito inoficial", assim, pode ser visto como uma "articulação desarticulada do direito oficial". O "inoficial" vale-se do instrumental "oficial", mas de tal modo que exige uma articulação que desacredita e reforça o "direito oficial". O "direito oficial" opera em dois níveis. Em um primeiro, modela os fatos sociais para que se amoldem ao dever-ser, destacando certos elementos e mitigando outros. Já em um segundo plano, modela os fatos sociais no sentido de que devem ser o que aparentemente são, trazendo para o âmbito do "direito oficial" o que poderia ser visto como uma desarticulação.

Assim, desconfirmações do "direito oficial" são rearticuladas por meio de fórmulas criptonormativas como "ou o direito se exerce coercitivamente ou não há direito". Desse modo, ao mesmo tempo em que o "direito inoficial" desarticula o "direito oficial" ao impor uma realidade que parece alheia, impõe-se uma rearticulação, em que o "inoficial" passa a integrar – ou ao menos parecer integrar – o "oficial". Infere-se, assim, que o "oficial" e "inoficial" chocam-se entre si, cada um influenciando e sendo influenciado pelo outro, sem que nenhum possa ser visto como isolado.

O que Tércio denomina "direito oficial" corresponde ao que é chamado neste trabalho de "direito estatal", ao passo que o "direito inoficial" identifica-se com o termo "direito não estatal". De toda maneira, acredita-se que a questão dos valores que compõem a normatividade deve considerar essa desarticulação articulada. Se o direito não estatal é integrado ou, pelo menos, aceito pelo direito estatal, admite-se a existência de jurisdição. Se o direito não estatal choca-se frontalmente com o estatal, não há jurisdição. Os parâmetros necessariamente são contingentes, variando conforme o tempo e o espaço.

Com tais ressalvas, porém, reitera-se que jurisdição é o poder de decidir imperativamente a disputa baseada em um conflito intersubjetivo de justiça por meio de procedimento dotado de normatividade. Mas se acrescenta que essa normatividade pode ser tanto formal como informal, neste último caso sendo, no mínimo, aceita pelo direito estatal.

2.1.4. A jurisdição como processo diferenciado da relação entre as partes

No entanto, se a ampliação do conceito de jurisdição, por um lado, permite inserir tanto a jurisdição arbitral como a consensual, por outro, gera o risco de ser abrangente demais. De fato, dado que a jurisdição se destaca dos elementos função e atividade, concomitantemente perde seu grau de especificidade. Isso porque, na visão tradicional, o imbricamento da função e da atividade com o Estado permite um corte exato: seria jurisdição aquela decorrente do processo judicial, excluindo-se o resto. Ao se limitar ao elemento poder como o único requisito do exercício em procedimento dotado de normatividade, uma ampla gama de formas voltadas à solução de conflitos poderia ser confundida com a jurisdição.

Tome-se o exemplo narrado por Morton Deutsch,[142] quando seu filho, então com cinco anos, estava brigando com o colega pela posse da mangueira de aguar flores. Cada um tentava arrancá-la do outro e ambos choravam. Quando chegaram a um impasse no cabo-de-guerra, passaram a agressões físicas e xingamentos. Isso provocou a intervenção de um terceiro poderoso (um adulto), que sugeriu certo jogo consistente em atribuir a mangueira àquele que primeiro encontrasse um pequeno objeto.

Na configuração inicial, seria possível facilmente afirmar que não existe jurisdição, uma vez que o uso da força, incluindo tapas e palavrões, não pode ser considerado um procedimento dotado de normatividade. Só que, após a intervenção do terceiro, a questão se torna um pouco mais difícil. O terceiro (adulto) reveste-se de autoridade e é considerado como alguém competente para resolver o conflito pelas partes (crianças) envolvidas. O procedimento aceito para solução do conflito foi previamente informado e aceito pelos contendores. Ao que consta, não há nada de ilegítimo em associar determinado comportamento da

---

[142] *The Resolution of Conflict*, cit. p. 3.

parte (achar o objeto escondido) à satisfação de seu pedido (utilizar a mangueira). Está-se, então, diante de atividade jurisdicional?

Indo além, e o uso do leilão para resolver o conflito entre diversos interessados em uma obra de arte? E o sistema de servir primeiro aqueles que chegam primeiro (*first come, first served*) em um evento com fornecimento limitado de refeição gratuita? Ou o uso do sorteio em reunião de condôminos para resolver o conflito decorrente do desejo de utilizar as melhores vagas da garagem? Basta que tais situações carreguem uma discussão acerca do justo e haja um procedimento dotado de normatividade para que exista jurisdição?

Para o conceito de jurisdição, todavia, entende-se que se mostra necessário um mínimo grau de institucionalização, caracterizado pelo procedimento previamente estabelecido e dotado de normatividade. Em outros termos, entende-se que a essência da distinção está na existência de um grau mínimo de diferenciação entre o processo de tratamento do conflito e os envolvidos nesse mesmo conflito. Somente há jurisdição quando é possível separar o processo utilizado para a solução do conflito da dinâmica própria da relação existente entre as partes.[143]

Nesse contexto, no caso do pai que resolve o conflito entre os filhos, a solução do impasse está tão associada ao papel de pai – e não de juiz ou terceiro com poder decisório – que não há propriamente um processo diferenciado para o tratamento do conflito. Logo, torna-se desnecessário pensar em um procedimento próprio dotado de normatividade que seja alheio à relação. Assim sendo, não há jurisdição. Em contrapartida, quando existe um grau mais consistente de diferenciação entre o processo e a relação em que surgiu o conflito, regras próprias passam a ser exigidas.

Evidentemente, isso implica a inexistência de uma linha divisória precisa do que é jurisdição. Haverá um campo do que com certeza constitui jurisdição (por exemplo, a jurisdição estatal prestada pela decisão adjudicada do juiz) e outro daquilo que com certeza não é jurisdição (o repetido exemplo do pai que resolve o conflito entre os filhos).

---

[143] Essa ideia inspira-se no estudo de Richard Abel sobre as instituições de tratamento de disputas na sociedade (A comparative theory of dispute institutions in society, cit. p. 217-347).

Mas haverá igualmente uma série de outras interações que ora podem ser jurisdição e ora não (a briga de condôminos por uma vaga da garagem, por exemplo, pode gerar a necessidade da formação de uma "comissão processante", ainda que informal; mas até que ponto o processo adotado por tal comissão, caso composta pelos próprios moradores, pode ser considerado diferenciado do próprio condomínio?).

Além disso, a negociação direta entre as partes, frequentemente inserida como meio consensual de solução de conflitos, quase sempre ocorre como decorrência da própria relação e não mediante um processo diferenciado. Se as próprias partes conseguem, por si mesmas, resolverem uma incompatibilidade inicial, o conflito não chega a ser dirigido a um terceiro, mas é resolvido no interior do próprio relacionamento entre as partes. Voltando à imagem da pirâmide das disputas, o tratamento do conflito é feito antes de se atingir a etapa da disputa. Em outras palavras, quando há ao menos um processo diferenciado da relação entre os contendores, dotado de normatividade, e que tenha o tratamento da disputa como missão, tal processo pode ser qualificado como jurisdicional.[144]

Em suma, jurisdição é o poder de decidir imperativamente a disputa decorrente de um conflito intersubjetivo de justiça por meio de um processo – ou seja, um procedimento dotado de normatividade formal ou informal– que seja minimamente diferenciado da relação entre as partes.

2.1.5. Resumidamente: onde incide a jurisdição?

Nesse contexto, o conceito de jurisdição indica seus limites em relação ao campo mais amplo dos conflitos sociais. Não há jurisdição se o conflito não envolver uma questão de justiça, nem ser apontado um culpado. Pressupõe-se, assim, a existência de um conflito intersubjetivo de justiça. Só que este conflito precisa ser direcionado a alguma instituição de tratamento minimamente diferenciada da relação entre as partes para que se torne uma disputa. Se essa instituição de tratamento se valer

---

[144] A ideia de tratamento da disputa como missão para diferenciar a jurisdição é baseada em comunicação pessoal com Marc Galanter, realizada em 03 de outubro de 2017.

de um procedimento ilícito, não há jurisdição. Somente se o procedimento for dotado de normatividade, ainda que informal, mas desde que ao menos permitida pelo direito estatal, existe jurisdição e, assim, a disputa se torna jurisdicional. Se a disputa for levada ao Judiciário, tem-se a subespécie jurisdicional da disputa judicial.

Graficamente, tem-se a seguinte representação:

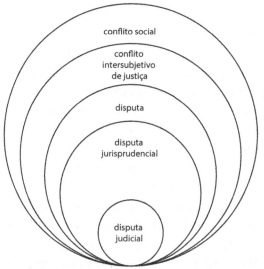

Figura 5 Onde incide a jurisdição?
Fonte: Elaboração própria.

Embora a jurisdição ocupe somente os dois últimos círculos internos, resta claro que não se restringe ao processo judicial. Assim sendo, torna-se relevante identificar, mesmo que com base em tipos ideais, quais são outras potenciais instituições que prestam jurisdição, bem como a relação existente entre elas. Isso pressupõe, antes de tudo, explicitar o que se entende por instituição.

2.2. Instituições: processos decisórios e processos jurisdicionais

O conceito de instituição é polissêmico, tanto na linguagem corrente como nas ciências sociais.[145] Por ser funcionalmente mais adequado à

---

[145] A observação é de Thomas R. Voss em: Institutions. In: WRIGHT, James (ed.). *International Encyclopedia of the Social & Behavioral Sciences*, Vol. 12. 2. ed.

presente obra, parte-se da definição de Neil Komesar,[146] no sentido de que "instituições são processos sociais decisórios de larga escala". Com as ponderações que são feitas no decorrer deste item, tal conceito se mostra particularmente útil, tendo em vista que identifica instituição com processo decisório. De fato, a própria teoria de Komesar baseia-se, essencialmente, na discussão acerca da alocação da autoridade do poder decisório, perquirindo acerca da decisão de quem decide e considerando que a escolha de quem decide é, de fato, a decisão do que se decide.[147] E, como instituição é processo, o processo, em si, ganha especial relevância.

Assim, Komesar ressalta a necessidade de se compararem as instituições disponíveis, de acordo com o que denomina de análise institucional comparada (*comparative institutional analysis*). Nessa comparação, o que importa é perceber que toda instituição possui qualidades e defeitos. Seus méritos são relativos e, assim, a escolha por uma ou outra é uma escolha entre alternativas imperfeitas. A instituição mais adequada para determinada situação não é aquela que seja a mais perfeita, mas a que for menos imperfeita.

De modo geral, Komesar identifica três grandes processos decisórios ou três grandes instituições: o processo de trocas (mercado), o processo político (Executivo e Legislativo) e o processo adjudicatório (Judiciário).[148] Posteriormente, ele acrescenta a comunidade – que poderia ser identificada como o processo comunitário – como uma quarta instituição,[149] embora dê menos ênfase na totalidade de sua obra e afirme que, quando se trata de pouca complexidade e números reduzidos, mercados e comunidades se tornam um só.[150]

Amsterdam: Elvesier, 2015, p. 190. Remete-se a tal texto para uma visão panorâmica do conceito.

[146] *Law's Limits: Rule of Law and the Supply and Demand of Rights*. New York: Cambridge University Press, 2001, p. 31, em tradução livre.

[147] *Imperfect Alternatives*, cit. p. 3.

[148] A tradução em processo de trocas, processo político e processo adjudicatório é tomada de Arthur Sanchez Badin (*Controle Judicial das Políticas Públicas: Contribuição ao estudo do tema da judicialização da política pela abordagem da análise institucional comparada de Neil K. Komesar*. Dissertação de Mestrado. São Paulo: Faculdade de Direito da Universidade de São Paulo, 2011, p. 20).

[149] *Law's Limits*, cit. p. X.

[150] *Law's Limits*, cit. p. 150.

Todavia, não existe uma rigidez acerca do número das instituições. Mesmo Komesar indica que a categorização de instituições irá variar conforme o objeto de estudo e as inclinações do investigador.[151] Conforme aponta Cole,[152] ao separar determinadas instituições, Komesar adota uma postura funcionalista, decorrente dos objetivos propostos em sua pesquisa.

Dessa maneira, para os fins deste trabalho, entende-se pertinente adotar a divisão em quatro instituições, incluindo a comunidade ao lado do mercado. Nesse aspecto, permanece válida a observação de Komesar de que, em agrupamentos humanos reduzidos, as trocas realizadas no interior do grupo podem ser vistas tanto como parte da comunidade como do mercado. Seria o caso, por exemplo, de uma pequena comunidade rural em que famílias cultivam produtos diversos e os trocam entre si para a mútua subsistência. No entanto, a opção de se tratar da comunidade como uma instituição diversa do mercado justifica-se por diversos motivos.

Inicialmente, como a análise busca se adequar a um cenário de pluralismo jurídico que considere a sociedade atual, é relevante ter como paradigma a complexidade de interações sociais e não grupos humanos reduzidos.

Além disso, a mesma observação acerca da confusão entre mercado e comunidade em grupos reduzidos poderia ser aplicada às outras duas instituições: vislumbra-se que, em grupos reduzidos, as funções tidas como do Judiciário se confundem com o do processo político. Isso ocorreria, por exemplo, quando o líder de uma pequena comunidade não apenas faz as vezes de governante e legislador, mas também de juiz. Desse modo, assim como o mercado poderia ser visto como parte da comunidade, o Judiciário poderia ser visto como parte do processo político.

Por fim, de modo bem esquemático, a distinção evidencia a associação da comunidade ao que se indicou anteriormente como o "pluralismo para baixo"– ou seja, o pluralismo dos povos ditos

---

[151] *Law's limits*, cit. p. 29.
[152] Varieties of Comparative Institutional Analysis, The Varieties of Comparative Institutional Analysis. *Wisconsin Law Review*, 2013, p. 398.

primitivos e que muitas vezes é confundido como o único tipo de pluralismo – e ao mercado como o "pluralismo para cima" – isto é, o pluralismo das empresas, da *lex mercatoria*, dos tratados arbitrais, dos regulamentos das empresas privadas, dos códigos de ética corporativos, etc. Realmente, a assembleia da associação de moradores de uma comunidade não se confunde com a assembleia de acionistas de uma empresa; uma arbitragem comercial internacional, não se confunde com a decisão tomada pelo líder comunitário.

Nesse contexto, é possível realizar também uma aproximação entre o direito estatal e processo político/Judiciário, bem como do direito não estatal e comunidade/mercado. Decisões vindas do processo político e do Judiciário, incluindo aquelas voltadas ao tratamento de disputas (ou seja, jurisdicionais) teriam uma tendência a privilegiar o direito estatal, ao passo que decisões da comunidade/ mercado tenderiam a dar mais importância ao direito não estatal. Isso, claro, sem esquecer que direito estatal e não estatal não estão isolados entre si, o que permite, em certas circunstâncias, incursões da comunidade e mercado pelo direito estatal, bem como deferência do processo político e do Judiciário ao direito não estatal.

Sinteticamente, tem-se a seguinte imagem:

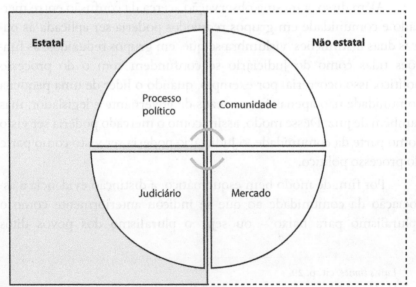

Figura 6 As instituições entre o estatal e o não estatal.
Fonte: Elaboração própria.

Dentre outros, movimentos de desjudicialização (Judiciário para outras instituições) ou de deslegalização (sistema estatal para o não estatal) podem ser esquematizados a partir dessa figura. Todavia, para que haja a adequada compreensão do quadro, é preciso esclarecer que instituições, em geral, envolvem mais de um processo decisório.

2.2.1. Instituições como feixe de processos decisórios

Ao identificar instituições com processos sociais decisórios de larga escala, tem-se a impressão inicial de que Komesar identifica cada uma das três (ou quatro, a partir do momento em que ele inclui a comunidade) a um processo decisório. Nesse aspecto, é sugestivo que, ao traduzir para o português as três instituições mais destacadas, Arthur Sanchez Badin[153] tenha se utilizado de equivalentes sob o denominador comum de tipos de processo: o processo de trocas, o processo político e o processo adjudicatório. De fato, seria possível cogitar que o processo típico do mercado é o de trocas de bens entre agentes supostamente racionais em um regime de livre concorrência; que o processo político se aproxima das decisões tomadas pelo Poder Executivo e pelo Poder Legislativo; e que o Judiciário identifica-se com o processo judicial voltado à decisão adjudicatória proferida pelo juiz.

No entanto, em diversos pontos da própria obra de Komesar, observa-se o oposto, ou seja, a associação da mesma instituição a mais de um processo decisório. Fica evidente, por exemplo, que, em relação ao processo político, às vezes, está se falando do processo de tomada de decisão do governante eleito e, outras, do trabalho das agências administrativas. No que se refere às agências, Komesar também aponta a existência de dois processos decisórios, sendo um ligado ao poder regulamentar e outro ao poder de decidir disputas entre a Administração e o administrado.[154]

Sob outro prisma, a despeito das afirmações mais genéricas de que o Judiciário seria o processo adjudicatório,[155] o que se nota em uma

---

[153] *Controle Judicial das Políticas Públicas...*, cit. p. 20.
[154] KOMESAR, Neil; WAGNER, Wendy. The Administrative Process From The Bottom Up: Reflections On The Role, If Any, For Judicial Review. *Administrative Law Review*, Vol. 69, 2017, p. 908-909.
[155] Isso é particularmente evidente quando ele diz: "I tend to speak of three institutional alternatives – the market, the political process, and the courts *or adjudicative process*" (grifou-se) (*Law's limits*, cit. p. 29).

análise mais ampla da obra de Komesar é que o próprio autor indica a existência de subespécies de processos decisórios no âmbito dessa instituição. De fato, ao realizar a comparação entre ação individual e coletiva, ele afirma que seria possível considerá-las analiticamente como instituições de segunda ordem.[156] Do mesmo modo, ao comparar instituições aptas ao tratamento de lesões decorrentes de responsabilidade civil (*torts*), Komesar insere como opções o processo civil para reparação e o processo criminal.[157] Tais exemplos indicam que, no mínimo, Komesar reconhece que o processo judicial adjudicatório não é unívoco.

Indo além, observa-se que o Judiciário não se reduz ao processo adjudicatório, assim como o mercado não se reduz ao processo de trocas e nem o processo político refere-se a um único processo. Ademais, é despiciendo mencionar a impossibilidade de definir claramente qual seria o processo que seria identificado com a comunidade.

Tomem-se alguns exemplos dos processos englobados na instituição do Judiciário. A insistência em reduzi-lo ao processo de solução de disputas torna dificultoso o enquadramento da jurisdição voluntária que, em termos mais simples, poderia simplesmente ser vista como um processo não jurisdicional oferecido pelo Judiciário na administração pública de interesses privados.[158] Além dos casos da chamada jurisdição voluntária, há processos decisórios, por exemplo, voltados à administração interna dos próprios tribunais, como aqueles relacionados à contratação de servidores, às licitações ou às questões disciplinares. A autonomia administrativa e financeira consagrada no artigo 99 da Constituição Federal impõe que diversos processos de tomada de decisões alheios à jurisdição sejam tomados pelo próprio Judiciário. Isso tudo sem mencionar os processos ligados à construção de políticas públicas por intermédio do Conselho Nacional de Justiça, que, por

---

[156] *Law's limits*, cit. p. 45-51

[157] Injuries and Institutions: Tort Reform, Tort Theory, and Beyond. *New York University Law Review*, Vol. 65, abr. 1990, p. 23-77.

[158] Citando a jurisdição voluntária como administração pública de interesses privados, vide, dentre outros: CINTRA, Antonio Carlos de Araújo; GRINOVER, Ada Pellegrini; DINAMARCO, Cândido Rangel. *Teoria Geral do Processo*. 17. ed. São Paulo: Malheiros, 2001, p. 153-155.

expressa disposição constitucional, integra o Poder Judiciário (art. 92, I-A, da Constituição Federal). Para tanto, o CNJ vale-se de uma gama variada de processos, que incluem, por exemplo, consultas públicas ou reuniões com especialistas.

De maneira semelhante, o processo político seria composto do processo legislativo, do processo administrativo, do processo disciplinar, entre outros. Seria possível, em maior grau de detalhamento, pensar no processo de Comissões Parlamentares de Inquérito e até mesmo no caso dos processos desenvolvidos no âmbito dos Tribunais de Contas, ao prestarem auxílio ao Legislativo no controle externo da fiscalização contábil, financeira e orçamentária (art. 71 da CF). Processo político, em suma, engloba todos esses processos decisórios.

Assim sendo, nota-se que, independentemente da instituição, os processos de tomada de decisão são múltiplos. Seria possível falar de processo voltado à produção de uma lei, à apuração do vencedor de uma licitação ou à eleição de um candidato. Os processos destinados à solução de disputas – isto é, *processos jurisdicionais* – são apenas uma espécie do gênero mais amplo de *processos decisórios*. De fato, o processo jurisdicional incide sobre a disputa decorrente de um conflito intersubjetivo de justiça e traduz-se por um procedimento dotado de normatividade. Pode haver tanto processos decisórios que se voltam a outras áreas do conflito que não a disputa jurisdicional, como também processos outros que não são dotados de normatividade.

Dessa forma, defende-se que cada uma das quatro grandes instituições é um feixe de processos decisórios, o que inclui, dentre outros, aqueles voltados especificamente para a solução de conflitos intersubjetivos de justiça (jurisdicionais). Acredita-se que, com isso, afasta-se a aparente contradição de uma mesma instituição conter diversos processos.[159]

---

[159] Nesse aspecto, é possível traçar um paralelo desse argumento com a ideia exposta por Eros Roberto Grau no sentido de que a proposta de Montesquieu visava ao equilíbrio e não propriamente à separação dos poderes. Para que esse equilíbrio seja logrado, as funções não são tomadas como exclusivas de cada um dos Poderes. Assim, afastando-se da classificação tradicional, Grau propõe a divisão em três funções: normativa (voltada à produção de normas jurídicas), administrativa (de execução de normas jurídicas) e jurisdicional

No entanto, retomando as ideias expostas neste capítulo, não se nega que, quando se pensa em Judiciário, a primeira imagem que se vem é da sentença judicial, quando se trata do mercado, tem-se em mente trocas de bens em termos econômicos, e assim por diante. Por isso, é necessário observar que, nesse feixe institucional de processos, existe ao menos um processo que pode ser considerado como o típico da instituição.

2.2.2. A instituição e o processo decisório típico

De fato, se cada instituição é um feixe de processos decisórios, surge, então, a questão de saber qual é o elemento comum que os une em torno de uma mesma instituição. Em outras palavras, a questão é saber o motivo pelo qual determinado conjunto de processos pode ser englobado sob o guarda-chuva institucional do Judiciário, do processo político, do mercado ou da comunidade. Acredita-se que os processos decisórios de determinada instituição gravitam em torno de ao menos um processo decisório típico que, além de exercer grande influência sobre os demais processos da instituição, é, normalmente, identificado com a própria instituição. A parte, assim, é tomada pelo todo, tal como uma metonímia.

Entende-se que Komesar busca traçar uma moldura teórica geral acerca da alocação do poder decisório em questões de grande escala. Desse modo, infere-se que sua preocupação não se restringe a conflitos intersubjetivos de justiça, incluindo toda e qualquer tomada de decisão que envolva políticas públicas. Por isso, é compreensível que, de ordinário, Komesar tome como base os processos decisórios típicos e praticamente os trate como sinônimos das respectivas instituições. É nesse sentido que processo adjudicatório e Judiciário se confundem.

No entanto, como nesta obra se busca destacar os processos jurisdicionais dos demais processos decisórios, é necessário desenvolver

---

(direcionada à aplicação das normas jurídicas). Nesse contexto, a função normativa compreenderia tanto a produção de leis pelo Legislativo, como também de regulamentos pelo Executivo e regimentos pelo Judiciário. Além disso, ao final, citando Vigorita, Grau observa ainda uma tendência à transferência de função administrativa ao Legislativo (*amministrativizzazione*). (*O direito posto e o direito pressuposto*. 4. ed. São Paulo: Malheiros, 2002, capítulo X ["Crítica da 'Separação de Poderes': as funções estatais, os regulamentos e a legalidade no direito brasileiro, as 'leis-medida'"], p. 225-255).

um pouco mais o que se entende por interação entre os processos típicos e atípicos. Nesse contexto, nota-se que todas as quatro grandes instituições englobam processos jurisdicionais, ainda que apenas o Judiciário tenha a jurisdição como processo típico.

Jurisdição, como dito, é o poder de decidir imperativamente a disputa decorrente de um conflito intersubjetivo de justiça por meio de um processo que seja minimamente diferenciado da relação entre as partes. Conforme esse conceito amplo, diante de um conflito de justiça envolvendo uma relação de consumo, exemplificativamente, é possível identificar os seguintes processos jurisdicionais disponíveis: realizar uma reclamação perante o serviço *consumidor.gov.br* mantido pela Secretaria Nacional do Consumidor do Ministério da Justiça e Segurança Pública, ou pelo Procon (processo político);[160] dirigir-se à ouvidoria ou ao serviço de atendimento ao cliente do próprio fornecedor (mercado); valer-se de eventuais órgãos de mediação ligados a organizações não governamentais (comunidade); ou ingressar com um processo judicial (Judiciário).

No entanto, das opções mencionadas, apenas a via judicial costuma ser lembrada. Isso talvez ajude a explicar por que o Judiciário, apesar de seus defeitos, seja constantemente apontado como o local para se resolverem conflitos, em especial os decorrentes de relações de consumo.[161] De fato, é desnecessário afirmar que, de ordinário, a jurisdição é exercida pelo Poder Judiciário (para alguns, sempre é).

Nas demais instituições, porém, os processos jurisdicionais, embora existam, são atípicos. De todo modo, isso não significa que os seus respectivos feixes institucionais não incluam processos decisórios (atípicos) que sejam voltados ao tratamento de disputas. Tais processos jurisdicionais atípicos, por consequência, sofrem influxos do processo institucional típico.

---

[160] Ao associar o Procon com o processo político, toma-se como base as características da Fundação Procon-SP que, criada pela Lei n. 9.192/95, possui personalidade jurídica de direito público e é vinculada à Secretaria da Justiça e da Defesa da Cidadania do Estado de São Paulo (cf. informações obtidas em https://bit.ly/1TSlz2A ou http://www.procon.sp. gov.br/. Acesso em 24 ago. 2020).

[161] A propósito, vide: FGV DIREITO SP. *Relatório ICJBrasil. 1º trimestre/2014 – 4º trimestre de 2014: Ano 06.* São Paulo: FGV, p. 14.

Se o processo político baseia-se, tipicamente, na tomada de decisões por meio de um representante eleito, é esperado que os processos administrativos de solução de disputas também sofram influências da política governamental a que estão subordinados. Por mais que os agentes administrativos responsáveis pela decisão de disputas – como é o caso, por exemplo, de um julgador de Tribunal de Impostos e Taxas – possuam certo grau de autonomia, esta não é idêntica à independência do juiz. A própria exigência de hierarquia e controle dos órgãos superiores é condizente com processos burocráticos e com a baixa incidência de arranjos consensuais no interior dos órgãos administrativos de solução de controvérsias.

No caso do mercado, por sua vez, é possível considerar como processo decisório típico aquele da troca de bens baseado em regime de livre concorrência. Em relações comerciais, esse processo típico supostamente se caracteriza por fatores como: a autonomia da vontade dos contratantes com a consequente existência de muitos acertos informais e flexíveis; a busca pela alocação eficiente de recursos; a existência de alguma competição; e a livre movimentação de recursos e pessoas.[162] O processo decisório típico seria, assim, altamente informal, aberto e flexível.

Nesse contexto, não é de se surpreender que o uso da arbitragem como processo decisório voltado ao tratamento de disputas no âmbito do mercado tenha ganhado espaço. Isso porque a arbitragem, além de se basear no consenso, permite maior flexibilidade procedimental e traz o sigilo muitas vezes necessário para a competição empresarial, quando realizada em ambiente privado. Do mesmo modo, outras formas de base consensual, como a negociação assistida ou a mediação, também prosperam por possuírem maior aceitação em um contexto no qual se destaca a autonomia da vontade.

Já a comunidade pode ser associada a processos decisórios que, em geral, são altamente informais e que se baseiam, sobretudo, na

---

[162] Tais características foram baseadas nas assunções acerca do modelo econômico tradicional expostas por Robin Paul Malloy (*Law and Economics: A Comparative Approach to Theory and Practice*. St. Paul: West Publishing, 1990, p. 31-33).

reunião de seus membros em torno de algum elemento comum relevante (como valores, religião ou local de domicílio) e que não se limita a aspectos econômicos, nisso sendo mais abrangente que o mercado. A flexibilidade dos procedimentos também é marcante, embora a força do grupo possa mitigar a autonomia de vontade. Exemplos de processos jurisdicionais no âmbito da comunidade seriam a submissão de um conflito a um líder religioso, o uso da mediação comunitária, o recurso à mediação escolar, entre tantos outros. Valores comunitários, obviamente, vão interferir no processo jurisdicional.

O quadro a seguir busca auxiliar na exposição da linha de raciocínio adotada:

Processo decisório	Comunidade	Mercado	P. Político	Judiciário
Típico	Processo comunitário	Processo de trocas	Processo de tomadas de decisão no Executivo e Legislativo	Processo judicial voltado à solução de disputas
Atípico (ligado à solução de disputas)	Órgãos privados de solução de controvérsias (p. ex. mediação comunitária, mediação escolar e decisão adjudicatória do líder religioso).	Órgãos privados de solução de controvérsias (p. ex. Câmaras Privadas de Mediação e/ou Arbitragem)	Órgãos administrativos de solução de controvérsias (p. ex. Tribunal de Impostos e Taxas, Junta de Recursos do Seguro Social)	

Figura 7 Os processos institucionais típicos e atípicos.
Fonte: Elaboração própria.

As cédulas destacadas indicam os processos de tomada de decisão que podem ser considerados como jurisdição no âmbito de cada uma das instituições. A jurisdição, assim, é tipicamente prestada pelo Judiciário, mas também surge no âmbito da comunidade, do mercado e do processo político, ainda que de forma atípica.

Cada um dos processos decisórios possui inúmeras variantes. O processo legislativo, por exemplo, difere conforme o tipo de ato normativo a ser editado, se lei ordinária, lei complementar, emenda constitucional, etc. Do mesmo modo, não há um único tipo de processo jurisdicional. Nos limites desta obra, cabe destacar a divisão dos processos jurisdicionais conforme a sua finalidade, se baseado no acordo ou baseado na decisão.

2.2.3. Processos jurisdicionais: entre o acordo e a decisão

Ao notar variações de tratamento e de resposta na exigibilidade em juízo dos direitos sociais, Carlos Alberto de Salles[163] afirma existirem várias faces da proteção judicial desses direitos no Brasil.

A imagem de variadas faces é igualmente útil quando se trata dos múltiplos processos jurisdicionais. De fato, não apenas para a exigibilidade judicial dos direitos sociais, mas em praticamente qualquer tipo de disputa, é possível identificar mais de um processo jurisdicional – ou mais de uma face – disponível para proteção do direito controvertido. Da mesma forma, as faces não se limitam ao processo judicial, podendo ser ampliadas para o tratamento oferecido pelo processo político, pela comunidade ou pelo mercado. Neste trabalho, é especialmente útil concentrar-se nas faces do acordo e da decisão.

Nesse aspecto, Paulo Eduardo Alves da Silva[164] toma o conflito como ponto de partida para a construção dos métodos de tratamento consoante dois resultados básicos: o acordo e a decisão. No primeiro, a solução seria produzida pelas próprias partes, com ou sem o auxílio de um terceiro; no segundo, a solução seria dada pelo terceiro e, então, imposta ou voluntariamente aceita pelas partes.

É possível identificar os dois casos com o que aqui se chama de processo jurisdicional. Somente se faz a ressalva de que a negociação direta muitas vezes independe de um processo diferenciado da relação existente entre as partes, o que a exclui do conceito de jurisdição ora adotado.

Além disso, entende-se que, em última análise, ambas as categorias se voltam a uma decisão, estando a marca distintiva no responsável pela

---

[163] Duas faces da proteção judicial dos direitos sociais no Brasil, cit. especialmente p. 791.

[164] Solução de controvérsias: métodos adequados para resultados possíveis e métodos possíveis para resultados adequados. In: SALLES, Carlos Alberto de; LORENCINI, Marco Antônio Garcia Lopes; SILVA, Paulo Eduardo Alves da (coord.). *Negociação, Mediação e Arbitragem – Curso Básico para Programas de Graduação em Direito*. Rio de Janeiro: Forense/ São Paulo: Método, 2012, p. 1-25, *passim*.

sua concretização, seja o terceiro, sejam as próprias partes. Desse modo, os resultados acordo e decisão devem ser considerados como abreviaturas de decisão decorrente de acordo entre as partes e decisão decorrente de adjudicação de terceiro. Assim sendo, a esses dois resultados básicos podem ser associadas duas categorias de processos jurisdicionais: os adjudicatórios, voltados à produção da decisão de um terceiro; e os consensuais, voltados à decisão construída pelas próprias partes.[165]

Cada uma dessas categorias agrega uma série de processos. Desse modo, os julgamentos de juízes e árbitros podem ser citados como exemplos de processos adjudicatórios. Por sua vez, dentre os processos adjudicatórios judiciais, há processos coletivos e individuais; voltados à tutela satisfativa, executiva ou cautelar, dentre outros. Analogamente, são exemplos de processos consensuais a mediação e a conciliação. Para alguns, a mediação também pode ser dividida em avaliativa ou facilitativa. Enfim, o que importa perceber é que as duas categorias maiores podem se dividir em inúmeras subespécies.

Ademais, as duas categorias também podem ser combinadas entre si, seja a partir do alinhamento entre dois processos consensuais (por exemplo, a negociação assistida que, posteriormente, é seguida de uma mediação), seja de dois processos adjudicatórios (como na arbitragem que, diante do insucesso, leva à busca de uma sentença adjudicatória judicial) ou, ainda, de processos consensuais com adjudicatórios (por exemplo, na mediação seguida de arbitragem, ou *med-arb*, ou na sua sequência cronológica oposta da *arb-med*). Em uma sociedade complexa, é natural que predominem desenhos procedimentais mistos e que essas combinações entre mecanismos adjudicatórios e consensuais sejam igualmente sofisticadas.

---

[165] Em relação aos meios consensuais, acredita-se que, ainda que o acordo seja somente obtido de forma eventual, isso não significa que tais processos não sejam voltados para tanto ou, no mínimo, para que sejam criadas as condições necessárias para que as partes, assim querendo, cheguem ao consenso. Do mesmo modo, os processos adjudicatórios, embora explicitamente dirigidos à decisão de um terceiro, também nem sempre vão atingir tal resultado. Basta imaginar o caso em que uma das partes desiste da arbitragem e reconhece a pretensão da parte contrária, antes que tenha havido a decisão do árbitro. Dessa forma, o que vai importar na classificação adotada é o direcionamento do processo para o acordo ou para a decisão, sem exigir que um ou outro resultado necessariamente ocorra.

De todo modo, ressalte-se que tipos mistos não formam exatamente uma categoria própria, mas decorrem da combinação de processos jurisdicionais. Não há um processo que, em sua essência, seja ao mesmo tempo voltado ao acordo e à decisão. Por essa razão, opta-se por um afastamento da divisão tríade de formas adjudicatórias, consensuais e mistas, para se limitar à divisão nas duas primeiras categorias.[166] Isso reforça a ideia de que as quatro grandes instituições apontadas por Komesar são feixes de processos. Em termos de jurisdição, cada uma delas abarca diferentes processos, ora voltados para o acordo, ora à decisão.

2.2.4. Uma proposta institucional comparada da jurisdição

Desse modo, instituições são feixes de processos decisórios, dentre os quais se incluem os processos jurisdicionais. Estes últimos, por sua vez, podem ser divididos em voltados ao acordo e voltados à decisão. Nesse contexto, são possíveis ao menos dois tipos de análise institucional comparada que interessam à jurisdição: a) a comparação da própria opção jurisdicional diante de outros processos decisórios; b) a comparação entre processos jurisdicionais.

2.2.4.1. O processo jurisdicional em comparação com outros processos

Em um espectro mais abrangente, é possível discutir qual é o processo decisório mais adequado para a consecução de determinada política pública. Em larga medida, acredita-se que é essa a abordagem adotada na maior parte da obra de Komesar. Sua preocupação dirige-se menos à

---

[166] Nesse aspecto, embora se tome como base a teoria de Carlos Alberto de Salles, afasta-se ligeiramente dela ao se propor a exclusão dos tipos mistos como categoria própria. Para a classificação de Salles, vide, em especial: SALLES, Carlos Alberto de. Mecanismos Alternativos de Solução de Controvérsias e Acesso à Justiça: a Inafastabilidade da Tutela Jurisdicional Recolocada. In: FUX, Luiz; NERY JR, Nelson; WAMBIER, Teresa Arruda Alvim (coord.). *Processo e Constituição: Estudos em Homenagem ao Professor José Carlos Barbosa Moreira.* São Paulo: Revista dos Tribunais, 2006, p. 779-792. Com isso, também há uma pequena reconsideração na posição antes adotada em: TAKAHASHI, Bruno. *Desequilíbrio de Poder e Conciliação: o papel do terceiro facilitador em conflitos previdenciários.* Brasília: Gazeta Jurídica, 2016, p. 35-36.

comparação das instituições de tratamento de disputas (processos jurisdicionais) do que à contraposição das instituições em sentido amplo (comunidade, mercado, processo político e Judiciário).[167]

Isso permite, por exemplo, que sua teoria seja utilizada para investigar qual seria a instituição mais adequada, em princípio, para tratar de questões afetas à política pública da matéria ambiental, e não apenas a determinado conflito em particular. Vislumbra-se que é nesse sentido mais amplo que, com base na teoria de Komesar e centrado no conceito de externalidades, Carlos Alberto de Salles compara as imperfeições do mercado, do processo político e do processo judicial na proteção ambiental, dando preferência a este último não por ser perfeito, mas por ser o menos imperfeito.[168] A comparação aqui não está propriamente entre processos jurisdicionais, mas sim do processo jurisdicional do Judiciário em comparação com os processos típicos das outras instituições (isto é, com o processo político e o processo de trocas).[169]

No que se refere à jurisdição, tem-se que este tipo de análise mais ampla mostra-se pertinente para perceber (e para avaliar em termos comparativos) movimentos em torno da desjudicialização de determinada questão, isto é da transferência de determinada questão que comumente era enfrentada pelo processo judicial para o processo decisório típico de outra instituição. A descriminalização de determinada conduta (por exemplo, o porte de drogas) pode ser vista como a transferência do poder decisório (*quem decide*) para a comunidade, o mercado ou o processo político. Do mesmo modo, tal análise também

---

[167] Segundo William N. Eskridge Jr., Komesar considera a comparação de instituições em função da competência como produtores de normas (*rule makers*). (Expanding *Chevron's* Domain: A Comparative Institutional Analysis of the Relative Competence of Courts and Agencies to Interpret Statutes, *Wisconsin Law Review*, 2013, p. 412). Talvez essa postura metodológica seja assimilável de modo mais tranquilo em um contexto com maiores traços da *common law* como o norte-americano, na qual as normas gerais produzidas pelo Judiciário podem mais facilmente ser equiparadas às normas produzidas pelo processo político.

[168] *Execução Judicial em Matéria Ambiental*, cit. especialmente p. 91-105.

[169] Também considerando o cenário brasileiro, a utilidade da análise constitucional comparada de Komesar para a definição da instituição menos imperfeita para desenvolver determinada política pública é defendida por Arthur Sanchez Badin (*Controle Judicial das Políticas Públicas...*, cit..).

permite observar comparativamente o movimento inverso da judicialização de questões que antes eram tidas como reservadas a outras instituições. É o caso, por exemplo, de afirmações no sentido de que o reenquadramento de questões políticas em termos de disputas judiciais pode levar à despolitização do próprio conflito.[170]

Além disso, como será visto adiante, a comparação entre processos decisórios também pode ser feita em função do momento de atuação sobre o conflito. Dessa forma, o processo jurisdicional atuaria de forma repressiva sobre a disputa, ou seja, depois de ultrapassadas as fases do nomear, responsabilizar e reivindicar. Conforme a circunstância, caberia questionar se processos preventivos seriam mais adequados. Tal ordem de discussões é também especialmente relevante para a análise da política voltada ao acesso à justiça que se pretende adotar.

2.2.4.2. A comparação entre processos jurisdicionais

De todo modo, sem negar a importância da comparação institucional mais ampla entre processos decisórios, entende-se, sobretudo, que é útil para o estudo da jurisdição comparar os processos especificamente voltados ao tratamento da disputa decorrente de conflito intersubjetivo de justiça. Isso reforça que a decisão judicial adjudicatória, em geral, não é a única opção, e sim mais uma dentre as diversas formas de tratamento da disputa.

Nesse âmbito, é necessário observar que a comparação envolve ao menos duas formas: a comparação entre processos jurisdicionais de instituições diversas; e a comparação entre processos jurisdicionais da mesma instituição. Comparar o processo adjudicatório judicial com a arbitragem comercial envolve a primeira forma, ao passo que contrapor a decisão adjudicatória do juiz com a mediação judicial refere-se à segunda. Ao se recordar que os processos jurisdicionais se voltam ao acordo ou à decisão, bem como que existem diversas possibilidades de combinações, nota-se que as possibilidades comparativas são infinitas. Seria possível, por exemplo, confrontar a mediação judicial não apenas com a mediação privada, mas também com a arbitragem comercial ou algum processo combinado como o *med-arb* ou o *arb-med*.

---

[170] Nesse sentido, vide: SANTOS, Boaventura de Sousa. *Toward a New Legal Common Sense*. 2. ed. Londres: LexisNexis Butterworths, 2002, p. 338.

Seja como for, cabe reiterar que o processo decisório típico irá exercer forte influência nos processos atípicos. Desse modo, os processos jurisdicionais atípicos do processo político, da comunidade e do mercado guardarão traços do processo típico de cada uma dessas instituições. Daí por que, por exemplo, a arbitragem voltada para a solução de uma disputa empresarial muitas vezes pode privilegiar valores do mercado, como a alocação eficiente dos recursos.

Além disso, em uma segunda ordem de detalhamento, ainda que processos jurisdicionais sejam atípicos, é possível detalhar qual seria o modelo tido como mais comum (isto é, o "processo típico do atípico"). Por exemplo, no cenário brasileiro, nada impede que órgãos administrativos de solução de controvérsias adotem processos voltados ao acordo. Todavia, é notório que o processo decisório mais comum costuma ser o voltado à decisão adjudicatória. No caso do mercado, a maior flexibilidade e a autonomia de vontade parecem indicar a predominância de meios consensuais de solução de controvérsias. Isso, contudo, não descarta a existência de situações atípicas em que o grave comprometimento da autonomia da vontade em razão do desequilíbrio das partes faz com quem a base consensual se perca e o processo adjudicatório seja praticamente imposto ao lado mais fraco (seria o caso, por exemplo, da adoção da arbitragem obrigatória em relações de trabalho).

Uma imagem que ajuda a compreender o argumento exposto nos parágrafos anteriores é a adaptação da metáfora do sistema planetário de justiça proposta por Takeshi Kojima.[171] Observa-se que Kojima identifica o processo judicial como o centro de seu sistema – isto é, como o sol – inserindo a arbitragem, a mediação, a negociação e outros meios informais como planetas que gravitariam em torno dele. Do mesmo modo, mencionado autor não desconhece que, do ponto de vista dinâmico, haveria tanto um efeito cascata do sol para os planetas (*ripple effect*) como também um "efeito asteroide" dos planetas para o sol (*implosion* ou *asteriod effect*). A relevância do direito estatal para as soluções extrajudiciais seria um exemplo do primeiro efeito, ao passo que a influência dos acordos decorrentes de mediações sobre as decisões judiciais de casos semelhantes seria um exemplo do segundo.

---

[171] *Civil Procedure and ADR in Japan*. Tokyo: Chuo University Press, 2004, capítulo 1 ("A Planetary System of Justice"), p. 3-18.

No entanto, Kojima centra seu sistema planetário no Judiciário, o que exige adaptações em um ambiente de policentrismo institucional. De fato, preservando a força da imagem, tem-se que cada uma das instituições pode ser vista como um sistema planetário diverso. O centro de cada um dos sistemas é ocupado pelo seu processo decisório típico. Os processos atípicos gravitam em torno do processo típico, influenciando, mas, sobretudo, sendo influenciados por ele. Além disso, processos atípicos também possuem satélites que gravitam em torno deles, sendo, assim, centrais em relação aos satélites. Desse modo, metaforicamente, assim como a Lua orbita em torno da Terra, os processos adjudicatórios do processo jurisdicional do mercado também orbitam em relação ao processo consensual (o "processo típico do atípico").

Nesse contexto, a escolha da instituição que irá prestar jurisdição e do processo jurisdicional desta instituição depende do tipo de conflito, dos objetivos que se pretende atingir e das partes envolvidas. Cada processo jurisdicional trará características que podem ser as mais adequadas (ou menos inadequadas) quando comparadas com as alternativas existentes em determinada circunstância.

Por exemplo, em termos bem esquemáticos e simplistas, é possível contrapor os processos jurisdicionais adjudicatórios das quatro grandes instituições a partir dos critérios da formalidade, da capacidade de expansão e da independência do terceiro responsável pela tomada de decisão. Esses critérios são baseados nas três principais características apontadas por Neil Komesar em relação ao processo adjudicatório judicial.[172]

Em primeiro lugar, o processo adjudicatório é formalmente mais definido e com maiores requisitos formais de participação que as demais instituições. Em segundo, o processo adjudicatório judicial sofre mais obstáculos para a sua expansão do que as outras instituições. Em terceiro lugar, os juízes são mais independentes.

Em contrapartida, à formalidade exigida pelo processo judicial, contrapõe-se a informalidade da comunidade e do mercado, bem como a formalidade relativa do processo político. De fato, a flexibilidade é a constante de processos de solução de disputas no âmbito da comunidade e do mercado. Regras procedimentais não raras vezes são customizadas pelos

---

[172] *Imperfect Alternatives*, cit. p. 123; e *Law's Limits*, cit. p. 35.

litigantes, mesmo quando a decisão seja reservada a um terceiro (líder comunitário, árbitro, etc.). Órgãos administrativos de solução de controvérsias muitas vezes não exigem a presença de advogado e nem seguem procedimentos rígidos como o do processo judicial adjudicatório.

No que se refere à possibilidade de expansão, em geral se diz que o mercado segue a regra da oferta e demanda. Os órgãos privados de solução de controvérsias crescem, em princípio, na medida em que se necessitam deles. Se a arbitragem comercial é tida como a forma mais adequada de solução de controvérsias, a tendência é que mais Câmaras de Arbitragem surjam. A comunidade, em termos amplos, também pode, em princípio, expandir seus processos jurisdicionais conforme seus membros deles necessitem. No processo político, a expansão é possível, mas sofre limitações orçamentárias e do próprio regime de direito administrativo. Ainda assim, tais restrições à expansão no processo político costumam ser menores que as do Judiciário.

Em relação ao terceiro aspecto, a independência do agente administrativo não se compara ao do juiz. No mercado, o grau de dependência é ainda mais considerável. Seria esse o motivo da crítica, por exemplo, de que os árbitros tendem a decisões salomônicas, procurando agradar ambas as partes para que possam ser novamente contratados em outras ocasiões. De modo semelhante, infere-se que, no processo jurisdicional comunitário, o agente que toma decisão frequentemente integra a própria comunidade, mesmo que tenha alguma preeminência sobre ela. Isso gera uma dependência em relação ao grupo que não é marcante no caso dos juízes.

Tais características, baseadas em tipos ideais, buscam somente apresentar, em termos genéricos, algumas possibilidades comparativas, sem esgotar o assunto. Mesmo nesse nível de esquematismo, porém, cabem duas ressalvas.

2.2.5. Duas ressalvas para a análise institucional comparada

A relação das instituições com o conflito e com os objetivos serão tratadas abaixo, reservando-se o aspecto das partes envolvidas para o capítulo seguinte. Antes, porém, é necessário fazer algumas observações quanto ao movimento conjunto e à pureza das instituições.

2.2.5.1. O movimento conjunto das instituições

A primeira ressalva a ser feita é que a comparação entre instituições deve ser baseada no mesmo referencial. Mostra-se inadequado comparar o melhor cenário de determinada instituição com o pior de outra. Falar, por exemplo, que o processo judicial é mais adequado que o processo administrativo previdenciário para analisar a concessão de benefícios por incapacidade, por permitir maior grau de cognição do juiz e produção de perícia médica especializada, é ignorar que, em um contexto envolvendo a pressão de se resolverem muitos processos em pouco tempo, também o processo judicial vai enfrentar dificuldades parecidas com o administrativo.

Por isso, vale a observação de Komesar de que existe a tendência de as instituições se moverem em conjunto. Isso porque os fatores que afetam uma instituição tendem a afetar as outras. A complexidade das controvérsias e o aumento do número de participantes que impacta uma igualmente impacta outra.[173] Como regra, o aumento da complexidade e da quantidade de envolvidos provoca o declínio da performance institucional, seja qual for a instituição.[174] Em outras palavras, questões simples, envolvendo poucas pessoas, são bem resolvidas em qualquer instituição.

Isso não significa, porém, que cada instituição enfrente os problemas da mesma forma. Não é porque as instituições se movem em conjunto que o fazem no mesmo grau.[175] A complexidade e o número de participantes dificulta a atuação de qualquer instituição, mas alguns processos decisórios são menos imperfeitos que outros. O que importa, de todo modo, é valer-se das mesmas circunstâncias, considerando-se os mesmos elementos, para ser possível a comparação institucional.

2.2.5.2. A competição entre instituições impuras

A segunda ressalva é que, diversamente da impressão que as considerações feitas nos itens anteriores possam dar, as instituições não são puras e não necessariamente trabalham em harmonia.

---

[173] *Law's Limits*, cit. p. 23.
[174] Vide, por ex., *Law's Limits*, cit. p. 25.
[175] Nesse sentidovide: KOMESAR, Neil. The Perils of Pandora: Further Reflections on Institutional Choice. *Law and Social Inquiry*, Vol. 22, 1997, p. 1005.

Embora o uso de tipos ideais possa ser útil sob o ponto de vista metodológico, descabe ignorar as nuances da realidade.

De fato, determinados processos internos para solução de disputas em algumas empresas ou comunidades podem ser tão ou mais formais que o processo judicial. Igualmente, a maior possibilidade de expansão do mercado não significa que os processos associados de solução de disputas não possam sofrer restrições de expansão comparáveis às das outras instituições (basta lembrar, dentre outros, que toda a empresa também possui restrições orçamentárias que irão afetar diretamente os valores direcionados para a solução de disputas). Ademais, seria possível tanto questionar até que ponto um juiz é independente do meio que o cerca, assim como até que ponto um agente administrativo decide de forma vinculada.

Tais considerações já indicam como as instituições são impuras. Isso significa que, além das imperfeições que podem ser tidas como estruturais (por exemplo, a dificuldade de expansão do Judiciário), no mundo real há deturpações dos modelos apresentados. Ao comparar processos jurisdicionais, cabe considerar esses fatores contingenciais, fortemente ligados ao contexto em que surge determinado conflito.

Além disso, a ideia de instituição como feixe de processos decisórios pode equivocadamente evocar a imagem de processos simétricos, reunidos de maneira uniforme e harmônica. Na análise proposta, porém, o significado de "feixe" deve ser tomado como conjunto ou aglomerado de processos. Isso porque nem os feixes são idênticos no interior de determinada instituição como também não são do mesmo tamanho daqueles equivalentes de outras instituições. Em vez de ordenadamente se postarem lado a lado, os feixes de cada instituição se entrecruzam e formam um emaranhado. Há uma ordem no caos, mas se trata antes de caos do que de ordem.

Em sentido semelhante, ao contrário do que a imagem do tribunal multiportas possa sugerir, não há propriamente complementariedade entre a decisão judicial adjudicada e as *ADR*. Como salienta Judith Resnik,[176] as *ADR* funcionam menos como auxiliares aos tribunais do que como competidoras. De fato, na valorização dos meios consensuais,

---

[176] Many Doors? Closing Doors? Alternative Dispute Resolution and Adjudication. *The Ohio State Journal on Dispute Resolution*, Vol. 10, n. 2, 1995, p. 254-256.

em geral se salientam os defeitos da adjudicação judicial, que seria mais cara, mais demorada e geraria menor satisfação das partes. A valorização das ADR liga-se à depreciação da adjudicação. A abertura de uma porta pode, assim, significar o estreitamento de outra.[177]

A relação entre os diversos meios de solução de controvérsias fica marcante no movimento de formalização e desformalização das ADR. Com o ingresso das ADR, passam-se a exigir outras competências dos juízes e a criação de outras estruturas no Judiciário. Por outro lado, a tendência é que a incorporação das ADR dos meios adequados no Judiciário gere os riscos da formalização, como a burocratização e a sobrevalorização da quantidade em detrimento da qualidade.[178] Dessa forma, as portas não seriam estanques, mas exerceriam influência recíproca uma na outra.

Assim sendo, o menor uso de determinado processo jurisdicional pode ser relacionado com o maior uso de outro ou vice-versa. Por exemplo, Carlos Alberto de Salles[179] defende que a pouca utilização da arbitragem no setor público nos Estados Unidos decorre, na verdade, "da concorrência de vários outros mecanismos de solução de controvérsias, sejam eles consensuais ou adjudicatórios". Quanto a esse aspecto, o mencionado autor destaca três fatores: a) a presença de um Judiciário com padrões de eficiência capaz de atrair as partes; b) a existência de uma estrutura administrativa de solução de controvérsias capaz de absorver parte significativa da procura por soluções de controvérsias contratuais; c) o uso frequente de mecanismos consensuais para a solução de disputas no âmbito de contratos administrativos.

Dessa forma, Salles associa o baixo uso de determinado processo (a arbitragem em contratos administrativos) à utilização mais intensa de outros processos (o processo judicial, o órgão administrativo de solução de controvérsias e os meios consensuais). Nesse caso, a pouca utilização da arbitragem não é relacionada aos defeitos apontados pelos seus críticos, mas ao mérito de outros processos.

No entanto, nem sempre a competição gera a coordenação entre os processos jurisdicionais. Pode haver superposição de instâncias,

---

[177] Many Doors?..., cit. p. 260-261 e p. 265.
[178] Many Doors?..., cit, p. 262-263.
[179] Arbitragem em Contratos Administrativos, cit. p. 169.

com dificuldade em se delinear qual é a responsável. Casos de conflitos de competência ou de conflitos de atribuição podem ser citados como rotineiros. Em termos mais amplos, pode haver uma competição entre mercado, processo político e Judiciário, cujos resultados são instáveis e dependentes do contexto em que incluídos. Uma eventual aceitação da arbitragem vinculante em controvérsias trabalhistas, por exemplo, poderia significar a sobreposição do processo jurisdicional do mercado sobre o judicial.

Ademais, as características dos processos jurisdicionais podem indicar a interferência de uma instituição na outra. A participação do júri – e mais recentemente do conciliador e/ou mediador – pode ser vista como uma abertura do processo judicial para a comunidade. O direcionamento a Câmaras Privadas de mediação no curso do processo judicial, por sua vez, pode ser vista como uma relação entre processos do Judiciário e do mercado.[180] Há ainda processos jurisdicionais baseados em órgãos cuja natureza pública ou privada, na prática, não fica clara, como é o caso da mediação prestada em cartórios extrajudiciais.[181]

Nesse contexto, o que importa destacar é que as instituições reais e, por extensão, os processos jurisdicionais, não são puras e nem convivem harmonicamente entre si. Em consequência, na análise do caso concreto, é relevante notar o "grau de impureza" das instituições envolvidas. Além disso, nem sempre a opção menos imperfeita será aquela envolvendo apenas um processo jurisdicional (ou mesmo apenas um processo decisório).[182] Por exemplo, pode ser proveitoso que

---

[180] O uso de Câmaras Privadas de conciliação e/ou de mediação no curso do processo judicial é permitido pelo artigo 168, "caput", do Código de Processo Civil. A atuação das Câmaras também é regulamentada pelos artigos 12-C a 12-F da Resolução CNJ n. 125/2010, acrescidos pela Emenda n. 02/2016.

[181] A propósito, o Provimento n. 67/2018, da Corregedoria Nacional de Justiça do CNJ, dispõe sobre os procedimentos de conciliação e de mediação nos serviços notariais e de registro do Brasil.

[182] Cogita-se que a relação entre processos decisórios – e não apenas jurisdicionais – podem ser de coordenação, de subordinação e de superposição. Na coordenação, dois ou mais processos de idêntica hierarquia trabalham harmoniosamente lado a lado, preservando cada qual a sua área de atuação exclusiva. Na subordinação, também existe a separação dos limites de cada processo, porém um deles prevalece sobre o outro, com o poder de revisão dos atos (ainda que o limite dessa revisão varie). Por sua vez, na superposição, dois ou mais

uma disputa envolvendo vizinhos possa ser objeto tanto de mediação comunitária como também de uma Câmara Privada de Mediação alheia à comunidade. Em contrapartida, é necessário perceber quando a combinação de processos está gerando superposição indevida de instâncias, como no caso em que a mesma questão é concomitantemente discutida no âmbito do processo administrativo e no processo judicial, sem nenhum ganho social que justifique tal medida.

2.3. A adequação entre instituições e conflitos

Em geral, diz-se que o processo deve ser adequado ao conflito, no sentido de ser construído de maneira a se adaptar as características da controvérsia posta. Afasta-se, assim, a ideia de transubstancialidade do processo, ou seja, o "pressuposto de que uma determinada regulamentação processual deve tender à generalidade, servindo a todas ou a um grande número de situações de direito material".[183]

Nesse sentido, é possível apontar as diversas tutelas diferenciadas como formas de tentar se aproximar das peculiaridades do assunto ou das circunstâncias apresentadas.[184] De modo semelhante, costuma-se associar mecanismos consensuais com conflitos em que haja maior interação entre as partes e mecanismos adjudicatórios nos casos em que tal interação é impossível ou indesejada.

No entanto, a partir do momento em que se amplia o rol de opções institucionais para o tratamento do conflito, o juízo de adequação passa a exigir também considerações acerca do momento de atuação em relação ao conflito, bem como acerca da modulação do conflito pela instituição (e não apenas da instituição ou processo decisório pelo conflito).

2.3.1. Momento de atuação

Quando se apresentaram as etapas de surgimento da disputa, salientou-se que, até o seu encaminhamento para uma instituição voltada ao seu tratamento, o ofendido deve percorrer o seguinte caminho: i)

---

processos decisórios exercem o mesmo poder sobre a mesma questão – com nuances quanto ao grau de intersecção, que pode ser total ou parcial.
[183] SALLES, Carlos Alberto de. *Arbitragem em Contratos Administrativos*, cit. p. 20.
[184] SALLES, Carlos Alberto de. *Arbitragem em Contratos Administrativos*, cit. p. 23.

perceber a situação indesejada como injusta (*nomear*); ii) atribuir o ocorrido a alguém (*responsabilizar*); iii) dirigir-se àquele identificado como culpado para reclamar a reparação (*reivindicar*); iv) após ter negada a reivindicação, escolher determinada instituição voltada para o tratamento do conflito, que então é identificado com uma *disputa*. Nesse percurso, há situações que não se tornam conflitos e outras não viram disputas. Por fim, nem todas chegam ao Judiciário, sendo dirigidas a outras instituições que, no entendimento adotado, também são integradas por processos jurisdicionais.

Neste ponto, cabe adicionar uma etapa anterior à própria nomeação da situação conflituosa. Embora esta fase se relacione apenas indiretamente com a vida do conflito, mostra-se pertinente para compreender melhor a dinâmica dos processos decisórios. Trata-se da fase relativa à prevenção do próprio surgimento do conflito e que, em conjunto com as possibilidades de direcionamento posteriores, formaria a noção de *escolha do conflito*.

A ideia de escolha do conflito baseia-se, sobretudo, em um artigo de Neil Komesar, cujo título poderia ser livremente traduzido como *Em direção a uma teoria econômica da escolha do conflito*.[185] Embora se trate de um estudo preliminar realizado pelo autor a partir de sua participação no *Civil Litigation Research Project (CLRP)*,[186] aparentemente esse envolvimento não avançou para maiores aprofundamentos da teoria apresentada, tanto que não se costuma mencionar o nome de Komesar quando se refere a esse conhecido projeto de pesquisa.[187]

---

[185] Toward an Economic Theory of Conflict Choice. *Working Paper 1979-2*. Madison: University of Wisconsin Law School, Disputes Processing Research Program, 1979. Citado com permissão do autor.

[186] Tal vinculação é explicitamente mencionada por Komesar (Toward an Economic Theory of Conflict Choice, cit. p. 1).

[187] Realizado na década de 1980, o *CLRP* é considerado um marco de inovação nos estudos de acesso à justiça. Como salientam Catherine Albiston e Rebecca Sandefur, antes do *CLRP*, as pesquisas se focavam em encontrar formas justas e eficientes de resolver as disputas cíveis que chegavam ao judiciário. Em contraste, o *CLPR* deu um passo para trás para considerar o panorama social das disputas legais em potencial e os processos pelos quais tais disputas ingressavam no sistema legal. (Expanding the Empirical Study of Access to Justice. *Wisconsin Law Review*, 2013, p. 103-105).

Nesse texto, Komesar explicitamente dialoga com artigos hoje considerados clássicos na vertente da *Law and Society*, como o de Stewart Macaulay sobre o uso de transações informais entre empresários[188] e de William Felstiner sobre a influência das organizações sociais nas formas de processamento de disputas.[189] Essa interlocução tanto gera importantes *insights* como também reforça a ligação pretendida nesta obra entre a análise institucional comparada de Komesar e textos mais da linha sociojurídica.

De todo modo, falar de escolha do conflito pode causar certa estranheza, pois é natural se pensar que ninguém escolhe enfrentar uma situação indesejada. Mesmo a expressão evitar a disputa (*avoidance*), por exemplo, é utilizada por Felstiner no sentido de não persistir no tratamento do conflito mediante o rompimento da relação existente com a parte contrária (por exemplo, a mudança para outro imóvel de um dos vizinhos em conflito por causa do barulho provocado por um deles).[190]

Komesar,[191] em contrapartida, vale-se da ideia de prevenção como uma etapa preliminar à do próprio surgimento do conflito. Assim sendo, a escolha do conflito envolveria não apenas a resolução após o fato, como também a opção pela prevenção do próprio fato. Infere-se que seria algo como evitar o uso de determinados produtos inflamáveis na fabricação de uma mercadoria com o objetivo de prevenir incêndios.

De acordo com Komesar,[192] cada tipo de organização decidiria onde e de que modo alocar seus recursos. Uma companhia de seguros, por exemplo, teria o tratamento de disputas como sua operação básica e, consequentemente, seria lógico investir mais em tal área. Do mesmo modo, seria insensato investir muito em um aparato de prevenção que poderia poupar apenas dez por cento das despesas associadas a algo que raramente ocorreria. Nem sempre, assim, haveria um investimento

---

[188] Non-Contractual Relations in Business..., cit.
[189] FELSTINER, William L. F. Influences of Social Organization on Dispute Processing. *Law and Society Review*, Vol. 9, n. 1, outono/1974, p. 63-94.
[190] FELSTINER, William L. F. Avoidance as Dispute Processing: An Elaboration. *Law and Society Review*, Vol. 9, n. 4, verão/1975, p. 695.
[191] Toward an Economic Theory of Conflict Choice, cit. p. 11.
[192] Toward an Economic Theory of Conflict Choice, cit. p. 12-13.

maciço na litigância, que poderia ser vista como uma atividade que traria muitos custos e poucos benefícios para a organização.

Entende-se que raciocínio semelhante ao exposto por Komesar pode ser adotado, de modo mais abrangente, em relação aos processos decisórios enfeixados sob o manto de determinada instituição, seja o Judiciário, o mercado ou o processo político. Isso significa que cada instituição terá um maior ou menor número de processos decisórios voltados ao tratamento (ou à prevenção) do conflito, bem como trará diferentes prioridades quanto a qual processo decisório privilegiar.

Nesse contexto, seria possível cogitar que o processo político não se volta, prioritariamente, para a solução de disputas, concentrando suas forças em processos preventivos. O próprio processo legislativo, de certo modo, sob o aspecto do conflito, pode ser visto como uma forma de atribuição de direitos e, assim, voltado, sobretudo, à prevenção de controvérsias. Também é possível dizer que o processo legislativo atua, sobretudo, no sentido de regular potenciais conflitos futuros, mais uma vez se destacando sua função preventiva.

De modo semelhante, as diversas formas contratuais podem ser vistas como resultantes de processos decisórios do mercado para se prevenirem conflitos. Há uma grande variedade de momentos em que os processos decisórios do mercado podem atuar. Por exemplo, ao tratar do uso de *Dispute Boards* em contratos de construção, Antonio Fernando Mello Marcondes[193] defende a importância de os membros do comitê se reunirem em intervalos regulares no próprio local da obra, o que permitiria ouvir a queixa das partes ainda na fase embrionária, com chances de resolvê-la mediante o incentivo ao diálogo e sem que haja a evolução para uma disputa. Nota-se deste exemplo que o comitê atua antes de existir uma reivindicação propriamente dita, ou seja, não chega a prestar jurisdição.

Como já se mencionou, mesmo o Judiciário, cujo processo decisório típico é o jurisdicional, não se limita a atuar sobre disputas já configuradas. Basta relembrar os casos da jurisdição voluntária, dos processos

---

[193] Os *Dispute Boards* e os Contratos de Construção. In: BAPTISTA, Luiz Olavo; PRADO, Mauricio Almeida (org.). *Construção Civil e Direito*. São Paulo: Lex Magister, 2011, p. 124-125.

administrativos existentes no âmbito da instituição e mesmo das políticas públicas desenvolvidas pelo Conselho Nacional de Justiça.

Assim sendo, mesmo os processos decisórios referentes ao conflito não necessariamente se dirigem à mesma etapa, muito menos se limitam ao enfrentamento das disputas. Logo, processos decisórios voltados ao conflito nem sempre são jurisdicionais. É por isso, inclusive, que se pode encontrar solução de conflito sem que haja jurisdição (por exemplo, no caso da negociação entre dois empresários sem envolver um processo jurisdicional diferenciado). Do mesmo modo, há a possibilidade de os processos se voltarem à situação indesejada. No caso de encaminhamento de reclamação à Ouvidoria, por vezes ainda não haverá um culpado. Dessa maneira, o tratamento da disputa pode ser tanto feito de modo repressivo pelo processo jurisdicional como também de maneira preventiva por outro processo decisório.

Nesse aspecto, cabe ressaltar ainda que a escolha do momento em que se vai atuar –ou seja, a escolha do conflito – é também uma questão alocativa. No caso do mercado, seria possível imaginar que a decisão de determinada empresa em investir em prevenção ou em repressão de conflitos tomaria como base a maximização dos lucros. No caso de instituições estatais, como é o caso do Judiciário, acredita-se que, em larga medida, a decisão é política. Em relação ao conflito, isso envolve em larga medida a política pública voltada ao acesso à justiça. De todo modo, a adequação do processo passa pela consideração do momento em que haverá a sua incidência.

2.3.2. Moldando o conflito

Além disso, é relevante observar que não apenas o processo se adapta conforme o conflito, mas também ocorre o movimento inverso. O conflito, ao ser apresentado sob a roupagem da disputa perante um processo jurisdicional, também se altera em decorrência das características estruturais do próprio processo. Nesse sentido, conforme Lynn Mather e Barbara Yngvesson:[194]

---

[194] Disputes, Social Construction and Transformation of, cit. p. 565, em tradução livre.

as estruturas institucionais influenciam as disputas ao canalizarem os meios pelos quais os conflitos podem ser transformados. Os tribunais, por exemplo, geralmente possuem regras estritas para produção de provas que limitam os tipos de informação que podem ser incluídos no delineamento de um caso durante o julgamento. Todavia, negociações extrajudiciais informais, como *plea bargaining* ou conversas sobre acordos, possuem poucos limites dessa natureza. Quando, por exemplo, em um caso de drogas envolvendo um réu primário, negociações informais da *plea* incluem discussões sobre a origem social do réu, sua situação familiar e sua colocação profissional, os advogados podem se inclinar para um tratamento indulgente. Mas provavelmente nenhum desses aspectos seria admitido em uma decisão adjudicada, e a sentença judicial condenatória seria mais severa. Diferentes processos institucionais transformam os casos de diferentes maneiras, produzindo variações nos resultados.

De fato, o ingresso em juízo exige a redução dos fatos a categorias legais. Invariavelmente, a petição inicial reduz o conflito e lhe acrescenta uma roupagem jurídica muitas vezes não imaginada por aquele que se sente ofendido, que passa a ser chamado de autor. Isso reflete a modulação do conflito para atender às exigências do processo.

Um exemplo de como a redução pode ocorrer por meio do discurso legal também é dado por Mather e Yngvesson.[195] No caso, o código legal tailandês aplicável, baseado em sistemas ocidentais e introduzido na virada do século XIX para o XX, transformou a disputa entre dois homens pela compensação decorrente da morte do filho de um deles. Segundo consta, a filha de 16 anos de um dos homens acidentalmente provocou a morte do filho do outro, quando as rodas do carro de boi que ela estava guiando atingiram-no. Pelas regras costumeiras, o pai seria o responsável pelos atos da filha e, assim, deveria arcar com a compensação devida para o pai do menino. Todavia, quando o caso foi levado ao tribunal local, a disputa teve que ser reenquadrada. Como a união estável do pai da vítima com a companheira de doze anos de idade não fora oficialmente registrado, ele não podia

---

[195] Language, Audience, and the Transformation of Disputes, cit. p. 789-790. As autoras analisam o caso com base no relato de David Engel.

atuar como representante legal do filho. No polo passivo, por sua vez, a responsabilidade legal recaia diretamente sobre a menina de 16 anos e não sobre o seu pai. Desse modo, o que, conforme os costumes, seria uma contenda entre dois pais, transformou-se em um litígio judicial envolvendo a esposa de um e a filha de outro.

De certa maneira, essa redução do conflito pelo processo é observada também por Carlos Alberto de Salles quando se refere à denegação da subjetividade autêntica pelos mecanismos jurisdicionais, ao considerarem o sujeito de modo abstrato e acontextual, ignorando a amplitude da subjetividade construída de maneira ampla por práticas e discursos sociais.[196] Observe-se ainda que a apuração realizada pelo Instituto de Pesquisa Econômica Aplicada (IPEA) sobre os Juizados Especiais Federais reconhece que, embora seja possível identificar traços gerais, há grande diversidade de experiências de vida decorrentes dos diferentes contextos culturais e regionais que, apesar de impactarem diretamente no funcionamento dos juizados, tendem a ser relegadas a segundo plano nas discussões de padronização de procedimentos feitas pelas coordenações dos tribunais.[197] Cogita-se também que mesmo o postulado consagrado da linha de negociação de Harvard de separar as pessoas dos problemas pode ser tido como uma redução da complexidade dos sujeitos.[198]

Desse modo, nota-se que o processo jurisdicional representa um recorte do conflito, selecionando apenas alguns aspectos. É possível dizer, no fundo, que a disputa é a parte do conflito submetida a um processo jurisdicional, o que inclusive reforça a distinção entre disputa e conflito.

---

[196] Processo Civil de Interesse Público. In: SALLES, Carlos Alberto de (org.). *Processo Civil e Interesse Público: O processo como instrumento de defesa social*. São Paulo: Revista dos Tribunais, 2003, p. 68.

[197] *Acesso à Justiça Federal: dez anos de juizados especiais*. Brasília: Conselho da Justiça Federal, Centro de Estudos Judiciários, 2012, p. 98.

[198] Sobre o detalhamento de tal postulado, vide: FISHER, Roger; URY, William; PATTON, Bruce. *Como chegar ao sim*. Tradução Vera Ribeiro e Ana Luiza Borges. 2. ed. Rio de Janeiro: Imago, 2005, especialmente p. 35-57.

2.4. A adequação aos objetivos

Conforme o conceito de Carlos Alberto de Salles já apresentado, o processo é o procedimento dotado de normatividade, voltado à regulação do exercício do poder. Diante dessa definição, Salles vislumbra "um imenso alargamento do campo de investigação do processualista, descolando-se da mera atividade adjudicatória em sede judiciária, para um âmbito quase ilimitado de aplicações, tanto na esfera estatal, quanto fora dela".[199] Em termos amplos e não circunscritos ao processo jurisdicional, tal atuação envolveria até mesmo o procedimento decisório do Legislativo e de instituições eminentemente privadas.

Dessa forma, segundo Salles,[200] caberia ao processualista identificar os valores que informam determinado tipo de processo, bem como selecionar os instrumentos aptos a atender aos objetivos perseguidos. Como exemplos, mencionado autor[201] cita a possibilidade de se considerar, dentro das premissas da democracia contemporânea, a informação completa e a oportunidade de manifestação de grupos socialmente minoritários como predicados essenciais para a decisão legislativa; ou, então, a avaliação de custos e benefícios, bem como a prestação de contas aos sócios, no caso da decisão corporativa. Identificados os valores, deve-se buscar o processo mais adequado para os objetivos que se pretende perseguir, como, por exemplo, a legitimidade política ou a melhor opção em termos de custos e benefícios. Por isso, torna-se importante a formação de um juízo de adequação em relação ao próprio processo.[202]

Para essa busca de adequação processual, Salles[203] remete a dois sentidos ligados ao novo papel proposto ao processualista. Em um primeiro, como um esforço interpretativo para a melhor aplicação da norma processual, desvendando ou explicitando a racionalidade valorativa

---

[199] *Arbitragem em Contratos Administrativos*, cit. p. 105-106.
[200] *Arbitragem em Contratos Administrativos*, cit. p. 106.
[201] *Arbitragem em Contratos Administrativos*, cit. p. 106.
[202] *Arbitragem em Contratos Administrativos*, cit. p. 106.
[203] *Arbitragem em Contratos Administrativos*, cit. p. 106, com remissão acerca das duas vertentes para a flexibilização do processo apontadas por Marcos André Franco Montoro.

de determinada estratégia procedimental. Em segundo sentido, como agente ativo na construção de desenhos processuais adequados para atender a situações específicas, não apenas por meio de atuação na produção legislativa, mas também na elaboração normativa de procedimentos privados ou internos à Administração.

Esses dois sentidos, de fato, são de suma importância para se perceber a racionalidade de determinado processo e para moldá-lo de acordo com os valores e objetivos existentes. No entanto, os dois parecem relacionados a situações em que a instituição já foi escolhida, seja por ser a única existente, seja porque por algum motivo teve preferência sobre as demais. Se, por exemplo, a informação completa e a oportunidade de manifestação de grupos socialmente minoritários são as premissas básicas da democracia contemporânea, caberia considerá-los como valores essenciais não apenas da decisão legislativa, mas também como base de qualquer instituição que se funde em tais premissas. Isso leva, por sua vez, ao questionamento formado a partir da inversão dos termos: se o objetivo é a legitimidade política de determinada decisão, qual é a instituição mais adequada para atingi-la? Seria o processo legislativo tradicional?

Assim sendo, acredita-se que há um terceiro sentido para se entender a busca da adequação em relação ao próprio processo. Tal sentido estaria ligado à própria escolha da instituição adequada diante das opções disponíveis e dos objetivos que se pretenda atingir. Retomando o recorte proposto neste trabalho, o crucial é fazer a adequação entre o conflito envolvendo as partes e a instituição decisória que possa oferecer a jurisdição de modo a se atingirem os objetivos propostos.

Em geral, o juízo de adequação é analisado sob o viés do processo judicial. No entanto, a partir do momento em que se reconhece que o conflito pode ser tratado no âmbito de diversas instituições, não basta pregar que o processo judicial deve ser adequado ao conflito. Isso porque não se trata simplesmente de se customizar o único processo jurisdicional disponível para que atue da melhor forma na resolução do conflito, mas, sobretudo, saber qual a instituição mais vocacionada para tanto, conforme os fins pretendidos. Desse modo, a adequação é não apenas ao conflito, mas também aos objetivos que se pretende atingir.

Assim sendo, o juízo de adequação se mistura com a efetividade. Processo adequado é o processo efetivo, no sentido de apto a atingir as finalidades externas propostas. Sob esse aspecto, embora voltado ao processo judicial, a seguinte afirmação de Carlos Alberto de Salles[204] permanece válida para todos os tipos de processos voltados ao tratamento de conflito, sejam ou não internos ao Judiciário:

> A consideração da efetividade da tutela jurisdicional (...) impõe a formulação de um juízo sobre a *adequação* do procedimento e do provimento jurisdicional a uma determinada situação de fato, tomando em consideração não só seus objetivos imediatos (prestação de tutela à parte reclamante), mas também àqueles mediatos (relacionados com os valores e objetivos do ordenamento jurídico), o que apenas será factível a partir de uma visão externa do processo, isto é, não restrita a seus próprios pressupostos.
>
> Em rápida síntese, o conceito de efetividade implica uma consideração de meios e fins, podendo ter-se por efetivo aquele processo que atinge as finalidades a que se destina, considerando o conjunto de objetivos implícitos no direito material e a totalidade da repercussão da atividade jurisdicional sobre dada situação de fato.

Desse modo, além de observar a adequação do processo ao conflito (incluindo o delineamento do conflito pelo processo conforme visto no item anterior), o juízo de adequação entre diversos processos jurisdicionais não se pode esquivar da definição dos objetivos a serem perseguidos, ou seja, da seguinte questão: o processo é adequado para quê? Assim sendo, a pergunta principal é: *diante de determinada disputa decorrente de um conflito intersubjetivo de justiça, qual o objetivo que se pretende atingir e, em consequência, qual o processo jurisdicional (e de qual instituição) mais adequado?*

Como exemplos para ressaltar a relevância dessa questão, cabe tratar de dois grupos de objetivos e, então, de duas formas de atingi-los.

2.4.1. Entre a eficiência e a equidade

Em termos bem amplos, o tratamento adequado de determinado conflito tanto pode envolver a obtenção de resultados eficientes como

---

[204] *Execução Judicial em Matéria Ambiental*, cit. p. 41-42.

também de soluções equânimes. Eficiência e equidade são, então, apresentadas como dois objetivos possíveis dos processos jurisdicionais.[205]

De acordo com Carlos Alberto de Salles, a eficiência possui "matriz predominantemente econômica",[206] sendo, nesse contexto, baseada no modelo de mercado ideal, no qual agentes econômicos racionais agem de modo a maximizar seus ganhos pessoais.[207] Assim, "a eficiência pode ser vista como uma espécie de vetor que orienta os agentes em um sistema de mercado, expressando a maneira de se obter o máximo consumo de bens de serviços a partir de uma dada quantidade de recursos".[208]

Desse modo, Salles[209] indica que a eficiência pode ser vista por duas perspectivas, a técnica e a alocativa. A primeira caracteriza-se pela produção de determinada mercadoria no menor custo possível. Já a segunda relaciona-se com o ótimo de Pareto, no sentido de que determinada mudança econômica que altere a alocação de bens somente seria eficiente caso implicasse a melhoria da situação de alguns sem que implicasse, ao mesmo tempo, a piora da situação de outros.

Nesse último aspecto, como enfatiza Salles, o conceito de eficiência oferece "um critério para mensurar não apenas atividades privadas no mercado, mas também a atuação do funcionamento dos mecanismos jurídicos e das ações estatais na sociedade".[210] Embora Salles[211] defenda que o ótimo de Pareto é uma ferramenta neutra para avaliação prévia de determinada política ou medida, ele reconhece que muitos tomam o critério paretiano de eficiência como objetivo normativo.

---

[205] A exposição comparativa entre os objetivos da eficiência e da equidade é baseada nos ensinamentos de Carlos Alberto de Salles contido nos seguintes textos: Entre a Eficiência e a Equidade: Bases Conceituais para um Direito Processo Coletivo. *Revista de Direitos Difusos*, Vol. 36, Direito Processual Coletivo I, mar./abr. 2006, p. 13-31; *Execução Judicial em Matéria Ambiental*, cit. p. 106-125. Na citação de passagens contidas em ambos os textos, será feita a referência ao primeiro, por se entender mais específico para a temática ora desenvolvida. Não se nega, porém, que a escolha de outros objetivos além da eficiência e da equidade seria possível e poderia igualmente propiciar análises variadas.

[206] Entre a Eficiência e a Equidade..., cit. p. 13.

[207] Entre a Eficiência e a Equidade..., cit. p. 20-21.

[208] Entre a Eficiência e a Equidade..., cit. p. 21, com referência à obra de Mark Sagoff.

[209] Entre a Eficiência e a Equidade..., cit. p. 21.

[210] Entre a Eficiência e a Equidade..., cit. p. 21.

[211] Entre a Eficiência e a Equidade..., cit. p. 22.

Como objetivo normativo, valoriza-se a decisão que promova a alocação eficiente de recursos, assim entendida como a que gerasse a riqueza para alguns sem provocar prejuízos a outros. Salles[212] cita o exemplo do uso das águas do rio envolvendo uma empresa poluente e um agricultor. Se o agricultor estiver disposto a pagar R$ 100,00 (cem reais) pelo uso da água, qualquer decisão que imponha custos superiores à empresa seria ineficiente. Isso porque, caso isso ocorra, a perda da empresa seria maior que o ganho para a sociedade, calculado a partir da quantia que o agricultor estaria disposto a pagar. O exemplo já ilustra as limitações do uso da eficiência como único objetivo.

Por sua vez, Salles[213] associa a equidade ao conceito de justiça distributiva, ou seja, às regras de apropriação individual de recursos comuns. Nesse aspecto, "o justo é expresso por uma noção de proporcionalidade, consistindo em uma igualdade de razões".[214] Assim, é a igualdade de razões que traduz a ideia de equidade que, então, pode ser tomada como um objetivo social multidimensional.[215]

Dessa forma, entende-se que a equidade não se limita a questões de custo e benefício econômicos, mas envolve ponderações acerca do que seria justo em termos mais amplos. Apesar de Salles não enfrentar novamente o problema do rio sob o viés da equidade, seria possível cogitar, à luz de seus ensinamentos, que uma decisão equânime consideraria não apenas os custos relativos da empresa e do agricultor, mas também o direito de apropriação individual de um bem comum. Dessa forma, os custos sociais da poluição, em vez de serem consideradas como externalidades, entrariam na própria definição da decisão adequada ao caso.

Além disso, Salles critica a supremacia da eficiência como único objetivo a ser atingido.[216] No entanto, ele ressalta que eficiência e equidade não são mutuamente excludentes, pois "alocar eficientemente os recursos não implica, necessariamente, cortar custos sem qualquer

---

[212] Entre a Eficiência e a Equidade..., cit. p. 23 e 25.
[213] Entre a Eficiência e a Equidade..., cit. p. 19, com referência a José Reinaldo de Lima Lopes.
[214] Entre a Eficiência e a Equidade..., cit. p. 19.
[215] Entre a Eficiência e a Equidade..., cit. p. 20, com referência a Burton A. Weisbrod.
[216] Entre a Eficiência e a Equidade..., cit. p. 17-26.

atenção à qualidade e quantidade resultantes",[217] ao mesmo tempo em que "não parece viável realizar objetivos sociais sem levar em conta a maneira mais eficiente de os implementar, para que produza os melhores resultados com o menor custo para a sociedade".[218]

Disso se infere que a eficiência, tal como definida, enfatiza critérios econômicos de custos e benefícios, ao passo que a equidade trabalha com critérios variados, incluindo os econômicos. Nesse sentido, a equidade é mais abrangente e pode, inclusive, incluir ponderações acerca da eficiência. Ademais, ainda que se concorde com Salles no sentido de que é possível conciliar eficiência com equidade, acredita-se que o equilíbrio perfeito é impossível e, mais frequentemente, há o predomínio de um ou outro vetor.

2.4.2. Argumentos de qualidade e argumentos de quantidade

Para se atingir o objetivo proposto – seja o de tratar a disputa com eficiência, com equidade, ou com ambos – é necessário escolher o processo jurisdicional adequado, que pode ou não ser aquele fornecido pelo Judiciário. De modo a realizar a comparação entre os processos disponíveis, é possível valer-se da divisão de Marc Galanter entre *argumentos de produção* e *argumentos de qualidade*.[219]

Para Galanter, as diversas razões de se preferir uma forma de resolução de disputa em vez de outra se reduzem a esses dois argumentos. No caso da *produção*, prefere-se o mecanismo que possa produzir mais com menos dispêndio de recursos. Assim, valorizam-se formas que aumentem a quantidade de reclamações resolvidas com rapidez e com menor dispêndio de tempo. No entanto, ao se questionar se o resultado obtido de maneira rápida e barata é igualmente desejável, chega-se ao segundo grupo de argumentos, o da *qualidade*. Neste grupo, considera-se que determinado processo é superior porque aumenta a satisfação das partes, encoraja o restabelecimento das relações de amizade, está mais impregnado de valores sociais, produz maior aceitação da decisão, gera precedentes favoráveis, etc.

---

[217] Entre a Eficiência e a Equidade..., cit. p. 30.
[218] Entre a Eficiência e a Equidade..., cit. p. 30.
[219] Introduction: Compared to What? Assessing the Quality of Dispute Processing. *Denver University Law Review*, Vol. 66, n. 3, 1989, especialmente p. xi.

É esperado aproximar os argumentos de produção com o objetivo da eficiência e os argumentos de qualidade com o objetivo da equidade, assim sobrepondo os conceitos de Salles vistos no item anterior com os de Galanter ora apresentado. Todavia, propõe-se uma distinção: enquanto Salles enfatiza os objetivos a serem atingidos (ou seja, os resultados), Galanter destaca os processos (isto é, os meios). Nesse sentido, os argumentos de produção de Galanter estariam mais associados ao que Salles refere, de passagem, como eficiência técnica, diferenciando-a da eficiência alocativa.[220]

Em princípio, argumentos de produção não são indissociáveis do objetivo da eficiência (alocativa), assim como argumentos de qualidade não estão limitados à busca da equidade. Seria possível pensar em processos que, mediante a investigação aprofundada das provas e a ampla participação dos envolvidos, buscasse a distribuição mais eficiente dos recursos em jogo. Da mesma forma, não se descarta que procedimentos rápidos e de baixo custo possam produzir resultados equânimes, a depender do tipo de conflito e das partes envolvidas.

Ainda assim, é evidente que a eficiência técnica (os argumentos de produção) vai operar em uma lógica reducionista, que valoriza quantidade sobre a qualidade. Nesse caso, prepondera a tendência de que as disputas sejam tratadas de forma massificada, com uma visão limitada do conflito. Se o conflito é mais pontual, esse tipo de tratamento não vai prejudicar – ao menos não de forma significativa – a busca pela equidade. No entanto, em casos de conflitos um pouco mais complexos, é esperado que haja maior dificuldade de buscar uma decisão equânime mediante um processo preocupado, sobretudo, com a produção rápida e barata de resultados. Desse modo, tal como o ideal seria conciliar eficiência alocativa com equidade, também seria esperado que argumentos de produção fossem equilibrados com argumentos de qualidade, de acordo com o conflito apresentado.[221] O equilíbrio, porém, é sempre difícil e instável.

Acrescente-se ainda que, como não existe uma relação direta entre os argumentos de produção e qualidade e os objetivos de eficiência e equidade, é importante notar quando há uma dissociação entre o

---

[220] Entre a Eficiência e a Equidade..., cit. p. 21.
[221] É o que se infere também em: SALLES, Carlos Alberto de. *Execução Judicial em Matéria Ambiental*, cit. p. 42-43.

objetivo visado (ou ao menos declarado) e o tipo de mecanismo escolhido. É o que se dá, por exemplo, quando o discurso da busca pelo resultado equânime, com maior satisfação das partes, por meio da conciliação judicial, traduz-se, na prática, no uso de um processo consensual apressado em que o acordo praticamente é imposto para que haja o rápido arquivamento do feito.[222]

Além disso, a partir do que foi exposto, torna-se quase automático associar a busca da eficiência com o processo do mercado e a equidade com o processo judicial. Contudo, o objetivo não é inerente à instituição, mas é moldado conforme o processo. Desse modo, seria possível cogitar que, no processo judicial típico, a eficiência é inserida como mais um critério a ser considerado para fins de justiça distributiva; já no mercado, o justo se confundiria com o eficiente em termos do ótimo paretiano.

No entanto, vislumbra-se que o objetivo também molda a instituição. Caso se coloque a eficiência – tanto do ponto de vista técnico (por ex. redução dos custos do processo) como do ponto de vista alocativo – como meta prioritária do Judiciário, então as próprias características institucionais serão afetadas. Isso pode levar, inclusive, à aproximação do processo judicial a outros processos alheios a ele, como o processo típico de mercado ou ao modelo burocrático que frequentemente é empregado nos órgãos administrativos de solução de controvérsias.

De todo modo, sob a perspectiva ampla adotada no trabalho, o importante é perceber que os objetivos interferem não apenas na escolha do processo adequado, mas também na sua construção. Em contrapartida, os objetivos também são moldados de acordo com o processo.

2.5. A emissão de sinais pelas instituições

Conforme salientado, Carlos Alberto de Salles[223] identifica dois papéis do processualista em relação ao juízo de adequação processual: interpretar a norma processual para que haja sua melhor aplicação; e

---

[222] Esse cenário é representativo do que Fernanda Tartuce chama de "pseudoautocomposição" (Conciliação em juízo: o que (não) é conciliar? In: SALLES, Carlos Alberto de; LORENCINI, Marco Antônio Garcia Lopes; SILVA, Paulo Eduardo Alves da (coord.). *Negociação, Mediação e Arbitragem*, cit. especialmente p. 165-167).

[223] *Arbitragem em Contratos Administrativos*, cit. p. 106.

atuar como agente ativo na produção normativa, tanto legislativa como de procedimentos privados ou administrativos. Acrescentou-se então um terceiro papel, qual seja o de realizar o juízo de adequação não somente entre o conflito e o processo judicial, mas também entre processos jurisdicionais de instituições diversas. Para tanto, destacou-se a importância de se indagar quais objetivos se busca atingir.

No entanto, retomando a proposição de Salles, observa-se que sua preocupação se volta aos processos normativos, seja mediante a adequada interpretação de seu resultado (texto normativo), seja pela participação ativa no próprio processo de produção da norma. Por extensão, dentro dessa linha de raciocínio, compreender o motivo pelo qual certo tipo de disputa foi direcionado para determinada instituição envolveria a análise das normas pertinentes, bem como a correção de imperfeições em caso de inadequação, mediante esforço interpretativo ou atuação legislativa. Em termos de judicialização, essa postura representaria, então, voltar-se às normas que estariam dirigindo os conflitos para o Judiciário.

Isso permite observar que, por vezes, a escolha da instituição responsável pelo tratamento do conflito já vem expressamente estabelecida pela Constituição ou pela legislação ordinária. Basta citar os casos em que existe "reserva de jurisdição", ou seja, na definição de Carlos Alberto de Salles,[224] "situações nas quais somente por meio dos mecanismos judiciais do Estado ou, em alguns casos, do Estado Nacional (não estrangeiro), se pode produzir um resultado juridicamente válido". Salles[225] menciona os exemplos da necessidade do processo criminal para aplicação de qualquer sanção penal, bem como indica, na esfera cível, os casos da anulação de casamento, a interdição de incapaz e a extinção do poder familiar.[226] Em situações tais, a escolha já foi previamente feita pelo legislador.

Sob outro ângulo, uma escolha institucional expressa poderia ser apontada na primazia da justiça desportiva sob a intervenção judicial, tida como residual e apenas possível após o esgotamento prévio das

---

[224] *Arbitragem em Contratos Administrativos*, cit. p. 92.
[225] *Arbitragem em Contratos Administrativos*, cit. p. 93-94.
[226] Cabe ressaltar, porém, que, nesses exemplos da chamada "jurisdição voluntária", embora se exija a intervenção judicial, nem sempre se estará diante de fornecimento de jurisdição, no sentido adotado neste trabalho.

instâncias administrativas, nos termos do artigo 217, § 1º, da Constituição Federal. Neste caso, o processo político, na subdivisão de um órgão administrativo de solução de conflitos, foi escolhido pelo constituinte como ambiente primeiro para solução de disputas desportivas.

A despeito da imprescindibilidade desse tipo de análise, tem-se, assim, que ela se concentra nos sinais emitidos pelo processo normativo, ou seja, naquele tipicamente produzido no âmbito do processo político (em especial, pelo Legislativo). No entanto, todas as instituições emitem sinais.[227] E, em termos de jurisdição, é de suma relevância perceber os sinais emitidos pelos próprios processos jurisdicionais, com destaque para aquela instituição que possui o processo jurisdicional como processo típico, ou seja, o Judiciário.

2.5.1. Os efeitos irradiadores dos tribunais (e dos demais processos jurisdicionais)

Tomando como base a ideia dos efeitos preventivos gerais da pena, Marc Galanter afirma que as atividades judiciais geram efeitos que vão além das partes em conflito. É o que ele chama de *efeitos irradiadores dos tribunais (radiating effects of courts)*.[228] Assim sendo, além de

---

[227] Essa afirmação baseia-se em comunicação pessoal com Marc Galanter em 3 out. 2017, na qual se buscou esclarecer a ideia de irradiação de efeitos dos tribunais presente em sua obra e que será apresentada nos itens subsequentes.

[228] Essa ideia aparece em diversos artigos de Galanter. Este trabalho tomou como base, sobretudo: Reading the Landscape of Disputes: What We Know and Don't Know (And Think We Know) About Our Allegedly Contentious and Litigious Society. *UCLA Law Review*, Vol. 31, 1983, especialmente p. 32-34; Adjudication, Litigation, and Related Phenomena. In: LIPSON, Leon; WHEELER, Stanton. *Law and the Social Sciences*. New York: Russell Sage Foundation, 1986, especialmente p. 212-222; The Portable Soc 2..., cit. p. 255-256; Jury Shadows: Reflections on the Civil Jury and the "Litigation Explosion". In: *The American Civil Jury: Final Report of the 1986 Chief Justice Earl Warren Conference on Advocacy in the United States Washington*. S.l.: The Roscoe Pound-American Trial Lawyers Foundation, 1987, p. 14-42. The Radiating Effects of Courts. In: BOYUM, Keith O.; MATHER, Lynn. *Empirical Theories About Courts*. 2 ed. New Orleans: Quid Pro Books, 2015, 121-146; The Transnational Traffic in Legal Remedies, cit. especialmente p. 136-138. Referências específicas são referidas em notas de rodapé posteriores, tomando como base, como regra, o artigo em que se considerou que dado raciocínio foi mais bem esclarecido, sem a preocupação em listar exaustivamente todas as passagens em que mencionado.

resolver as disputas apresentadas, o trabalho do Judiciário gera efeitos relativos a barganhas e regulações. Existem efeitos especiais, relacionados aos diretamente envolvidos, e efeitos gerais, ou seja, comunicação da informação da ação do tribunal e uma resposta a essa ação tendo como referência um público mais amplo.

Dentre os efeitos especiais, e valendo-se da terminologia e dos exemplos utilizados por Galanter,[229] estão a *incapacitação* (provavelmente alguém não roube mais lojas porque está preso); o *monitoramento* (alguém que já foi processado por quebra de contrato provavelmente será mais fiscalizado por futuros contratantes, assim reduzindo a chance de nova inadimplência); a *prevenção especial* (alguém pode deixar de cometer um crime ou uma infração com o receio de ser novamente punido); e a *reabilitação* (a experiência com a lei pode fazer alguém rever seus conceitos sobre a correção de se quebrar um contrato ou assaltar uma loja). São efeitos, em suma, que se voltam àqueles imediatamente envolvidos na disputa, o que inclui não somente as partes, mas também o juiz e os advogados.[230]

Por sua vez, como efeitos gerais, segundo Galanter,[231] tem-se a *prevenção geral* (o fato de alguém ser punido por roubo ou ser condenado a pagar indenização por inadimplência contratual pode fazer com que outras pessoas revejam sua propensão em se envolver em atividade similar); a *validação normativa* (que ocorre quando o Judiciário mantém ou intensifica a avaliação de determinada conduta); a *enculturação* (em que a atividade do Judiciário pode alterar a avaliação moral de alguma conduta); e a *facilitação* (em que as decisões judiciais podem ser vistas como "receitas" a serem seguidas para se obter o resultado desejado, como para vender uma propriedade e para estabelecer uma sociedade). Além deles, há efeitos gerais relativos ao comportamento diretamente associado ao processo judicial e que podem ser chamados de *mobilização* e de

---

[229] Adjudication, Litigation, and Related Phenomena, cit. p. 215. No original, os efeitos especiais citados são, respectivamente, *incapacitation, surveillance, special deterrence* e *reformation*.

[230] GALANTER, Marc. Adjudication, Litigation, and Related Phenomena, cit. p. 216.

[231] Adjudication, Litigation, and Related Phenomena, cit. p. 217-218. No original, os efeitos gerais são subdivididos em *general deterrence, normative validation, enculturation, facilitation, mobilization* e *demobilization*.

desmobilização, no sentido de que encorajam ou desencorajam determinadas partes ou grupos a se valerem do Judiciário.[232]

Nota-se, assim, que os efeitos irradiadores dos tribunais apresentados por Galanter relacionam-se a sinais emitidos pelo processo jurisdicional. O foco não está nos efeitos produzidos pela atividade administrativa ou por outros processos atípicos do Judiciário, mas no reconhecimento de que há efeitos diretos e indiretos decorrentes do próprio processo jurisdicional.

2.5.2. Atração e repulsão de disputas

Embora cada um dos efeitos irradiados pelos tribunais possa levar a inúmeras reflexões, para fins deste trabalho, cabe destacar a faceta da mobilização e desmobilização de disputas. Isso porque ela pode ser relacionada diretamente com a força de atração ou repulsão exercida pelo Judiciário no que tange a demandas futuras. Tal ideia fica ainda mais evidente quando é complementada pela seguinte observação de Galanter:[233]

> A relação entre os fóruns adjudicatórios oficiais e as disputas é multidimensional. A decisão final, ainda que importante, não é a única ligação entre os tribunais e as disputas. Isso pode ser notado por certas ações dos tribunais, como quando permitem o planejamento para evitar disputas ou quando normativamente desencorajam um litigante em potencial. Os tribunais também podem fomentar e mobilizar disputas, como quando a declaração judicial de um direito desperta e legitima expectativas acerca da validade de se buscar a reinvindicação, ou quando as mudanças nas regras de legitimação sugerem a possibilidade de obter uma vitória. Além do mais, os tribunais podem deslocar disputas para diversos fóruns e dotar esses fóruns de poder regulatório. Finalmente, os tribunais podem transformar as disputas de modo que as questões abordadas sejam mais amplas, mais estreitas ou diferentes em relação àquelas inicialmente levantadas pelas partes. Portanto, os tribunais não apenas resolvem disputas, eles as previnem, as mobilizam, as deslocam e as transformam.

---

[232] Acerca desses dois efeitos, vide: GALANTER, Marc. The Day After the Litigation Explosion, *Maryland Law Review*, Vol. 46, n. 1, 1986, p. 34.

[233] Reading the Landscape of Disputes, cit. p. 34, em tradução livre.

Evidentemente, uma mesma decisão judicial pode gerar efeitos variados. A prisão de alguém por corrupção pode gerar o efeito especial da *incapacitação*, ao mesmo tempo em que produz os efeitos gerais da *prevenção* e, dependendo do caso, até mesmo da *enculturação*. Nesse sentido, o efeito de atrair ou repelir ações pode tanto ser o objetivo principal de determinada decisão judicial, como o efeito indireto da decisão voltada a outra finalidade.

De qualquer forma, dependendo de como o Judiciário enfrentar determinadas disputas, sinais diversos serão emitidos para além do processo judicial, gerando efeitos gerais sobre demandas em potencial. Tais sinais não apenas são irradiados em direção das partes, mas também geram reflexos nos processos decisórios da mesma ou de outras instituições (por exemplo, decisões do Supremo Tribunal Federal podem emitir sinais acerca do comportamento esperado pelos juízes de primeiro grau). De modo semelhante, a menor deferência do Judiciário em relação às decisões tomadas pelos órgãos administrativos de solução de controvérsia pode fazer com que esses órgãos não se desenvolvam ou mesmo que os agentes administrativos não possuam incentivos para uma análise cuidadosa dos casos.

Não se nega ainda que o Judiciário é um importante emissor de sinais ligados à mobilização ou desmobilização de demandas. Como instituição cujo processo típico volta-se à solução de disputas, é natural que sinais desse tipo, quando vindos do Judiciário, adquiram maior publicidade e repercussão. Basta lembrar que todas as decisões judiciais são publicadas no Diário Oficial, muitas são compiladas em repositórios de jurisprudência e algumas são divulgadas pela mídia.

Isso não costuma ocorrer com as decisões dos órgãos administrativos de solução de controvérsias ou com as sentenças arbitrais de Câmaras Privadas. Não que estes e outros processos jurisdicionais deixem de irradiar efeitos que promovam a atração ou a repulsão de disputas. Por exemplo, o uso maior da arbitragem privada em negócios empresariais pode fazer com que as pessoas levem menos casos dessa natureza ao Judiciário. Em outras palavras, o Judiciário não é o único astro a irradiar efeitos e em torno do qual todas as outras instituições giram. Seu brilho frequentemente é intenso, porém isso não significa que não haja iluminação de outras fontes.

Os possíveis sinais para a atração ou repulsão de disputas são múltiplos. A maior satisfação das partes em relação a determinado processo pode levar à sua popularização; a demora na solução da disputa pode ser uma fonte de repulsa. De todo modo, o que importa é perceber que a busca pela adequação processual não deve ignorar os sinais emitidos pelos próprios processos jurisdicionais, não limitando o foco aos processos normativos. Com isso, é possível observar com maior precisão quais disputas são atraídas para quais processos jurisdicionais, interpretar o motivo pelo qual isso ocorre, avaliar se é positivo e, caso não seja, atuar para a construção de outros modelos.

2.6. A dificuldade de transformar o processo típico

A ideia de emissão de sinais já indica a importância de se analisarem os processos em sua dinâmica para que seja possível identificar qual o mais adequado. Se o movimento pretendido é o de olhar para os lados, não se trata somente de visualizar uma fotografia dos processos decisórios. Trata-se de observar os processos como se estivesse assistindo a uma apresentação ao vivo, sem cortes ou edições. Isso implica, em outros termos, reconhecer que os processos decisórios sofrem transformações no decorrer do tempo.

Tais transformações, porém, não são uniformes. Conforme o contexto social existente, determinadas mudanças serão mais fáceis e rápidas; outras, mais difíceis e demoradas. Relembre-se de que cada uma das quatro grandes instituições (comunidade, mercado, processo político e Judiciário) é um feixe de processos decisórios, sendo um ou mais desses processos comumente identificado(s) com a própria instituição. Esse processo que, ao mesmo tempo, integra e representa a imagem da instituição foi chamado de processo decisório típico.

Acredita-se que o processo típico, em geral, está tão arraigado na sociedade que transformá-lo em sua essência é mais demorado e difícil do que propor pequenos reparos que não o descaracterizem. Vislumbra-se, inclusive, que possa haver uma relação entre as modificações e os grupos de interesses dominantes da sociedade. Como são esses grupos que normalmente vão definir qual será o processo típico, sua alteração significativa também exigiria uma modificação na estrutura social.

Em outros termos, uma vez que as instituições são dinâmicas, torna-se possível a alteração do processo decisório típico. Uma economia planificada que se transforme e passe a seguir os ditames do capitalismo provavelmente provocará uma alteração nas características do processo típico de mercado. A troca da monarquia pela democracia representativa também indica a alteração do processo decisório típico do processo político. No entanto, em tempos menos revolucionários, a alteração do processo decisório típico é mais difícil, até porque mudanças radicais poderiam exigir uma reconfiguração das forças sociais.

Sem a pretensão de aprofundar esse tema, citam-se somente dois exemplos que mostram a dificuldade de se alterar o processo decisório típico. Tal dificuldade deve ser ponderada ao se proporem reformas processuais ou ao se avaliarem as já realizadas na busca do processo adequado.

2.6.1. O processo judicial em sua matriz tradicional e o processo de interesse público

Na obra de Komesar, nenhuma das instituições se identifica tanto com um processo típico que o Judiciário, quase tido como sinônimo de processo adjudicatório judicial.[234] Por isso, cabe tomar o Judiciário para apontar a dificuldade de alteração substancial do processo típico.

Para tanto, inicialmente é importante detalhar que o processo decisório típico do Judiciário não apenas é o da decisão adjudicada do juiz, mas, em específico, o processo adjudicatório sob sua matriz "tradicional". A propósito, Carlos Alberto de Salles[235] salienta que, sob essa matriz "tradicional", o processo judicial liga-se às funções próprias de um modelo liberal do Estado, do direito e de seus serviços judiciários. Assim, o processo é orientado a uma intervenção mínima nas relações individuais e com outros poderes; o juiz possui poderes limitados de escolha diante de um caso concreto.

No âmbito do processo civil, é possível associar o modelo tradicional com as seguintes características apontadas por Abram Chayes:[236]

---

[234] *Law's limits*, cit. p. 29.
[235] Duas faces da proteção judicial dos direitos sociais no Brasil, cit. p. 792.
[236] The role of judge in public law litigation. *Harvard Law Review*, Vol. 89, n. 7, maio/1976, p. 1282-1283. A tradução feita no corpo do texto, embora livre e de responsabilidade do autor desta tese, valeu-se também do resumo feito por Carlos Alberto de Salles (*Execução Judicial em Matéria Ambiental*, cit. p. 75-76 e 82).

i) o processo é *bipolar*, sendo a litigância organizada a partir da competição entre dois indivíduos ou dois interesses colocados em posições diametralmente opostas, e direcionada para uma decisão do tipo "ganha-perde"; ii) a litigância é *retrospectiva*, estando a controvérsia voltada para eventos completos do passado; iii) o *direito e o remédio judicial* são interdependentes, no sentido de que a prestação jurisdicional é mais ou menos logicamente decorrente da violação do direito substantivo; iv) o processo é um *episódio autocontido*, estando o julgamento confinado às partes, e o envolvimento do juiz encerrado após esse julgamento; v) o processo é *parte-iniciado* e *parte controlado*, sendo o caso organizado e as questões definidas a partir das interações entre as partes, permanecendo o juiz como um terceiro neutro.

Desse modo, entende-se que o processo decisório típico associado ao Judiciário é o processo judicial tradicional baseado em um paradigma liberal, conforme os traços apontados por Chayes. Tais características são condizentes com os três principais atributos da instituição judicial identificados por Komesar em comparação com as outras instituições: maior formalidade para participação; maior dificuldade de expansão; e maior independência dos agentes responsáveis pela tomada de decisão.[237]

De fato, se o escopo do processo judicial é limitado (bipolaridade, litigância retrospectiva, relação lógica entre direito e remédio, episódio autocontido e pouco envolvimento do juiz), faz sentido ter um maior delineamento formal, que acaba também por mitigar a necessidade de expansão estrutural – afinal, se há maiores requisitos formais de acesso, a participação se torna menor e, quando existente, menos extensa (o conflito é visto com base no direito material e a partir de uma lógica de vencedor e vencido). A insularidade do juiz também é valorizada em vez de lamentada, na medida em que confere liberdade (ainda que formal) às partes.

No entanto, Chayes identifica a emergência de outro modelo de adjudicação judicial, que poderia ser identificado com o processo civil de interesse público. Esse modelo emergente, mais uma vez conforme Chayes,[238] possui as seguintes características: a) o escopo do processo é,

---

[237] *Imperfect Alternatives*, cit. p. 123; e *Law's Limits*, cit. p. 35.
[238] The role of judge in public law litigation, cit. p. 1302. A tradução feita no corpo do texto, embora livre, valeu-se mais uma vez do resumo feito por Carlos Alberto de Salles (*Execução Judicial em Matéria Ambiental*, cit. p. 79 e 82).

sobretudo, modelado pela corte e pelas partes; b) a estrutura das partes não é rigidamente bilateral, mas espalhada e amorfa; c) a inquirição dos fatos não é histórica e adjudicativa, mas prospectiva e normativa; d) a resposta não é compensação por erros passados, mas se volta ao futuro, sendo construída de maneira *ad hoc* em termos flexíveis e abrangentes; e) o remédio não é imposto, mas negociado; f) o envolvimento judicial não se esgota com a sentença, exigindo-se a continuidade da participação do juiz em momento posterior; g) o juiz é ativo, sendo responsável não apenas por avaliar os fatos, mas também por organizar e delinear a litigância para assegurar resultados justos e viáveis.

Esse maior envolvimento, contudo, exige uma nova visão do que seja a independência e a insularidade do juiz. Da mesma forma, a expansão do conflito a ser tratado impõe que os requisitos iniciais de ingresso sejam relativizados. Igualmente, se as atribuições crescem em quantidade e extensão, a dificuldade de expansão do Judiciário se torna um obstáculo considerável.

A contraposição entre o processo decisório típico de matriz liberal e o modelo emergente do processo civil de interesse público já denota como a transformação institucional substancial enfrenta dificuldades. No entanto, seria possível alegar que a ausência de leis aptas a, verdadeiramente, promover o processo civil de interesse público, seria o maior entrave para que houvesse a transformação institucional. Desse modo, o foco do processualista retornaria à produção legislativa. Todavia, o caso dos meios consensuais, ou do que se poderia chamar de *processo civil da pacificação*, deixa bem claro que as mudanças institucionais não necessariamente ocorrem, a despeito da existência de leis.

2.6.2. Rumo ao processo judicial da pacificação?

Se antes se questionava a falta de normas acerca dos meios consensuais no ordenamento jurídico brasileiro, agora se tem a situação inversa. A valorização normativa, que se iniciou pela Resolução CNJ n. 125/2010, foi corroborada pela Lei n. 13.140/2015 e pelo Código de Processo Civil atual. Neste último, como já salientado quando se tratou da jurisdição consensual, o uso de meios consensuais foi alçado à norma fundamental do processo civil (art. 3º). Desse modo, seria possível afirmar que, ao menos na aparência, o legislador se propôs a mudar o paradigma do processo judicial adjudicatório para o processo judicial consensual ou, ao menos, promover uma combinação entre processo voltado à decisão e processo voltado ao acordo, mas com privilégio deste último.

Ainda no período de *vacatio legis*, surgiram diversas obras trazendo comentários do então Novo Código de Processo Civil. Destaca-se a seguinte passagem em uma delas:[239]

> Ao analisar o disposto no art. 3º, do Novo CPC, percebe-se uma notória tendência de estruturar um modelo multiportas que adota a solução jurisdicional tradicional agregada à absorção dos meios alternativos.
>
> Busca-se, assim, a adoção de uma solução integrada dos litígios, como corolário da garantia constitucional do livre acesso do inc. XXV do art. 5º da CR/1988.
>
> (...)
>
> **Isso induzirá uma necessária mudança do comportamento não cooperativo e agressivo das partes, desde o início, sob a égide do CPC/2015,** em face da possibilidade inaugural de realização da audiência de conciliação ou mediação do art. 334. (grifou-se).

No entanto, passados alguns anos do início de sua vigência, tem-se que a "necessária mudança do comportamento" não ocorreu. Para tanto, basta observar a resistência existente no emprego da audiência de conciliação ou mediação prevista no artigo 334 do Código de Processo Civil que, como regra, é obrigatória.

De fato, o artigo 334, § 4º, do CPC somente permite a dispensa da audiência caso haja recusa de ambas as partes ou o caso não admita autocomposição. No entanto, a despeito das poucas exceções existentes, o que se nota é que muitos juízes não estão designando referida audiência, com base nas mais diversas justificativas, como, por exemplo: a falta de estrutura, a ausência de prejuízo caso não haja sua realização, a baixa probabilidade de autocomposição, a ofensa à razoável duração do processo, a violação à autonomia da vontade e à liberdade de contratar das partes, a desnecessidade de se designar a audiência prévia, pois o juiz

---

[239] THEODORO JR., Humberto; NUNES, Dierle; BAHIA, Alexandre Melo Franco; PEDRON, Flávio Quinaud. *Novo CPC – Fundamentos e sistematização*. 2. ed. Rio de Janeiro, Forense, 2015, p. 241-242.

possui o dever de promover a autocomposição das partes a qualquer tempo, conforme dispõe o artigo 139, V, do CPC, etc.

Além disso, em pesquisa realizada em 50 (cinquenta) decisões proferidas por juízes das varas cíveis do Fórum Central da Comarca de São Paulo em ações distribuídas entre 13 de maio de 2016 e 02 de junho de 2016, no momento em que verificado que a petição inicial estava regular e não era o caso de julgamento de improcedência liminar, Fernando Hideki Mendonça constatou que somente foi designada a audiência prévia de conciliação ou mediação em 6 (seis) casos. Nos demais, além dos motivos enumerados acima, destaca-se o fato de que, em 6 (seis) processos, a audiência do artigo 334 não foi designada sem qualquer justificativa.[240]

Do mesmo modo, em março de 2018, durante a inspeção realizada pela Corregedoria Nacional de Justiça do CNJ no Tribunal de Justiça do Estado de São Paulo, a questão do não cumprimento do artigo 334 do CPC pelos juízes das varas cíveis do Fórum João Mendes foi objeto de questionamento específico.[241] Isso ensejou, inclusive, uma reunião de representante do CNJ com a Juíza Diretora do Fórum João Mendes e com a Juíza Coordenadora do Centro de Apoio aos Juízes do mesmo fórum. Nessa ocasião, para o não cumprimento do artigo 334 do CPC, sobressaíram-se as alegações dos seguintes motivos: receio de atraso na tramitação do processo; conhecimento insuficiente sobre a estrutura dos CEJUSCs para suportar o trabalho demandado; desconhecimento do papel das Câmaras Privadas de Medição credenciadas; e a falta de prejuízo processual.

Com base no artigo 3º do Código de Processo Civil, é possível defender que as normas existentes devem ser interpretadas à luz da valorização dos métodos consensuais proposta pelo paradigma consagrado no microssistema ora vigente. Todavia, a pouca penetração das normas voltadas ao uso de meios consensuais no processo judicial demonstra como ainda persiste o modelo típico do processo judicial adjudicatório. Seria, inclusive, de se questionar se a alteração legislativa não promoveu

---

[240] *Entrando em Consenso sobre a Obrigatoriedade da Audiência de Conciliação ou Mediação Preliminar*. Tese de Láurea. São Paulo: Universidade de São Paulo, 2016, p. 76-80.

[241] Disponível em https://bit.ly/32jXr1W . Acesso em: 24 ago. 2020. Em relação ao não cumprimento do disposto no artigo 334 do CPC, vide, em especial, p. 8-9.

apenas uma carta de intenções que, de modo mais velado, apenas reiterava a proposta eficientista do CPC/2015. Nesse contexto, são os meios consensuais que acabam se adaptando ao processo típico judicial e não o inverso. Isso, como será visto no quarto capítulo, pode, em grande medida, ser atribuída à visão que se tem dos próprios meios consensuais dentro do paradigma da "explosão de litigiosidade".

Kazuo Watanabe defende a necessidade da mudança da mentalidade calcada na "cultura da sentença" para outra, baseada na "cultura da pacificação."[242] No entanto, tem-se que, se o processo típico é baseado na "cultura da sentença", sem que haja a modificação da estrutura desse processo – o que pode exigir, inclusive, alterações sociais mais profundas –, é mais provável que ocorra o inverso, ou seja, que a "cultura da pacificação" se perca na "cultura da sentença".

Nesse contexto, a busca pela construção de desenhos processuais adequados não pode ignorar quais são as características do processo típico e quais são as condições para a sua mudança. Somente propor mudanças legislativas pontuais se mostra insuficiente se não forem analisadas as características do processo típico e do contexto social em que inserido.

Síntese

Por se entender mais adequada à sociedade complexa e a um ambiente de pluralismo jurídico, toma-se a jurisdição como o poder de decidir imperativamente a disputa decorrente de um conflito intersubjetivo de justiça por meio de um processo – ou seja, um procedimento dotado de normatividade – que seja minimamente diferenciado da relação entre as partes. No entanto, a abertura conceitual, ao se afastar dos elementos atividade e função e se concentrar no elemento poder, exige que se olhe para os lados, enxergando as diversas instituições que oferecem jurisdição para além do Judiciário.

Com base na análise institucional comparada de Komesar, identificam-se, assim, quatro grandes instituições: a comunidade, o mercado,

---

[242] WATANABE, Kazuo. Cultura da sentença e cultura da pacificação. In: YARSHELL, Flávio Luiz; MORAIS, Maurício Zanoide (org.). *Estudos em Homenagem à Professora Ada Pellegrini Grinover*. São Paulo: DPJ, 2005, p. 684-690.

o processo político e o Judiciário. Cada uma delas, com suas características próprias, podem ser vistas como um feixe de processos decisórios, sendo um ou mais considerados típicos e identificados como a própria instituição (por ex., o processo judicial adjudicatório em relação ao Judiciário). Esses processos decisórios, quando voltados ao tratamento da disputa decorrente do conflito intersubjetivo de justiça, são chamados de jurisdicionais. Isso não significa, porém, que as instituições se limitam a processos jurisdicionais e nem que atuem sempre após o surgimento do conflito intersubjetivo de justiça.

Além disso, as instituições não são estáticas. Os processos decisórios, incluindo os jurisdicionais, emitem sinais que podem atrair ou repelir disputas. Ademais, as instituições moldam e são moldadas pelo tipo de conflito e pelos objetivos. As transformações institucionais envolvem até mesmo a possibilidade de alteração de características do processo típico, ainda que essas alterações possam encontrar resistências decorrentes da estrutura tradicional.

Nesse contexto, o juízo de adequação processual é igualmente ampliado. Na busca do processo adequado diante de determinado conflito, é necessário, além de realizar uma análise mais aprofundada do próprio conflito, verificar qual é a instituição (feixe de processos decisórios) mais adequada. Em seguida, dos processos disponíveis na instituição, cabe apontar o mais apto ao tratamento do conflito, de acordo com os objetivos que se pretenda atingir. Isso implica também perceber a dinâmica institucional, notando não apenas qual seria a instituição, em abstrato, mais adequada, mas também o movimento das instituições de modo a corrigir eventuais encaminhamentos de disputas e desenhos institucionais inadequados.

O juízo de adequação, em síntese, envolve não apenas escolher e construir o processo mais apropriado, mas também notar o motivo pelo qual eventualmente a disputa está sendo tratada pelo processo mais inadequado. Em outros termos, a existência, como regra, de mais de uma instituição – e mais de um processo jurisdicional – disponível para o tratamento de determinada disputa, não necessariamente significa que a escolha recaia sobre a mais adequada. É necessário compreender a dinâmica que faz com que determinado conflito seja direcionado para uma ou mais instituições. Em qualquer caso, importa realizar a comparação entre as opções disponíveis em um mundo de alternativas imperfeitas. É importante perquirir, portanto, não apenas quem decide, mas também quem deveria decidir.

No entanto, se a dinâmica é tão importante para a escolha da instituição, não se podem ignorar os agentes que são os principais responsáveis pela movimentação das instituições, ou seja, as partes em ação.

Capítulo 3

OBSERVANDO QUEM ESTÁ PRESENTE:
as partes em ação

"O marinheiro à deriva e o tubarão são ambos nadadores, mas apenas um deles é profissional na natação."

Marc Galanter[243]

Sobretudo devido à grande repercussão da obra *A Instrumentalidade do Processo*, de Cândido Rangel Dinamarco,[244] grande parte da doutrina brasileira passou a admitir a existência de objetivos exteriores ao processo e que justificariam sua existência. Nessa obra, Dinamarco[245] propõe que o processo não seja visto como um fim em si mesmo, mas como instrumento voltado à realização dos escopos da jurisdição (social, político e jurídico), que se traduzem nos próprios fins do Estado, tendo a justiça como escopo-síntese.[246]

Ao dar a importância para os escopos social e político, há o inegável mérito de se considerar a relevância das relações entre processo e sociedade. De fato, a abertura do processo para objetivos que lhe são externos poder ser visto como o grande mérito da teoria de Dinamarco.

No entanto, ao se voltar para a finalidade, a visão de Dinamarco sobre o processo é marcadamente otimista: o processo seria o instrumento para a concretização dos objetivos últimos da sociedade.[247]

---

[243] Afterword: Explaining Litigation. *Law and Society Review*, Vol. 9, n. 2, Litigation and Dispute Processing: Part Two, inverno/1975, p. 363, em tradução livre.

[244] A publicação da primeira edição é de 1987. Neste trabalho, toma-se como base a 15. edição, que foi publicada em 2013.

[245] *A Instrumentalidade do Processo*. 15. ed. São Paulo: Malheiros, 2013.

[246] *A Instrumentalidade do Processo*, cit. p. 95-96 e p. 374.

[247] Traços desse otimismo podem ser observados, por exemplo, em: DINAMARCO, Cândido Rangel. *A Instrumentalidade do Processo*, cit. p. 36 e p. 358-359.

Ainda que sujeito a mudanças para se adequar ao seu contexto, e inclusive às mutações constitucionais,[248] o processo permaneceria firme nos seus propósitos, sendo o espelho do Estado de direito contemporâneo.[249] Mesmo quando fala em aspecto negativo da instrumentalidade, o que Dinamarco tem em mente é a importância da instrumentalidade para negar o processo como valor em si mesmo, ao passo que o aspecto positivo seria o de levar à efetividade do processo.[250] Inclusive no aspecto negativo, não se trata, assim, de considerar que a instrumentalidade processual pode ser algo indesejável. Também o aspecto negativo é impregnado de otimismo.[251]

Dessa forma, a neutralidade do processo é reforçada, ainda que sob outra roupagem. De fato, se o processo serve de instrumento para consecução de fins que não lhe são próprios, deve se adaptar, tal como um camaleão, aos objetivos que lhe são externos. Desse modo, entende-se que a visão da instrumentalidade do processo proposta por Dinamarco concentra-se, em especial, no dever-ser. Em um mundo ideal, o processo deveria ser um instrumento que, adaptando-se aos escopos jurídicos, políticos e sociais, permitiria que a justiça fosse atingida. A ideia de objetivo, de finalidade, é tão grande que Carlos Alberto de Salles[252] chama essa instrumentalidade de *finalista*.

É o próprio Salles, porém, que, ao propor a instrumentalidade *metodológica*,[253] leva a noção de instrumentalidade ao seu extremo. Dentro dessa perspectiva não se nega a importância dos escopos do processo, fundamentos da própria noção de instrumentalidade, mas se propõe uma diversa forma metodológica de atingi-los. Em vez de

---

[248] *A Instrumentalidade do Processo*, cit. p. 33-44.
[249] *A Instrumentalidade do processo*, cit. p. 369.
[250] *A Instrumentalidade do processo*, cit. p. 377 e p. 316-323.
[251] É certo que Dinamarco reconhece a possibilidade de inutilidade ou distorção do processo, como se nota no seguinte trecho: "se todo instrumento, como tal, destina-se a ajudar o homem a obter determinados resultados, por outro lado ele exige do homem a sua manipulação segundo normas adequadas, sob pena de inutilidade ou distorção" (*A Instrumentalidade do Processo*, cit. p. 265). Todavia, a teoria não se concentra nos desvios possíveis, preferindo enfatizar genericamente a necessidade do bom manejo do instrumento.
[252] *Arbitragem em Contratos Administrativos*, cit. p. 15.
[253] *Arbitragem em Contratos Administrativos*, cit. especialmente p. 13-27.

limitar-se à investigação do direito material, por si mesmo redutor da realidade fática, prega-se a análise mais ampla possível, com apoio de conhecimentos variados.[254] Afasta-se o balizador do direito material como elemento a guiar o estudo do processo, nisso havendo a modificação da postura metodológica.[255]

Com isso, radicaliza-se a noção de que o processo deve adaptar-se ao conflito que pretende tratar, na medida em que se propõe que não apenas as normas jurídicas relativas ao conflito em questão sejam analisadas para a construção do processo adequado. Propõe-se também que a própria realidade específica em que o conflito surge seja tomada em consideração.

Nesse sentido, a instrumentalidade metodológica complementa a instrumentalidade finalista, pois também objetiva à construção de um processo customizado que permita atingir o objetivo final da justiça. Se a instrumentalidade finalista parte do processo rumo ao dever-ser, a instrumentalidade metodológica inicia seu percurso pelo ser. Para Salles, o processo, em vez de ser tomado como ponto de partida, coloca-se como ponto de chegada.[256]

No entanto, como Salles não nega a importância dos objetivos externos ao processo, defende-se neste trabalho que o processo, mesmo à luz da instrumentalidade metodológica, não é nem ponto de partida e nem ponto de chegada. O ponto de partida está na realidade fática subjacente à disputa trazida. O ponto de chegada continua fixado nos objetivos sociais almejados. Processo, em que pese a circularidade da definição, é processo.[257]

Em outros termos, a partir da análise da realidade fática, identificam-se os elementos do conflito e, assim, os objetivos sociais visados.[258] Tais aspectos serão decisivos para a escolha ou a construção do

---

[254] *Arbitragem em Contratos Administrativos*, cit. p. 27.
[255] *Arbitragem em Contratos Administrativos*, cit. p. 26.
[256] *Arbitragem em Contratos Administrativos*, cit. p. 25.
[257] Este argumento é baseado em comunicação pessoal com Olivia Yumi Nakaema em dezembro de 2018.
[258] Considera-se aqui, a perspectiva do processo jurisdicional para, então, apontar os objetivos sociais como externos a ele. Todavia, é possível dizer que o

processo adequado. A avaliação do processo escolhido, contudo, é feita novamente à luz da realidade fática, dessa vez para se notar se os objetivos sociais foram atingidos e, em caso negativo, para se proporem novas escolhas, isto é, novos processos. O processo, assim, movimenta-se do ser para o dever-ser, buscando transformar o dever-ser em ser.

Até o momento, insistiu-se na importância de inserir o conflito no seu contexto fático, de modo a destacá-lo da noção de conflito judicializado. Em seguida, buscou-se, com a ampliação do conceito de jurisdição, mostrar que o conflito pode ser direcionado para diferentes instituições, cabendo identificar entre elas quais a mais adequada (ou menos inadequada) para o objetivo pretendido. No entanto, se a proposta é partir do ser rumo ao dever-ser, descabe ignorar a participação dos sujeitos em conflito.

De fato, sendo os processos jurisdicionais, como regra, inertes, são as partes que vão acioná-los e trazer seu conflito já moldado sob uma forma de disputa. Indo além do direito material, não se trata de considerar simplesmente cada agente como sujeito de direitos ou como alguém dotado de capacidade de agir. Do mesmo modo, não se trata apenas de considerar cada parte quando já integrante do processo judicial como sujeito processual, seja na figura de autor ou de réu. Exige-se, nesse contexto, que as partes sejam analisadas de acordo com suas posições estruturais na sociedade, antes mesmo de considerá-las sob o viés estrito do direito material ou mesmo do processual.[259] Nesse aspecto, o estudo das partes coaduna-se com a ida ao contexto fático do conflito proposta pela instrumentalidade metodológica. Analisam-se as posições das partes

---

objetivo social, uma vez que definido por outro processo decisório (por exemplo, o processo comunitário ou o processo político) é também, ele próprio, fator endógeno (e não externo) de outro processo.

[259] Carlos Alberto de Salles vislumbra a existência desse terceiro gênero ao apontar a diferente capacidade das partes "não em um sentido de possibilidade jurídica de produzir atos válidos ou de adequada representação processual, mas do ponto de vista das vantagens estratégicas que certo tipo de partes tem em obter melhores resultados em procedimentos judiciais" (Processo Civil de Interesse Público, cit. p. 66). Cabe a ressalva, porém, que se entende que tais vantagens estratégicas das partes podem ser consideradas além dos procedimentos judiciais, abrangendo também processos decisórios do mercado, da comunidade ou do processo político.

antes de sua participação no processo para que seja possível verificar como tais posições se refletem no processo e como, eventualmente, podem ser alteradas em decorrência dessa participação.

Assim sendo, se o passo atrás rumo ao conflito amplia o ângulo de visão das opções existentes, resta *observar quem está presente*. Em outras palavras, cabe perceber quem vai conduzir o conflito para a instituição e de qual posição irá partir para fazer esse percurso. É preciso, em suma, tratar das partes em ação.

A relevância desse tipo de análise fica ainda mais evidente quando há uma relação notoriamente desigual entre as partes. Isso porque se acredita que a análise de situações extremas de desvio permite perceber com mais clareza as nuances dos casos intermediários. Como a regra é a desigualdade, não havendo rigorosamente partes totalmente iguais, tratar de situações extremas de desequilíbrio deixa evidente aspectos que são comuns em outros graus, permitindo avançar na compreensão do cenário mais amplo. A análise escolhida, ademais, justifica-se especialmente no cenário brasileiro, no qual os processos judiciais se caracterizam, em grande parte, na contraposição entre participantes eventuais e jogadores habituais.[260]

Por isso, destaca-se, sobretudo, a oposição entre a rica pessoa artificial acostumada a litigar e a pobre pessoa natural que raramente participa de um processo. O detalhamento dessas categorias, com base nas teorias de Marc Galanter e Neil Komesar, é feito no decorrer do capítulo.

3.1. Partes em ação

De fato, defende-se que, para tratar das partes em suas posições estruturais, além do direito material e do direito processual, as obras de Galanter e Komesar são especialmente úteis. Para justificar essa aproximação, inicia-se com uma breve exposição de aspectos das teorias desses autores que são especialmente pertinentes ao presente tópico. Em seguida, são destacados os pontos em comum para, então, apontar os avanços possíveis a partir do uso conjunto das teorias.

---

[260] Nesse sentido, indicando tal configuração como característica da maciça maioria dos litígios judiciais no país, vide: SILVA, Paulo Eduardo Alves da. *Acesso à justiça, litigiosidade e o modelo processual civil brasileiro*, cit. p. 212.

3.1.1. Marc Galanter e o outro lado do telescópio

No início dos anos 1970, quando os Estados Unidos passavam por um momento de valorização dos movimentos de direitos civis, do processo de interesse público e do acesso à justiça, Marc Galanter apontou os limites da transformação no direito, em seu hoje clássico *Why the "Haves" Come out Ahead: Speculations on the Limits of Legal Change*. Neste artigo, em vez de começar pelas regras e ir descendo até as facilidades institucionais para, então, observar qual o efeito das regras sobre as partes, Galanter faz o movimento inverso. Assim, seu foco são os diferentes tipos de partes e os efeitos que essas diferenças podem ter na forma como o sistema funciona. Desse modo, partindo do pressuposto de que tão ou mais importante que conhecer o tabuleiro de xadrez ou as regras do jogo é saber quem está jogando,[261] ele volta seu olhar para o lado oposto do telescópio.[262]

Assim, ao analisar as partes, Galanter identifica dois tipos de atores que diferem por conta de sua experiência e dos recursos de que dispõem. De um lado, estão os jogadores habituais (*repeat players*), que são aqueles que frequentemente se utilizam do Judiciário, seja como autores, seja como réus. De outro, ficam os participantes eventuais (*one-shotters*),[263] que raramente estão em juízo. Embora seja possível imaginar pessoas de recursos esparsos que constantemente participam de processos judiciais, como regra a experiência é combinada com a maior

---

[261] Esta ideia é bem sintetizada pela citação de LoPucki & Weyrauch utilizada por Galanter no início do artigo "Planet of the APs" que, embora escrito muitos anos depois, retoma ideias já presentes no "Why the 'Haves' Como Out Ahead": "Não se pode prever o resultado de um caso com base nos fatos e na lei mais do que se pode prever o resultado de um jogo de xadrez com base na posição das peças e nas regras do jogo. Em ambas as situações, é necessário saber quem está jogando". (Planet of the APs: Reflections on the Scale of Law and Its Users, *Buffalo Law Review*, Vol. 53, n. 5, p. 1369, em tradução livre)

[262] Why the "Haves" Come out Ahead, cit. p. 97.

[263] O uso dos termos "jogadores habituais" e "participantes eventuais" seguiu a tradução proposta por Ana Carolina Chasin ao texto de Galanter (Por que "quem tem" sai na frente: Especulações sobre os limites da transformação no direito. São Paulo: FGV Direito SP, 2018. Disponível em: https://bit.ly/2GKMEGC. Acesso em: 24 ago. 2020).

disponibilidade de recursos financeiros. Os jogadores habituais são também aqueles que têm (*haves*), enquanto os participantes eventuais não têm (*have-nots*). Ademais, é possível identificar grandes corporações, empresas de porte considerável e órgãos estatais como jogadores habituais.[264] O modelo típico do jogador habitual é, também, uma pessoa artificial.[265] Dessa forma, o que se percebe é que, nos tipos ideais propostos por Galanter, a contraposição ocorre entre a rica pessoa artificial jogador habitual e a pobre pessoa natural participante eventual.[266]

Nesse contexto, as vantagens dos *repeat players* apontadas por Galanter[267] podem ser sintetizadas da seguinte forma: i) a repetição permite o acúmulo de conhecimento e, a partir da noção do que ocorreu em casos passados, é possível estruturar transações futuras; ii) há o desenvolvimento de *expertise*, além de existir facilidade de acesso a especialistas e custos iniciais baixos por se valer de economia de escala; iii) surgem maiores oportunidades de relações informais facilitadoras com

---

[264] Why the "Haves" Come out Ahead, cit. p. 98. Como destaca Shauhin Talesh: "Apesar de Galanter estabelecer uma dicotomia entre jogadores habituais e participantes eventuais principalmente em termos estruturais, sua descrição e sua análise indicam de forma clara que, na sociedade norte-americana moderna, os típicos jogadores habituais são as grandes organizações burocráticas" (How the "Haves" Come out Ahead in the Twenty-First Century. *DePaul Law Review*, Vol. 62, 2013, p. 523, em tradução livre).

[265] No original, é o Galanter chama de *artificial person* (ou AP, na sigla utilizada) e que, em certa medida, aproxima-se do que se denomina pessoa jurídica no contexto brasileiro.

[266] Esta aproximação tipológica também será adotada nos limites desta obra. Seria possível, todavia, analisar as variantes decorrentes da combinação diversificada desses fatores, o que, acredita-se, também contribuiria para perceber maiores nuances das características estruturais das partes. Nesse sentido, caberiam, por exemplo, os seguintes questionamentos: a vantagem decorre, sobretudo, da repetição ou da riqueza? A oposição *have/have-not* é mais relevante que *repeat player/one-shotter*? A pessoa artificial possui mais vantagens que a pessoa natural? A rica pessoa natural litigante habitual possui mais vantagens que a pessoa artificial que também está acostumada a estar em juízo e possui recursos financeiros significativos? A pessoa artificial que possui esparsos recursos financeiros e não é usuária frequente dos tribunais equivale, em termos estruturais, ao participante eventual pessoa natural?

[267] Why the "Haves" Come out Ahead, cit. p. 98-103.

outros atores institucionais, como juízes e promotores; iv) os jogadores habituais precisam estabelecer e manter sua credibilidade como combatentes e, assim, por possuírem uma reputação a zelar, são mais comprometidos com suas posições; v) os *repeat players* podem usar as estatísticas a seu favor, maximizando ganhos em uma longa série de casos, ainda que isso envolva o risco de perdas significativas em alguns casos; vi) com o uso do *lobby*, os *repeat players* podem influenciar na própria construção das regras e, como a efetividade de uma regra depende em parte dos recursos das partes, são mais capazes de investir seus recursos na efetivação de regras que lhes interessem (além disso, sua experiência lhes permite fazer isso de modo mais persuasivo); vii) os jogadores habituais podem, também, atuar na construção de precedentes que lhes são benéficos, fazendo acordos em casos com maiores chances de derrota e insistindo no julgamento de casos propícios para tanto.

Desse modo, na concepção de Galanter, o jogador habitual é uma grande unidade que litiga repetidamente, podendo antecipar essa litigância, que aposta baixo no resultado de qualquer caso individual e que possui recursos para buscar interesses de longo prazo. Em contrapartida, o participante eventual possui reivindicações que são muito grandes comparadas com o seu tamanho (como no caso do acusado de um crime), ou muito pequenas comparadas com o custo da medida disponível (como frequentemente se dá com o consumidor), fazendo com que não haja um manejo do problema de forma rotineira e racional.

Para alterar esse quadro, Galanter basicamente reflete acerca de estratégias que permitiriam que o participante eventual tivesse as mesmas vantagens que o jogador habitual. Isso, em última análise, faria com que o confronto desigual entre *repeat player* e *one shotter* se transformasse na configuração mais parelha de *repeat player* contra *repeat player*.

Dessa forma, ao opor os modelos do jogador habitual e do participante eventual, Galanter mostra como os que têm saem na frente também no processo judicial. Aqueles que possuem vantagens estruturais saem na frente daqueles que não possuem.

3.1.2. Neil Komesar e o modelo centrado na participação

Por sua vez, em sua proposta de análise institucional comparada, Neil Komesar também dá destaque àqueles que acessam as instituições, ou seja, a atores como consumidores, produtores ou litigantes. Os processos político e judicial seriam como os mercados com seus diversos compradores e vendedores.[268] Por isso, Komesar autodenomina sua análise como um *modelo centrado na participação (participation-centered approach)*.[269]

Nesse contexto, é possível afirmar, como faz Arthur Badin, que, na teoria de Komesar, a participação é o "mínimo denominador comum" para efeitos comparativos dos desempenhos institucionais,[270] consistindo na verificação de "quais grupos de interesse participam efetivamente do processo de decisão".[271] De fato, Komesar[272] entende que, assim como o mercado possui custos de transação, também existem os custos de participar do processo judicial e do processo político. Os custos de participação envolveriam, basicamente, custos de acesso, de organização e de informação, com destaque para o último.[273] Os benefícios da participação, por sua vez, vão depender dos interesses em jogo (*stakes*). Desse modo, a efetiva participação institucional depende da ponderação entre os custos e os benefícios existentes.

Diante de um conflito, por exemplo, o ofendido ingressaria no Judiciário (ou, em termos mais amplos, em qualquer processo jurisdicional) se os benefícios da participação fossem superiores aos seus custos. No caso da ação judicial, esses custos envolveriam, dentre outros, as informações necessárias acerca dos requisitos para se ajuizar uma ação, bem como os gastos com as despesas processuais e os advogados. Se tais custos forem inferiores aos benefícios – como a obtenção de uma

---

[268] *Law's Limits*, cit. p. 30.
[269] Esse aspecto da teoria de Komesar está disperso em vários pontos de sua obra. Para um resumo, vide, por exemplo: KOMESAR, Neil. The essence of economics: law, participation and institutional choice (two ways). In: BATIE, Sandra S.; MERCURO, Nicholas. *Alternative Institutional Structures: evolution and impact*. London/New York: Routledge, 2008, p. 165-186.
[270] *Controle Judicial das Políticas Públicas...*, cit. p. 128 e p. 141-142.
[271] *Controle Judicial das Políticas Públicas...*, cit. p. 100.
[272] *Imperfect Alternatives*, cit. p. 8. Vide também *Law's Limits*, cit. p. 30.
[273] A propósito, vide: BADIN, Arthur Sanchez. *Controle Judicial das Políticas Públicas...*, cit. p. 117. Sobre os custos e benefícios da participação, com base na teoria de Komesar, vide ainda: WAGNER, Wendy. The Participation-Centered Model Meets Administrative Process. *Wisconsin Law Review*, 2013, p. 671-694.

reparação integral, a satisfação do desejo de vingança, o pagamento do equivalente pecuniário, entre outros – a participação ocorreria.

No entanto, como seria de se esperar, o sopesamento entre custos e benefícios não costuma operar de maneira uniforme entre os agentes. Se os interesses em jogo forem altos, é provável que o agente esteja disposto a suportar maiores custos da participação; inversamente, se os interesses forem baixos, possivelmente não vale a pena acionar a instituição. Focando no processo político, Komesar destaca que a distribuição desigual de interesses pode levar ao prevalecimento de *tendências minoritárias* ou *majoritárias*.[274]

No caso das tendências minoritárias, a imagem padrão é a de um pequeno grupo com interesses concentrados, que teria maior facilidade de se organizar e de ter acesso à informação. Assim, frequentemente, os custos da participação seriam inferiores aos benefícios. Quando confrontado com uma maioria dispersa cujos custos de participação seriam mais elevados que os benefícios, isso poderia gerar distorções como, por exemplo, a aprovação de leis que favorecessem apenas uma pequena parcela da sociedade em detrimento da maioria ou a "captura" de órgãos e agências administrativas pelos interesses do grupo dominante. Esse seria o modelo (único) adotado pela teoria dos grupos de interesse (*interest group theory of politics*).

Todavia, Komesar também aponta a possibilidade do cenário oposto, qual seja de que a maioria formada por interesses dispersos seja representada em demasia (*overrepresentation of the many*). Os baixos custos de participação política pelo voto, por exemplo, poderiam fazer com que os interesses, embora dispersos e relativamente baixos individualmente, tenham grande força em termos agregados.[275] Dessa forma, torna-se possível a eleição de ditadores ou a criação de leis prejudiciais a minorias. Além do voto, mencionado autor cita revoltas, mobilizações, demonstrações e resistências passíveis como formas de a maioria se sobrepor.[276] Tais situações poderiam levar à "tirania da maioria".

Nesse contexto, em substituição ao um modelo unitário, Komesar propõe um *modelo de duas forças* (*two-force model*), que permita

---

[274] *Imperfect Alternatives*, cit. especialmente p. 53-97.
[275] *Imperfect Alternatives*, cit. p. 74.
[276] *Imperfect Alternatives*, cit. p. 74, nota 38.

reconhecer tanto os desvios decorrentes das tendências minoritárias como das majoritárias (*minoritarian and majoritarian bias*). Embora o modelo seja apresentado no âmbito do processo político, Komesar indica a pertinência de se considerá-la também na análise das outras instituições.[277] De todo modo, diante do predomínio de poucos ou de muitos, seria necessário, em primeiro lugar, saber se a distribuição desigual é desejável em relação aos objetivos sociais visados. Por exemplo, caso se pretenda que determinada minoria prevaleça, até como forma de corrigir erros históricos do passado, o predomínio de determinado grupo minoritário não deve ser considerado prejudicial.[278] Todavia, caso a influência majoritária ou minoritária seja considerada negativa para as finalidades almejadas, surge a questão de saber qual a instituição mais adequada para corrigir a distorção.

Em especial, questiona-se a aptidão do Judiciário para corrigir distorções do processo político provocadas pelo prevalecimento da maioria ou da minoria. Isso implica considerar as duas forças também no âmbito do processo judicial, não apenas tendo o Judiciário como um processo decisório externo às duas forças e que possa corrigi-las de forma neutra, mas como instituição igualmente apta a sofrer os reflexos das tendências majoritárias ou minoritárias. Não por acaso, ao analisar a extensão da revisão judicial de processos administrativos, Komesar, em texto em coautoria com Wagner, aponta que o Judiciário estaria também sujeito a sofrer a interferência de grupos concentrados de interesse. Assim, sob o pretexto de corrigir a supostamente inadequada atuação administrativa, o processo judicial poderia reforçar a inadequação.[279]

Desse modo, a desigual distribuição de *stakes* entre os grupos de interesse pode levar a tendências majoritárias ou minoritárias que, por sua vez, vão influenciar qualquer tipo de instituição, incluindo o Judiciário, bem como todos os tipos de processos jurisdicionais. Em outras palavras, as instituições vão atuar sobre as tendências, o que poderá provocar tanto a manutenção da mesma distribuição dos *stakes*, como

---

[277] A Job for the Judges: The Judiciary and the Constitution in a Massive and Complex Society. *Michigan Law Review*, Vol. 86, fev. 1988, p. 695
[278] *Imperfect Alternatives*, cit. p. 79-80.
[279] The Administrative Process From The Bottom Up, cit.

também alterá-la. Essa alteração, por sua vez, pode aprimorar ou agravar a situação inicial, dependendo dos objetivos sociais visados.

Isso remete à noção de que os valores em jogo não necessariamente permanecem constantes, podendo variar no decorrer dos acontecimentos. Desse modo, a posição da vítima antes do surgimento da ofensa pode ou não ser diferente daquela existente após a sua ocorrência. Quando ocorre essa mudança, havendo um aumento dos *stakes* inicialmente baixos, há, nos termos de Komesar, um *deslocamento dos valores em jogo (shifted distribution of stakes)*.[280]

Sob esse aspecto, ao analisar o tema das ações judiciais envolvendo responsabilidade civil (*torts*) e propostas de reforma do sistema, Komesar[281] identifica quatro possíveis posições: a da vítima em potencial, a da vítima real, a do ofensor em potencial e a do ofensor real. A partir disso, ele trabalha com três distribuições possíveis dos *stakes* que, no caso, também podem ser identificadas como variações dos impactos (reais e potenciais).

Desse modo, na distribuição 1, os impactos da lesão em potencial são baixos tanto para a vítima como para o ofensor, mas que, no caso da lesão real, passam a ser altos em ambos os lados (ex. o incêndio de uma floresta iniciado por conta de um fósforo ou um cigarro; muitos fósforos ou cigarros são jogados sem iniciar um incêndio, porém, quando a tragédia ocorre, os prejuízos podem ser grandes tanto para o ofensor como para a vítima):

	potencial	real
vítima	baixo impacto	alto impacto
ofensor	baixo impacto	alto impacto

Figura 8 Distribuição de *stakes* 1.
Fonte: Elaborado a partir de KOMESAR, Neil. Injuries and Institutions, cit. p. 33.

Já na distribuição 2, os impactos da ofensa são baixos para a vítima tanto em potencial como real, mas são altos para o ofensor em potencial e também para o real (por ex. a poluição provocada por uma indústria dispersa sobre muitos moradores vizinhos).

---

[280] *Imperfect Alternatives*, cit. especialmente p. 134-138.
[281] *Imperfect Alternatives*, cit. especialmente p. 161-170. O tema é desenvolvido também em: KOMESAR, Neil K. Injuries and Institutions, cit. p. 23-77.

	potencial	real
vítima	baixo impacto	baixo impacto
ofensor	alto impacto	alto impacto

Figura 9 Distribuição de *stakes* 2.
Fonte: Elaborado a partir de KOMESAR, Neil. Injuries and Institutions, cit. p. 48.

Por sua vez, na distribuição 3, os *stakes* são baixos para a vítima em potencial na situação inicial, mas, após a ofensa, passam a ser altos, ao passo que, do lado do ofensor, os valores em jogo são altos tanto antes como após a lesão (por ex., o caso de responsabilidade por vício do produto, em que existem inúmeros consumidores como vítimas em potencial e grandes fornecedores como ofensores em potencial, que podem causar lesões de grande impacto, embora haja baixa probabilidade de sua ocorrência).

	potencial	real
vítima	baixo impacto	alto impacto
ofensor	alto impacto	alto impacto

Figura 10 Distribuição de *stakes* 3.
Fonte: Elaborado a partir de KOMESAR, Neil. Injuries and Institutions, cit. p. 38.

A diversidade de distribuições será abordada novamente quando se tratar dos efeitos da repetição. O importante, nesse momento, é apenas perceber que os valores em jogo podem variar nos momentos anteriores e posteriores à eclosão do conflito. Do mesmo modo, como salientado, é relevante perceber que a instituição escolhida também irá atuar sobre a distribuição apresentada. Momento de atuação e instituição escolhida, assim, possui relevância na ordenação ou reordenação das partes.

De todo modo, tem-se que o modelo centrado na participação – com os correlatos conceitos de tendências minoritárias e majoritárias, de duas forças e do deslocamento dos valores em jogo – permite compreender melhor a dinâmica das partes em conflito. A teoria de Komesar, assim, em conjunto com as ideias de Galanter, permite avançar na análise das partes em ação, sobretudo no que se refere às vantagens estruturais dos jogadores habituais.

3.1.3. Pontos em comum

A breve exposição de parte das ideias de Galanter e Komesar feita acima permite observar que ambas colocam o comportamento dos agentes como aspecto central da análise de processos decisórios. Galanter destaca a importância de se olhar pelo outro lado do telescópio, vendo o comportamento das peças que se movem no tabuleiro, enquanto Komesar enfatiza que a análise institucional comparada deve ter como base o modelo centrado na participação. A partir desse aspecto e dos demais pontos em comum existentes, entende-se que a aproximação das duas teorias permite trazer novas proposições acerca da dinâmica das partes.

3.1.3.1. Diálogo entre as obras

É notório que Galanter e Komesar foram ambos professores do curso de Direito na Universidade de Wisconsin, em Madison. Todavia, para além da trajetória acadêmica semelhante, o que se destaca é que um possui conhecimento da obra do outro, existindo explícitas referências recíprocas.

Galanter, no artigo *The Transnational Traffic in Legal Remedies*,[282] pondera qual seria a forma mais adequada de proteção contra os riscos decorrentes da introdução de uma nova tecnologia no contexto da Índia. Para tanto, enumera como possibilidades o controle intrínseco da tecnologia (por ex., por meio de designs preventivos); o controle administrativo prévio pelo governo; o uso de instituições para absorver as perdas, como a seguridade social ou o seguro para compensar as vítimas; e a utilização do sistema de responsabilidade civil (*torts*) para indenizações, por meio de órgãos judiciais ou administrativos. Apesar de reconhecer os defeitos deste sistema de responsabilidade civil, Galanter sugere que tal opção pode ser útil em determinados contextos, quando as alternativas forem piores. Para tanto, vale-se explicitamente de uma análise institucional comparada baseada em Komesar.[283]

---

[282] In: JASANOFF, Sheila (ed.). *Learning from Disaster: Risk Management after Bhopal*. Philadelphia: University of Pennsylvania Press, p. 133-157.

[283] The Transnational Traffic in Legal Remedies, cit. p. 149, com expressa referência a artigo de Komesar em nota de rodapé (nota 41).

Por sua vez, Komesar cita *Why the Haves* como um exemplo de análise em que a questão das vítimas e ofensores como litigantes é considerada em função dos *stakes* envolvidos.[284] Além disso, ao afirmar que os acordos também afetam os sinais emitidos aos ofensores em potencial, Komesar remete a um texto em que Galanter faz reflexões acerca do tribunal do júri.[285] O diálogo das obras, assim, já indicam pontos comuns, em especial no que se referem às ideias de irradiação de sinais e distribuição de *stakes*.

3.1.3.2. A irradiação de sinais

Com base no ensinamento de Galanter, ressaltou-se que os processos jurisdicionais geram sinais que, dentre outros efeitos, atraem ou repelem disputas. De modo idêntico, Komesar[286] também nota como o comportamento do Judiciário pode afetar o volume de litígios, na medida em que a extensão e o tipo de litigância podem ser controlados mediante a redução das chances de sucesso do autor ou do montante de indenização conferido em caso de vitória.

Assim, caso haja menor probabilidade de êxito e os valores pagos na eventual procedência do pedido sejam menores, existiriam menos circunstâncias em que os custos da litigância fossem compensados pelos valores a serem obtidos. Em sentido semelhante, o Judiciário pode reduzir o número de demandas objetivando à revisão de atos administrativos caso estabeleça parâmetros em que aumentem o grau de deferência à instituição objeto da revisão (por exemplo, conferindo maior deferência às interpretações dadas pelas agências administrativas). Nesse caso, os autores em potencial também teriam menores incentivos para ingressar em juízo, sobretudo porque a chance de vitória seria menor. Também seria possível reduzir o volume da litigância pela exigência de mais formalidades e procedimentos; pela restrição

---

[284] *Imperfect Alternatives*, cit. p. 162-163, nota 19, e Injuries and Institutions, cit. p. 25, nota 8.

[285] KOMESAR, Neil. Injuries and Institutions, cit. p. 28, nota 15. O texto referido é: GALANTER, Marc. Jury Shadows, cit. Aliás, cabe destacar que, em Injuries and Institutions, Komesar insere Galanter entre as pessoas a quem dirige seus agradecimentos (cit., p. 23).

[286] *Imperfect Alternatives*, cit. p. 147-148.

de casos aceitáveis para julgamento; pelo estreitamento da legitimidade; ou pelo aumento dos requisitos para a ação coletiva.

Por fim, Komesar indica que o Judiciário pode reduzir o número de ações mediante o estabelecimento de regras simples e soluções genéricas que permitam às partes terem uma visão similar do resultado provável de uma ação judicial e, assim, firmarem um acordo antes do julgamento.

De certo modo, a ideia de que o Judiciário emite sinais parece se inserir na obra de Komesar dentro de um postulado mais amplo no sentido de que as instituições carregam em si uma complexidade de informações que, por sua vez, podem ou não ser recebidas pelos participantes em potencial. Dessa maneira, não apenas o Judiciário, mas todas as instituições emitem sinais. Assim, a ideia de irradiação de efeitos, tal como em Galanter, também está presente.

3.1.3.3. Jogadores habituais/participantes eventuais e minoria concentrada/maioria dispersa

Por sua vez, a noção de distribuição desigual dos valores em jogo (*stakes*) entre os participantes é posta em destaque tanto por Galanter como por Komesar, o que, inclusive, é expressamente notado pelo último. Como visto, Galanter opõe o jogador habitual ao participante eventual; Komesar, ao tratar de uma das possíveis distribuições desiguais de *stakes*, contrasta os interesses concentrados da minoria aos interesses dispersos da maioria. Dentro dessa linha tipológica, acredita-se que a contraposição entre *repeat players* e *one-shotters* pode ser visto como exemplo de uma tendência minoritária.

Jogadores habituais aproximam-se da minoria concentrada no sentido de que os interesses em jogo estão em poucas mãos. Isso é visível em situações em que há exclusividade do *repeat player* sob a atuação em determinada área. Por conseguinte, como jogadores habituais, é comum identificar entes públicos como o INSS (que concentra a gestão de benefícios do Regime Geral da Previdência Social), a União Federal-Fazenda Nacional (que concentra a cobrança de créditos tributários federais) ou mesmo o Ministério Público no âmbito criminal (que detém a exclusividade de mover ações penais públicas). Também se nota tal situação quando uma mesma entidade mantém vínculos com uma quantidade significativa de potenciais participantes eventuais e, assim, concentra interesses que, do lado oposto, são dispersos. É o que ocorre nos casos de instituições financeiras, grandes fornecedores de mercadorias ou empresas de telefonia. A propósito, cabe notar que Komesar indica como situações de vieses majoritários especialmente danosas aquelas que envolvem maiorias altamente dispersas e dormentes, citando como exemplos consumidores e contribuintes, ou seja, duas categorias que facilmente se encaixam na tipologia de *one-shotters* de Galanter.[287]

Nessas situações, a concentração do poder em um grupo reduzido reflete na facilidade de se organizar de modo coerente. Como os interesses são altos, passa a ser vantajoso arcar com os custos da participação, seja definindo as regras que lhe são mais favoráveis mediante a interferência no processo político, seja valendo-se de estratégias baseadas em informações privilegiadas acerca do funcionamento do processo judicial. Ademais, a riqueza e o estabelecimento de *expertise* pela repetição mitigam os custos de acesso e de informação.

No que se refere aos participantes eventuais, a aproximação com a maioria dispersa decorre da divisão dos valores em jogo por muitas pessoas, o que faz com que, nominalmente, a quantia *per capita* seja baixa. A dispersão dificulta a organização coletiva. Os custos da participação individual, por sua vez, muitas vezes são superiores aos benefícios que podem ser obtidos, o que inibe o acesso. Mesmo quando os custos da participação são suportados, como ocorre quando um participante eventual decide ingressar em juízo, os valores em jogo, ainda que relevantes para ele, podem ser insignificantes para o jogador habitual que figurar como réu.

Pouco mais adiante, será detalhado de que maneira a distribuição dos *stakes* entre a minoria concentrada e a maioria dispersa se altera diante dos efeitos da repetição, ocasião em que a aproximação com os jogadores habituais e participantes eventuais será mais bem explorada. Por ora, importa destacar somente que essa proximidade reforça a interseção entre as obras de Galanter e Komesar.

---

[287] A Job for the Judges, cit. p. 704. De fato, em um dos quadros esquemáticos apresentados por Galanter, o contribuinte expressamente figura como *one-shotter*; o consumidor, por sua vez, pode ser identificado tanto na situação da vítima de dano como do consumidor falido (tradução de Ana Carolina Chasin, cit., para *bankrupt consumer*) (Why the "Haves" Come out Ahead, cit. p. 107, figura 1).

3.1.3.4. Igualando as vantagens no processo judicial

Além disso, observa-se que ambos os autores voltam suas preocupações para situações de assimetria. Marc Galanter trata do desequilíbrio entre o *repeat player* e o *one-shotter*. Neil Komesar trata dos riscos tanto do domínio dos poucos como da "tirania da maioria". Ao tratarem de soluções para melhoria no caso de litígios judiciais que envolvam a oposição entre jogadores habituais e participantes eventuais ou o predomínio de tendências minoritárias, Galanter e Komesar propõem igualar as vantagens, atribuindo ao mais fraco características do mais forte.

Nesse sentido, Galanter propõe a organização dos interesses dispersos em grupos coesos que possam atuar de modo coordenado, adotar estratégias de longo prazo e se beneficiar de serviços legais de alta qualidade.[288] Isso envolveria o uso da ação coletiva, a criação de certa unidade no grupo e a possibilidade de ingressar com processos estratégicos para promover a mudança legal visada.[289] Também não se descarta a edição de regras processuais que explicitamente busquem trazer vantagens aos *have-nots*.[290] Assim, o que antes eram oposições entre jogadores habituais e participantes eventuais passariam a ser oposições entre jogadores habituais.[291]

Por sua vez, Komesar, apesar de entender que o processo judicial é mais adequado para corrigir tendências majoritárias que minoritárias, observa que, em determinadas circunstâncias, o próprio processo judicial é o menos imperfeito para a maioria dispersa do que as demais alternativas. É o que se nota, por exemplo, da análise que faz acerca da instituição mais adequada (ou menos inadequada) para lidar com casos de responsabilidade civil.[292] A fim de tornar isso possível, porém, propõe-se

---

[288] Why the "Haves" Come out Ahead, cit. p. 141.
[289] Why the "Haves" Come out Ahead, cit. p. 143.
[290] Why the "Haves" Come out Ahead, cit. p. 150.
[291] Why the "Haves" Come out Ahead, cit. p. 144.
[292] *Imperfect Alternatives*, cit. especialmente p. 161-170; Injuries and Institutions, cit. A distribuição 3 descrita no item 3.1.2, *supra*, pode ser vista como uma situação em que os interesses dispersos, para Komesar, teriam vantagens em se valer do processo judicial.

a existência de incentivos para a participação, de modo que os benefícios sejam superiores aos custos. Uma das possibilidades vislumbradas para se preservarem interesses dispersos é a instituição do Advogado Público (*Public Advocate*).[293] Tal estratégia, em síntese, pode ser comparada com a proposta de Galanter de congregar os participantes eventuais em torno de uma organização que possa agir como um jogador habitual.

3.1.3.5. Resumo dos pontos em comum

Portanto, os pontos em comum entre Galanter e Komesar que se mostram mais pertinentes para esta obra podem ser resumidos no seguinte quadro:

Galanter	Komesar
Olhar pelo outro lado do telescópio	Modelo centrado na participação
Efeitos irradiadores dos tribunais	Processos jurisdicionais emitem sinais
One-shotter X Repeat player	Interesses dispersos X interesses concentrados
Os que têm saem na frente	Tendências minoritárias no processo judicial
Propõe dar *status* de *repeat player* ao *one-shotter*	Propõe minimizar tendências minoritárias mediante a participação de interesses dispersos no processo decisório (i.e., na instituição)

Figura 11 Pontos em comum entre Galanter e Komesar.
Fonte: Elaboração própria.

Mais importante que listar pontos comuns, todavia, é notar como as obras são complementares.

3.1.4. Vantagens do uso conjunto das teorias

De fato, embora a identificação de pontos em comum entre as teorias de Marc Galanter e Neil Komesar já possa auxiliar na discussão do papel das partes em ação, acredita-se que o mais importante é destacar aspectos em que a visão de um complementa a do outro.

---

[293] Essa proposta é feita no contexto de propostas de reformas acerca da revisão judicial de atos administrativos, em artigo em coautoria com Wendy Wagner (The Administrative Process from the Bottom Up, cit. p. 944-945).

3.1.4.1. Os que têm estão na frente em qualquer lugar

Acredita-se que *Why the "Haves" Come Out Ahead* inovou não por apontar que os mais poderosos se sobrepõem aos menos favorecidos, mas sim que isso também acontece no sistema legal, com destaque para o processo judicial. De fato, em uma época de esperanças quanto ao poder de transformação pelo Direito, Galanter mostrou que o sistema jurídico não está isento das assimetrias existentes na sociedade em que inserido.

Em outros termos, não se defendeu que o sistema jurídico sofria de um mal inexistente em outros sistemas, como o econômico ou o político. Afirmou-se que os que têm saem na frente qualquer que seja o lugar, inclusive nos tribunais. Tanto é assim que o próprio Galanter, ao inserir como uma das vantagens do jogador habitual o uso do *lobby* para influenciar a própria construção das regras, no fundo está admitindo que o poder dos *repeat players* se espalha pelo processo político. No mesmo sentido, Robert W. Gordon[294] apresenta de forma panorâmica como o poder dos *haves* não se restringe ao processo judicial, mas abrange a arena política de modo mais amplo, permeando os momentos de elaboração e de implementação das leis.

Ainda assim, *Why the Haves* enfatiza o poder dos jogadores habituais quando participantes de um litígio, sendo normalmente citado pela identificação das suas vantagens no uso do sistema judicial. Nesse aspecto, a posição de Komesar é mais explícita quanto às vantagens que os interesses concentrados minoritários podem obter em quaisquer das instituições e não apenas no Judiciário.

De fato, embora Komesar intitule os participantes de modo diverso conforme a instituição (consumidores e fornecedores no caso do mercado; eleitores, lobistas e manifestantes no caso do processo político; e litigantes no caso dos processos judiciais),[295] na essência a sua análise começa em um momento anterior. Ele parte, na realidade, da organização dos participantes em grupos de interesse e, só então, analisa como tal configuração se apresenta em cada instituição. Em outros termos,

---

[294] Afterword: How the Haves Stay Ahead. In: GALANTER, Marc. *Why the Haves Come Out Ahead: The Classic Essay and New Observations*. New Orleans: Quid Pro Books, 2014, p. 111-127.

[295] The Perils of Pandora..., cit. p. 1002.

Komesar trata primeiro do participante para, então, analisar seu comportamento como consumidor, eleitor ou litigante.[296]

É nesse momento anterior ao acesso a uma instituição que se pode notar a situação inicial dos participantes, ou seja, a configuração original da distribuição dos interesses entre os grupos ou, se preferir, a posição diversa de que já partem o jogador habitual e o participante eventual. De fato, a ideia de vantagens estruturais de Galanter indica que os jogadores habituais se encontram à frente antes mesmo de o jogo começar, não tendo como ponto de partida o mesmo do participante eventual.

Por isso, entende-se que é possível ampliar o alcance da oposição *repeat players haves* e *one-shottes have-nots* para analisá-los sob a perspectiva da participação em todos os processos jurisdicionais seja no âmbito da comunidade, do mercado, do sistema político ou do Judiciário.

3.1.4.2. Os limites do processo judicial para corrigir tendências minoritárias

Como mencionado, para corrigir o cenário de desequilíbrio entre o jogador habitual e o participante eventual, Galanter e Komesar sugerem estratégias que, em síntese, visam igualar as posições *no* processo judicial. Assim sendo, modificações de regras processuais e a valorização da advocacia de interesse público, se eficientes, transformariam as oposições jogador habitual contra participante eventual em jogador habitual contra jogador habitual.[297]

No entanto, também se apontou que a oposição entre jogador habitual e participante eventual pode ser vista como uma distribuição desigual de *stakes* em prol de um pequeno grupo de interesses concentrados, isto é, um viés minoritário. Assim sendo, cabe esclarecer a afirmação de Komesar no sentido de que as características estruturais do Judiciário fazem essa instituição ser mais apta a proteger interesses concentrados de minorias do que de maiorias dispersas.[298] Em outras palavras, o processo judicial típico é mais adequado para corrigir vieses majoritários em comparação com vieses minoritários.

---

[296] Vislumbra-se que tal postura é mais compatível com a ideia da instrumentalidade metodológica de ver as partes no contexto fático no qual se inserem.
[297] Why the "Haves" Come out Ahead, cit. p. 144.
[298] A Job for the Judges, cit. p. 704.

De fato, a independência dos juízes os torna menos sujeitos às pressões da maioria do que os legisladores. Isso pode, inclusive, ser associado ao clichê de que o Judiciário é um poder contra-majoritário. Desse modo, o Judiciário seria, em tese, mais propenso a proferir decisões que protegessem grupos minoritários como, por exemplo, comunidades indígenas.

Além disso, as vítimas dos vieses majoritários, por normalmente estarem concentradas e serem identificáveis, poderiam se organizar de maneira mais fácil que vítimas de interesses concentrados. A maioria dispersa teria maior dificuldade de se organizar e de suportar os custos da judicialização. A formalidade do processo judicial estruturada para o acesso minoritário, então, seria mais fácil para esse grupo do que o processo político, estruturado em termos majoritários.[299]

Nesse mesmo sentido, o tamanho reduzido e a dificuldade de expansão do Judiciário o tornam menos apto para corrigir vieses minoritários. Isso porque a proteção de toda a maioria dispersa iria além da possibilidade de abrangência e crescimento estrutural da instituição.[300] Inclusive, seria possível cogitar que, em tais situações, o próprio Judiciário possuiria interesse de reduzir sua atuação para conter o aumento vertiginoso de casos.

Assim sendo, nota-se que, frequentemente, propõe-se corrigir a distorção entre *repeat player* e *one-shotter* por meio de um processo decisório que possui sérias dificuldades para lidar com vieses minoritários desse tipo. Em suma, se Galanter mostra que os jogadores habituais também saem na frente no Judiciário, Komesar mostra que o Judiciário costuma ser o menos adequado para corrigir tal distorção.[301]

---

[299] A Job for the Judges, cit. p. 704-705.
[300] *Imperfect Alternatives*, cit. p. 229.
[301] Celso Fernandes Campilongo afirma que o modelo de divisão de poderes concebido por Montesquieu deu origem a duas visões distintas da função do Judiciário: no direito continental, a do juiz como "boca da lei" e limitado pelo Legislativo; e, na *common law*, a do juiz como o garante da Constituição e limitador do Legislativo (*Política, sistema jurídico e decisão judicial*. 2. ed. São Paulo: Saraiva, 2011, pos.395-397). Sob esse aspecto, a análise de Komesar parece associada a uma visão da divisão de poderes corrente em países da tradição da *common law*, como os Estados Unidos, em que o Judiciário teria o papel de conter a "tirania da maioria". Inversamente, seria possível defender que, como

3.1.4.3. Análise antes e depois da situação indesejada

Além disso, se as vantagens estruturais são antecedentes ao ingresso em juízo (ou a qualquer outra instituição), mostra-se pertinente observar a distribuição dos *stakes* entre os participantes, sobretudo, em dois momentos distintos: antes e depois do surgimento da situação indesejada. Como visto, é isso que Komesar faz ao tratar da posição da vítima e do ofensor antes e depois da ocorrência da ofensa e que, em termos mais amplos, pode ser identificada com o que se chamou de situação indesejada (e que, eventualmente, pode levar à nomeação, responsabilização e reivindicação).

Essa análise em dois momentos permite atingir um ponto em que Galanter não é tão explícito. Em todas as três distribuições analisadas por Komesar, os *stakes* das vítimas em potencial são baixos. Isso significa que, antes da ocorrência da situação indesejada, elas não apenas podem ignorar sua condição por fatores alheios à sua vontade (baixo grau de instrução, pouco acesso a serviços de orientação jurídica, etc.) como ainda não terem qualquer interesse em buscar a informação necessária.

Na distribuição 1 (interesses inicialmente baixos de ambos os lados), essa falta de interesse é compartilhada pelo ofensor em potencial que, assim, também não possui atrativos para conhecer os riscos da litigância e adaptar-se a ela. No entanto, nas distribuições 2 e 3, o ofensor possui *stakes* iniciais altos, enquanto a vítima começa com *stakes* baixos (que se mantêm da mesma forma na distribuição 2 e se elevam na 3). Se os *stakes* altos da vítima indicam uma tendência ao ingresso de uma ação judicial (ou, de modo mais amplo, ao acionamento de um processo jurisdicional) na situação 3, o fato é que tanto nessa como também em 2 os ofensores já estavam preparados de antemão para os desdobramentos da situação indesejada em potencial.

Se a distribuição potencial e real dos *stakes* da vítima é baixa (distribuição 2 na tipologia de Komesar), então há menores chances do

---

"boca da lei", o Judiciário estaria garantindo o respeito às decisões majoritárias do Legislativo e, assim, seria apto a corrigir tendências minoritárias. No entanto, em que pese a forte influência do direito continental no Brasil, tem-se que a figura do juiz como "boca da lei" é mais distante da realidade pátria atual – na qual se destaca o alto grau de independência e criatividade do juiz – do que o modelo adotado por Komesar.

próprio ingresso a uma instituição de tratamento de conflitos. Presumindo que o participante eventual esteja nessa posição, entra-se, exemplificativamente, no campo das microlesões e da litigiosidade contida. Em contrapartida, para os ofensores em potencial o impacto per capita é elevado, o que pode levá-los a agir em um momento prévio em que as vítimas potenciais sequer estão atentas ou interessadas. Também nesse sentido os que têm saem na frente.

3.1.4.4. Outra combinação possível: os efeitos da repetição

Cabe apontar, porém, que Komesar conscientemente se limita a trabalhar com três dentre os dezesseis cenários possíveis, por entender como sendo os mais pertinentes para a análise pretendida.[302] De modo a compreender melhor as vantagens estruturais daqueles que participam com frequência, entende-se necessário focar em mais uma distribuição do impacto. Isso porque, com base nos ensinamentos de Galanter, acredita-se que as distribuições apresentadas não abrangem de forma clara as vantagens da repetição.

Na descrição do momento anterior à lesão, Komesar parece considerar todas as potenciais ações judiciais, ao passo que, no momento seguinte, parece ter em mente somente uma ação judicial concreta. Nota-se, assim, que os enfoques são diversos e, inclusive, condizentes com a ideia de que, de todos os conflitos, apenas uma pequena parcela é judicializada ou mesmo dirigida para outros processos jurisdicionais, muitos se perdendo no caminho. De forma grosseira, seria como afirmar que 99,9% das pessoas não irão sofrer qualquer acidente aéreo, centrando a análise inicial nessa situação em potencial e, na análise do momento posterior, enfocando no 0,1% representativo do acidente que ocorreu.

Por isso, na distribuição 1, o impacto da lesão em potencial sobre o ofensor é baixo, pois o risco de ser demandado é dividido entre inúmeros potenciais causadores da lesão (muitas pessoas jogam cigarros na floresta, mas poucos causam incêndios). Na ação concreta, porém, o impacto passa a ser alto (aquele que causou o incêndio terá muito a perder em caso de condenação).

Por sua vez, na distribuição 2, as ações judiciais possíveis se concentram em poucos ofensores e, por isso, o impacto em potencial é

---

[302] Injuries and Institutions, cit. p. 32, nota 21.

alto (a empresa poluidora). No caso concreto, como uma só vítima pode gerar prejuízos consideráveis ao ofensor, igualmente este possui *stakes* elevados (há o risco de se determinar o fechamento da empresa como consequência da ação de uma única vítima). Do lado da vítima, porém, os impactos *per capita* são baixos (a poluição dispersa entre vários vizinhos implica um impacto pequeno por vizinho).

Por fim, na distribuição 3, Komesar indica como exemplos casos de lesões causadas por vício do produto, em que haveria "diversos consumidores como vítimas em potencial e produtores de grande escala como ofensores com baixa probabilidade de causar lesões, mas cujas lesões ocorridas causam grandes danos".[303] Nesse caso, a posição do ofensor é idêntica à distribuição 2 tanto antes como após a lesão. O que se modifica é a posição da vítima, que passa a ser elevada no caso de ocorrência de lesão; mais uma vez, tem-se que uma única ação judicial pode gerar grandes prejuízos ao ofensor, só que, neste caso, o impacto elevado para a vítima real a induz à judicialização.

Desse modo, na distribuição 1, embora haja grande chance de a vítima processar o ofensor (ou seja, o sinal será enviado), os baixos impactos em potencial fazem com que haja pouca probabilidade de modificação de comportamentos futuros (o sinal não será recebido).[304] Já na distribuição 2, os altos *stakes* do ofensor até provocariam a mudança do comportamento no caso de alguma demanda judicial, mas, como do outro lado há baixos *stakes* em termos *per capita*, é provável que não haja a reclamação (o sinal até seria recebido, mas não é enviado).[305] Nesse contexto, Komesar afirma que a distribuição 3 conjuga as melhores características das distribuições 1 e 2, pois os *stakes* elevados das vítimas reais tornam provável a judicialização e os altos valores em jogo dos ofensores (tanto em potencial como real) fazem com que aumentem as chances de os sinais serem recebidos e convertidos em estratégias preventivas.[306] Isso faz com que a judicialização de disputas envolvendo responsabilidade civil seja vista como a alternativa menos imperfeita em determinadas circunstâncias.

---

[303] *Imperfect Alternatives*, cit. p. 168, em tradução livre.
[304] *Imperfect Alternatives*, cit. p. 166.
[305] *Imperfect Alternatives*, cit. p. 167.
[306] *Imperfect Alternatives*, cit. p. 168.

Para compreender as vantagens estruturais da repetição, é necessário perceber que, ao tratar do *deslocamento dos valores em jogo*, presente na distribuição 3, Komesar limita-se à modificação dos *stakes* das vítimas, que passam de baixos para altos. Do lado do ofensor, os valores em jogo permaneceriam altos, presumindo-se, assim que uma só ação judicial poderia impactá-lo significativamente (em uma ação de vício do produto, talvez se presuma que uma só condenação traria uma publicidade danosa e prejuízos à reputação da empresa que iriam além do caso concreto).

Contudo, na típica oposição entre vítima *one-shotter* contra ofensor *repeat player*, acredita-se que o deslocamento também ocorra do lado do ofensor, embora em sentido oposto. Dessa forma, para se perceberem as vantagens da repetição, no mínimo se deve considerar uma quarta distribuição, na qual os impactos inicialmente baixos da vítima passam a ser altos, enquanto os impactos de início altos do ofensor se tornam baixos. O deslocamento dos valores em jogo é duplo.

	potencial	real
vítima	baixo impacto	alto impacto
ofensor	alto impacto	baixo impacto

Figura 12 Distribuição de *stakes* 4. Os efeitos da repetição.
Fonte: Elaboração própria.

Nesse contexto, se, como quer Komesar, a distribuição 3 combina o melhor das distribuições 1 e 2, pode-se dizer que a distribuição 4 conjuga o pior dos mundos. O alto impacto em potencial do ofensor permite que ele atue previamente em arenas ignoradas pela vítima, como o uso do *lobby* no processo político para obter leis que lhe sejam favoráveis. Em contrapartida, a ação judicial típica entre vítima *one-shotter* e ofensor *repeat player* envolve valores que são significativos apenas para o primeiro, sendo insignificantes para o segundo. Desse modo, há a possibilidade de o *repeat player* jogar com as estatísticas, trabalhando em economia de escala e aceitando as perdas no varejo em troca de ganhos no atacado. Em suma, as vantagens do jogador habitual enumeradas por Galanter são mais visíveis nesta distribuição.

Isso ocorre porque, potencialmente, os *stakes* dos jogadores habituais são elevados, uma vez considerados em sua totalidade. No entanto, em uma ação individual, o foco se modifica, pois os valores em jogo *per capita* são baixos. Pode-se dizer também, como Lauren Edelman, que os *stakes* dos jogadores habituais são elevados se considerados sob a perspectiva de longo prazo.[307] Basta lembrar no caso de uma aposentadoria, que representa a fonte de subsistência para o segurado, mas é apenas mais um benefício dentre milhões para o INSS. Participantes eventuais podem ganhar individualmente, mas suportam os prejuízos no agregado.

Assim sendo, para igualar os impactos no caso de haver uma disputa, é necessário pensar em formas de coletivização que tornem os impactos altos para o jogador habitual também no caso concreto. É coerente, então, que tanto Galanter quanto Komesar vejam formas de coletivização como saídas para mitigar as vantagens dos jogadores habituais em juízo.

No entanto, cabe reiterar que, antes de a situação indesejada ocorrer, apenas o jogador habitual terá os incentivos para participar de processos decisórios. Isso implica a possibilidade de agir previamente contra formas de coletivização, seja por meio do processo político, seja a partir de uma atuação estratégica em favor de uma jurisprudência dos tribunais limitadora da legitimidade da ação coletiva.

Vislumbra-se ainda que a repetição produz o refinamento do conhecimento anterior à situação indesejada. Ao litigar mais vezes, o jogador habitual sabe com maiores detalhes o que esperar do sistema judicial. Outrossim, a partir do desenvolvimento da *expertise*, os custos da informação passam a ser mais baixos, pois não há necessidade de despender recursos iniciais (sejam ou não financeiros) para compreender o processo de tratamento da disputa. A eventualidade, por sua vez, encarece a participação, pois implica o uso de recursos para obter e compreender a informação, como a necessidade de se conhecerem os meios disponíveis, eventualmente contratar um advogado e mesmo superar as barreiras psicológicas provocadas pelo processo.

Desse modo, a distribuição 4 reforça o que já era notado nas distribuições 2 e 3, isto é, os incentivos dos *haves* para mapear o cenário em potencial antes que a situação indesejada ocorra, acrescentando ainda os benefícios da repetição. Nesse sentido, mais uma vez, os que têm saem na frente, largando antes por já possuírem conhecimento prévio.

---

[307] *Working Law: Courts, Corporations, and Symbolic Civil Rights*. Livro eletrônico. Chicago/London: University of Chicago Press, 2016, p. 71.

3.1.4.5. A recepção desigual dos sinais

O Judiciário – e as instituições em geral – emitem sinais que, entre outros efeitos, podem atrair ou repelir disputas. Como salientado, essa ideia está presente tanto em Galanter como em Komesar. No entanto, a emissão não significa que os sinais sejam recebidos. Em Galanter, já se nota a indicação de que os sinais não são decodificados de maneira uniforme.[308] É em Komesar, porém, que esse aspecto é mais bem detalhado.

De fato, Komesar insere a recepção dos sinais no contexto dos custos e benefícios relacionados à informação. Em vez de considerar que os sinais são recebidos sem ruídos e sem custos, ele propõe que existe uma gradação que, por sua vez, é determinada a partir dos valores em jogo. Dessa maneira, quanto maiores forem os *stakes*, maior é a tendência de que os custos de se obterem e de se decodificarem os sinais sejam suportados.[309] Isso faz que nem sempre os sinais emitidos pelos tribunais sejam recebidos. Na mencionada distribuição 1, por exemplo, os baixos *stakes* em potencial fariam com que os sinais fossem emitidos, mas não recebidos.

A ideia de sinais emitidos carrega um viés marcantemente prospectivo. De fato, o cerne é que a resolução da disputa entre partes determinadas gera um tipo de informação sobre a forma de agir dos tribunais (ou, em termos mais amplos, das instituições) que é transmitida para futuros litigantes. Em termos simplistas, o conhecimento da jurisprudência acerca de determinada matéria interferiria na própria propensão de se ingressar com uma ação ou, no caso do réu, de preferir a realização de um acordo para minimizar os danos de uma derrota que se sabe certa.

Mais uma vez, então, nota-se que aquele que possui altos valores em jogo antes de eclodir a disputa possui maiores incentivos para despender recursos na compreensão dos sinais, o inverso ocorrendo com aquele que potencialmente possui baixos *stakes* envolvidos. Como, de

---

[308] Jury Shadows..., cit. p. 29-30.

[309] *Imperfect Alternatives*, cit. p. 165. Ressalte-se que, na teoria de Komesar, a recepção desigual não se limita aos sinais emitidos pelos tribunais. Ao tratar da publicidade voltada ao mercado e da propaganda ligada ao processo político, igualmente se traz a ideia de que a ponderação entre custos e benefícios vai interferir na recepção e decodificação dos símbolos utilizados (*Imperfect Alternatives*, cit. p. 118).

ordinário, os jogadores habituais possuem altos *stakes* em potencial (vide a distribuição 4), também têm mais incentivos para decodificar os sinais antes do participante eventual.

Como a questão se insere no contexto dos custos da informação, isso é agravado quando se considera que o baixo nível educacional pode ser correlacionado com um maior custo para se obterem e compreenderem os sinais, ao mesmo tempo em que a repetição se traduz em um ganho de escala quanto ao custo da informação. Ademais, a diversidade de racionalidade entre a grande corporação e o indivíduo, a ser vista mais adiante, agrava o desequilíbrio informacional.

3.1.4.6. Subgrupos catalíticos na maioria dispersa

Marc Galanter reconhece que *repeat players* e *one-shotters* são os dois extremos de um *continuum* e não um par dicotômico.[310] Embora o próprio Galanter não se atenha nos detalhes, isso significa que existe uma infinidade de atores que possuem somente parte das vantagens (ou desvantagens) dos dois tipos ideais identificados. Carlos Alberto de Salles, por exemplo, aponta que a organização baseada na autonomia funcional e na livre distribuição de casos entre promotores divididos em áreas pouco especializadas impede que o Ministério Público brasileiro goze das vantagens de jogador habitual, pois exige que seus membros renovem esforços a cada nova distribuição, sem maximizar a experiência de outros casos anteriores idênticos.[311]

Um aspecto mais sutil que surge do detalhamento do *continuum* é a noção, presente, sobretudo, em Komesar, de que a maioria dispersa não é uniforme. Mesmo que se considere que os *stakes* são baixos, caberia indagar quão baixo é para cada um dos integrantes. Dentro do grande grupo, há uma gradação na distribuição dos valores em jogo. Na medida em que tais *stakes* sejam suficientemente elevados para justificar a participação institucional, existiria uma tendência de um subgrupo da maioria dispersa agir em favor dos demais que permanecem inertes. Neste caso, estar-se-ia diante de um subgrupo catalítico (*catalytic subgroup*).[312]

---

[310] Why the "Haves" Come out Ahead, cit. p. 107.
[311] *Execução Judicial em Matéria Ambiental*, cit. p. 50, nota 62.
[312] *Law's Limits*, cit. p. 63.

Em termos gerais, Komesar define o subgrupo catalítico a partir de duas características: a coincidência dos seus interesses com o dos demais, e a sua habilidade em ativar o restante da maioria.[313] Embora seu destaque seja na atuação do subgrupo no processo político, ele vislumbra uma aproximação do conceito com a da dificuldade de representação na ação coletiva, ou seja, com o processo judicial.[314]

Avançando nessa aproximação, defende-se que subgrupos catalíticos igualmente podem atuar em processos judiciais e, em termos mais amplos, em processos jurisdicionais alheios ao Judiciário. Isso reforça uma distinção que pode ser útil nas estratégias para tratamento de conflitos entre jogadores habituais e participantes eventuais.

Como visto, uma estratégia comum a Galanter e Komesar é a de buscar opções de equiparação entre os atores, de modo que os *one-shotters* passem a ter as vantagens dos *repeat players*. Inserem-se nesse contexto estratégias como a criação de regras processuais mais favoráveis ao acesso dos participantes eventuais ou o agrupamento em torno de alguma figura que possa fazer valer seus interesses (como o Advogado Público).

No entanto, tem-se a impressão de que, frequentemente, propostas de equiparação baseiam-se em uma relação "de cima para baixo" ou "de fora para dentro". O reforço de regras processuais para os participantes eventuais esbarra na dificuldade de leis dessa natureza serem aprovadas em um processo legislativo dominado por jogadores habituais. Figuras como a do Advogado Público e, no contexto brasileiro, do Promotor ou do Defensor Público, quando criadas e institucionalizadas sem a efetiva participação dos representados, tendo como membros pessoas igualmente alheias ao agrupamento, possuem maiores riscos de se desvirtuarem em carreiras burocráticas facilmente capturáveis por grupos de interesses minoritários.[315]

---

[313] *Imperfect Alternatives*, cit. p. 84.
[314] *Law's Limits*, cit. p. 63, nota 8.
[315] Komesar e Wagner não ignoram que o risco de captura por interesses concentrados possa existir em relação ao Advogado Público e, por isso, incluem em sua proposta como pré-requisitos para que isso não ocorra: a) o processo político deve se comprometer a financiar o Advogado Público de modo que o torne o mais imune possível da política; b) devem ser adotadas medidas para proteger o Advogado Público de ser capturado por grupos de interesses concentrados (The Administrative Process from the Bottom Up, cit. p. 946).

A ideia de subgrupo catalítico, em contrapartida, permite vislumbrar a possibilidade de membros da própria maioria dispersa participarem do processo decisório em benefício dos demais. A coincidência dos interesses torna este grupo menos propenso a ser capturado pela minoria concentrada. Cabe reiterar que a participação deve ser vista como a ponderação entre os custos e os benefícios de se participar e que, entre tais custos, destaca-se aquele associado à informação. Em uma maioria dispersa, o subgrupo que potencialmente irá participar não precisa, então, ser aquele que venha a ter maiores benefícios com a ação (seus benefícios, de fato, podem ser idênticos aos dos demais membros), desde que seus custos sejam menores e, assim, justifiquem sua participação. Por exemplo, se algum integrante da maioria é advogado ou possui acesso facilitado a serviços jurídicos, é possível que a redução dos custos leve à participação.

Além disso, outra característica apontada por Komesar para diferenciar o subgrupo catalítico da minoria de interesses é que a atuação do subgrupo pode servir para despertar a maioria dormente, chamando a atenção para a relevância da participação. Desse modo, a ação do subgrupo pode provocar uma alteração da distribuição dos *stakes*, fazendo com que os benefícios da participação superem os custos para um maior número de pessoas. A própria divulgação de êxito em determinado tipo de processo pelo subgrupo, por exemplo, pode ser vista como uma redução nos custos de informação para os demais. Desse modo, haveria a chance de a maioria dormente, em vez de se beneficiar do efeito carona (*free ride*) – nem sempre tão benéfico assim – optar pela participação direta. Em um contexto como o brasileiro, em que o uso da ação coletiva, como regra, não impede o ajuizamento de ações individuais (artigo 104 do Código de Defesa do Consumidor), tal capacidade de ativação da maioria pode ser bem importante.

Em última análise, a atuação do subgrupo diferencia a participação (pela própria maioria) da representação (por alguém em nome da maioria). É claro que nem sempre o subgrupo vai agir de modo a beneficiar toda a maioria, ainda que os interesses sejam idênticos. Acordos em ação coletiva que beneficiam, sobretudo, o grupo diretamente envolvido com o processo judicial são um exemplo disso.[316] No entanto,

---

[316] Komesar aponta este risco ao tratar da ação coletiva em *Law's Limits*, cit. p. 47.

mesmo assim há esperança na atuação do subgrupo catalítico, quando, por exemplo, ele identifica-se com a advocacia de interesse público, no qual possa haver uma desejada aproximação entre advogado e cliente.

3.1.4.7. Relações informais como causa de vantagem?

Acrescente-se que uma das vantagens dos jogadores habituais apontada por Galanter é a maior existência de oportunidades para se estabelecerem relações informais facilitadoras com atores institucionais, tais como juízes e promotores. Desse modo, um jogador habitual pode ter um acesso mais imediato ao juiz, até porque está mais vezes no fórum. Todavia, seria de se questionar se essa vantagem não parte da premissa de que a proximidade constante macula – ou ao menos mitiga – a imparcialidade que se espera de um julgador. Em outros termos, parte-se da premissa de que a repetição provoca um desvio do comportamento esperado.

Nesse aspecto, Komesar indica que o privilégio da minoria concentrada tende a ocorrer ainda que não haja qualquer desvio de comportamento do agente responsável. A partir da leitura de tal autor, nota-se que mesmo o funcionário público mais dedicado pode ser veículo de uma falha institucional, como no caso em que ele procura ouvir diligentemente todos que chegam ao seu guichê, desconsiderando que há um predomínio de representantes de uma minoria privilegiada.[317] Desse modo, a própria concentração de interesses pode levar a um maior uso institucional, ou seja, à repetição. Esse uso pela minoria, associado a uma menor participação da maioria, poderá gerar um atendimento mais favorecido àqueles poucos que se valem mais vezes da instituição. Isso independentemente do estabelecimento de relações informais facilitadoras e pode ocorrer mesmo a despeito da ausência delas. Assim, pode acontecer que, em ações judiciais relativas a medicamentos, frequentemente juízes, com a louvável intenção de ajudar os pobres, acabam privilegiando os ricos.[318]

---

[317] Nesse sentido, por exemplo, vide: KOMESAR, Neil. A Job for the Judges, cit. p. 680-681.
[318] Cf. BADIN, Arthur Sanchez. *Controle Judicial das Políticas Públicas...*, cit. p. 42, referindo-se aos resultados da dissertação de mestrado de Fernanda Vargas Terrazas.

Tais ponderações indicam que os jogadores habituais provavelmente levem vantagens quando possuem relações informais com outros atores, e também quando essas relações estão ausentes. Estão, mais uma vez, na frente.

3.2. Mais motivos para os que têm saírem na frente

No item anterior, buscou-se demonstrar como o uso das teorias de Komesar e Galanter em conjunto pode auxiliar na análise das partes em ação, corroborando a ideia de que os que têm saem na frente. Como o enfoque deste trabalho está também no conflito e nos processos jurisdicionais inseridos no âmbito das instituições, é necessário detalhar como as partes interferem neles. Para tanto, são retomadas algumas ideias dos capítulos anteriores, persistindo no uso conjunto de Galanter e Komesar com acréscimos de outros autores que possam ser complementares.

3.2.1. A interferência das partes sobre o conflito

Sendo o conflito uma contraposição de movimentos, torna-se possível, em princípio, que as pessoas o evitem ou o aceitem. Sendo o conflito um constructo social, sua base é construída a partir de atos de comunicação. Em ambos os casos, o papel exercido pelas partes é fundamental.

3.2.1.1. A escolha (racional?) do conflito

A noção de escolha do conflito foi apresentada quanto se afirmou que as instituições podem atuar em diversos momentos, tanto de maneira preventiva como repressiva. Todavia, a escolha do conflito depende, em última análise, do comportamento das partes que irão acessar as instituições. A partir da análise desse comportamento, acredita-se que há desequilíbrio em relação às formas e às possibilidades de escolhas em relação ao conflito. Tal desproporção, mais uma vez, favorece os jogadores habitais em detrimento dos participantes eventuais.

Komesar[319] indica que a noção de escolha do conflito permitiria refinar o argumento associado ao litigante habitual de que "o maior é melhor".

---

[319] Toward an Economic Theory of Conflict Choice, cit. p. 12-13.

Segundo ele,[320] haveria diversas formas de prevenção disponíveis para as organizações, destacando-se duas: esforços unilaterais para reduzir defeitos do produto (e, como consequência, processos ajuizados por compradores insatisfeitos ou lesados); ou esforços bilaterais como contratos ou protocolos para eliminar ou reduzir o conflito ou a disputa, seja mediante o prévio acerto dos termos da contingência, seja mediante o estabelecimento de procedimentos para a resolução da eventual desavença de modo menos custoso ou menos traumático. Organizações mais especializadas e atividades com maior potencial de conflito possuiriam maior tendência a investir em prevenção. Da mesma maneira, se os benefícios da prevenção são superiores aos custos da litigância, seria natural investir mais na primeira.

Além disso, para Komesar, a escolha do conflito é feita tanto por indivíduos como organizações. Em ambos os casos, haveria uma ponderação entre custos e benefícios da litigância.[321] Para ele, o indivíduo poderia ser visto como uma "firma" com uma variedade de alternativas e de combinações de *inputs* para atingir níveis variados de sucesso na prevenção ou na resolução do conflito.[322] Para corroborar sua tese, Komesar[323] vale-se do exemplo da família (*household*), em que os indivíduos são tidos como parte de um grupo, e a aproxima da empresa comercial (*market firm*). Valendo-se de variáveis como a alocação do tempo, bem como a produtividade e a diversidade de educação das famílias, ele propõe então uma teoria que pretende aproximar o modo de escolha do conflito tanto de litigantes organizacionais (empresas) como de litigantes individuais (famílias).

Essa estratégia permitiria refinar o argumento de que "pessoas ricas litigam mais".[324] Inicialmente, Komesar ressalta que muitos economistas poderiam chegar à conclusão inversa de que "pessoas ricas litigam menos", uma vez que o tempo delas seria mais valioso em termos monetários e, assim, o custo da litigância seria maior na medida em que a renda seria mais elevada. No entanto, ele pondera que a litigância pode ser a forma que demanda menor dispêndio de tempo para

---

[320] Toward an Economic Theory of Conflict Choice, cit. p. 17-18.
[321] Toward an Economic Theory of Conflict Choice, cit. p. 23.
[322] Toward an Economic Theory of Conflict Choice, cit. p. 23.
[323] Toward an Economic Theory of Conflict Choice, cit. p. 23-37.
[324] Toward an Economic Theory of Conflict Choice, cit. p. 34-36.

tratamento do conflito. Além disso, os valores em jogo das pessoas ricas também tendem a ser financeiramente mais elevados. Também devem ser considerados os reflexos de variáveis como "educação" ou outras formas de capital humano. Nesse sentido, como há uma correlação positiva entre educação e nível de renda, o mais rico poderia estar mais preparado para alocar menos tempo na litigância, mas obter maiores resultados a partir disso. Ademais, pessoas com maior nível de renda podem sentir-se mais atraídas em relação a produtos não pecuniários da litigância, como despeito, orgulho ou vindicação.

Embora tais reflexões de Komesar permitam uma aproximação do indivíduo com a organização, relativizando a dicotomia entre rica pessoa artificial que litiga habitualmente *(repeat player)* e pobre cidadão que ocasionalmente está em juízo *(one-shotter)*, entende-se que isso é feito a partir de uma unificação fictícia de racionalidades. De fato, a proposta de Komesar permite a equiparação entre indivíduos e organizações porque parte da premissa, ainda que com pequenas variantes, do agente racional.[325] Nesse sentido, tanto decisões das organizações como de indivíduos seriam tomadas de modo racional. No entanto, a partir das contribuições recentes, sobretudo da economia comportamental, nota-se que, com muita frequência, as pessoas não tomam decisões com base em premissas racionais.

Richard Thaler e Cass Sunstein rejeitam a noção de que seres humanos pensam e tomam decisões de maneira racional e infalível. Pelo contrário, os autores afirmam que as decisões humanas são sujeitas a diversos tipos de vieses que afastam suas decisões do modelo de agente racional. Afinal, trata-se de *homo sapiens* e não de *homo economicus*.[326]

---

[325] Em Komesar, a escolha racional do agente envolve não apenas o cálculo dos custos e benefícios, mas também os custos do próprio cálculo. Não deixa, ainda assim, de se basear na premissa do agente racional. Nesse sentido, vide: KOMESAR, Neil. The Perils of Pandora..., cit. p. 1002-1003.

[326] *Nudge: Improving Decisions About Health, Wealth, and Happiness*. Livro Eletrônico. New York: Penguin Books, 2009, p. 6-7. Dentre tais vieses, destacam-se: a) a ancoragem *(anchoring)*, ou seja, a tendência a se valer de uma informação prévia para ajustar a decisão seguinte (por exemplo, as doações tendem a ser maiores se os valores informados forem $ 100, $250, $1.000 em vez de $ 50, $75, $100 e $150); b) a disponibilidade *(availability)*, pela qual os riscos associados à determinada situação são influenciados pela prontidão com que as referências

Trazendo essa premissa diferenciada para o campo dos conflitos, e fazendo expressa menção a Thaler e Sunstein, David Engel questiona o motivo pelo qual as pessoas que sofrem lesões, sobretudo físicas, geralmente não ingressam com uma ação judicial. Dentre suas explicações estão a alteração cognitiva provocada por uma lesão física (corpo e mente não são dissociados), a existências de vieses, a interferência do inconsciente no processo de tomada de decisões e a influência social.[327] Engel, inclusive, entende que o modelo da pirâmide das disputas é um modelo individualista, linear e baseado em um ator racional, que caminharia conscientemente rumo ao topo, ignorando a influência da coletividade na decisão de reivindicar, a força de motivos não racionais e o subjetivismo do ator.[328]

---

chegam à mente (o risco associado a ataques terroristas é considerado mais elevado logo após a ocorrência de um); c) a representatividade (*representativeness*), segundo a qual a classificação de determinado elemento A à categoria B depende de quão similar A é do estereótipo de B (diante da descrição de uma mulher que, quando estudante, demonstrou preocupação com questões de justiça social e de discriminação, tendo participado de manifestações antinucleares, as pessoas tendem a achar que ela possui maior probabilidade de ser uma bancária com participação ativa no movimento feminista em vez de ser somente uma bancária); d) otimismo e excesso de confiança (*optimism and overconfidence*), pelo qual as pessoas possuem a tendência de terem uma confiança irrealista em relação a si mesmas (como ao acharem que possuem menos chances de serem dispensadas do trabalho ou terem um problema de saúde em relação aos demais); e) ganhos e perdas (*gains and losses*), indicando, grosso modo, que perder algo deixa a pessoa duas vezes mais insatisfeita do que ganhar a mesma coisa a deixa satisfeita; f) tendência ao *status quo*, pelo qual existe uma tendência de se decidir de acordo com a opção padrão (optar, por exemplo, por continuar recebendo uma revista cuja renovação da assinatura é automática em vez de entrar em contato com o fornecedor para cancelá-la); e g) enquadramento (*framing*), pelo que o modo como formulada a questão interfere na decisão tomada (dizer que 90% dos pessoas sobrevivem a determinado procedimento cirúrgico ou que 10% podem morrer, ainda que represente o mesmo resultado numérico, vai interferir na decisão do paciente (*idem*, especialmente p. 22-37, salientando que os exemplos, referidos de maneira simplificada, foram igualmente retirados dessa fonte). Além desses vieses, a influência do grupo exerce forte pressão sobre a decisão a ser tomada pelo indivíduo (*idem*, especialmente p. 53-73).

[327] *The Myth of the Litigious Society: Why We Don't Sue*. Livro eletrônico. Chicago/Londres: The University of Chicago, especialmente pos. 862-971 e pos. 2540-2593.

[328] *The Myth of the Litigious Society*, cit. Capítulo 5, especialmente pos. 1035, 1042 e 1203-1206.

De modo semelhante, partindo de linha teórica diversa (o conceito de acrasia proposto por Jon Elster) e do estudo de casos de mediação em ambiente de violência de crimes de gênero e família, Célia Regina Zapparolli[329] indica como, por vezes, os mediandos agem contra o seu próprio e melhor julgamento, seja por falta de forças, por impotência para se governar, por intemperança ou falta de autocontenção. A autora questiona, por exemplo, o que leva uma pessoa que foi lesada física e moralmente a manter relação conjugal com seu algoz, agindo em seu próprio prejuízo, insistindo na revisão de medidas protetivas mesmo sem coação. Entende-se que, nos casos citados por Zapparolli, o que se nota também é uma dissociação entre o que seria o comportamento esperado por um agente racional e o comportamento de fato adotado.

Acrescente-se que, se é certo que organizações são formadas por pessoas – e, então, também não são rigorosamente racionais – sua própria estrutura organizacional coletiva faz com que tendam a tomar decisões mais racionalmente que indivíduos. No mesmo sentido, embora reconheça dificuldades peculiares às pessoas artificiais (como o problema agente-principal), Galanter corrobora que elas tendem a ser mais racionais que as pessoas naturais:

> Muito mais do que as pessoas naturais, PAs [pessoas artificiais] podem ser capazes de agir da forma intencional, racional e calculista que o sistema legal costuma atribuir aos seus atores. James Coleman descreve PAs como menos suscetíveis a falhas de força de vontade que são inerentes às atividades das pessoas naturais. Chris Guthrie sugere que litigantes institucionais, "jogadores habituais com uma carga de processos e que tendem a ver a litigância, sobretudo, como uma questão financeira", são menos propensos que as PNs [pessoas naturais] de serem abalados emocionalmente por uma "aversão ao arrependimento" por litigar.[330]

Assim sendo, o modelo típico do *repeat player*, ou seja, a grande e rica pessoa artificial acostumada a litigar, associa-se à imagem de um

---

[329] Agir contra si – Acrasia – e a Mediação de Conflitos. In: SOUZA, Luciane Moessa de (coord.). *Mediação de Conflitos: novo paradigma de acesso à justiça*. 2. ed. Santa Cruz do Sul: Essere nel Mondo, 2015, p. 317-330.

[330] Planet of the APs, cit. p. 1373, em tradução livre.

corpo especializado de membros que, valendo-se de informações mais apuradas, conseguem avaliar os riscos e as oportunidades de modo a maximizar os ganhos. Mesmo que existam decisões baseadas na urgência do momento, são frequentes planos de metas, planejamentos estratégicos e decisões coletivas tomadas em assembleias. Em suma, se indivíduos e organizações não são agentes racionais, organizações são mais racionais que indivíduos.[331]

No entanto, muitas vezes essa diferença de racionalidades é ignorada em textos que propugnam pela Análise Econômica do Direito. Dentre as publicações disponíveis no *site* da Associação Brasileira de Direito e Economia (ABDE), por exemplo, encontra-se o artigo *Seria a litigância uma questão de cultura?*, de Bruno Bodart.[332] Nele, o autor defende que o alto índice de litigância e o baixo índice de autocomposição seriam, sobretudo, decorrentes das estratégias adotadas pelas partes em um cenário de instabilidade jurisprudencial. Com fundamento em A. Mitchell Polinsky, Bodart resume sua linha argumentativa nos seguintes termos:

> De acordo com o modelo tradicionalmente formulado pelos estudiosos de "Direito e Economia", a probabilidade de um acordo depende da relação entre o valor envolvido na disputa, o otimismo das partes em relação ao resultado final de eventual processo, os custos da litigância judicial e a predisposição das partes a correr riscos, além do comportamento estratégico de cada uma delas. Não é por teimosia que as partes resistem ao acordo, mas por deixarem de reconhecer essa estratégia como a mais vantajosa. Fatores como a instabilidade da jurisprudência e a má configuração do sistema de despesas processuais são determinantes para um cenário de baixo índice de autocomposição.

A seguir, vale-se da teoria dos jogos para analisar a modificação da jurisprudência do Superior Tribunal de Justiça acerca do valor devido pelo devedor solidário que não realizou acordo com o credor. Cita como situação hipotética o caso em que a parte autora requer a condenação dos réus solidariamente em R$ 100,00. Considerando que um dos réus aceitou a proposta de acordo para pagamento de R$ 30,00, questiona-se

---

[331] Este argumento foi desenvolvido a partir de conversa informal com Maria Cecilia de Araújo Asperti.

[332] 15 jun. 2017. Disponível em: https://bit.ly/2SnME0z. Acesso em: 24 ago. 2020.

quanto poderia ser cobrado do corréu, se R$ 70,00 (valor inicial menos o valor do acordo) ou se R$ 50,00 (valor proporcional ao total inicial).

Bodart pondera que, caso a cobrança possível seja de R$ 70,00, o corréu também terá incentivos para fazer o acordo, uma vez que sua não realização implica uma expectativa de prejuízo de R$ 35,00 (ou seja, metade de R$ 70,00, considerando-se a probabilidade idêntica de 50% de derrota ou vitória na demanda). Se a cobrança possível, por sua vez, for de R$ 50,00, o prejuízo provável da não realização do acordo passaria a ser de R$ 25,00, gerando maior desincentivo à solução consensual. Bodart lamenta, então, que, ao adotar o segundo posicionamento "em nenhum momento raciocínio semelhante foi levado em consideração pelo STJ nos julgamentos dos precedentes que formaram a orientação jurisprudencial comentada".

No entanto, o que Bodart desconsidera é que a informação acerca da orientação jurisprudencial do Superior Tribunal de Justiça não é conhecida nem compreendida por todos. Nesse aspecto, vale a afirmação de Komesar sobre as informações não serem propagadas sem ruídos em um mundo de alternativas imperfeitas.[333] Mais do que isso, porém, o que nem Bodart e nem Komesar enfatizam é o fato de a subjetividade dos atores – e a forma imperfeita e desigual da própria tomada de decisões – poder interferir diretamente na realização de um acordo. Não se trata apenas de ponderar custos e benefícios do cálculo ou da própria realização do cálculo, mas considerar a existência de vieses cognitivos que vão impedir ou provocar deturpações no cálculo. Na situação hipotética, a forma como apresentada a proposta de acordo, o otimismo exagerado dos litigantes, o senso comum acerca do que seria justo no caso, entre outros elementos, poderiam interferir consideravelmente na "estratégia" dos devedores. E tais vieses, como salientado, tendem a ser mais fortes em pessoas naturais do que em pessoas artificiais e, por extensão, em participantes eventuais do que em jogadores habituais.

Por fim, cabe apenas a ressalva de que o reconhecimento de elementos irracionais na tomada de decisões não implica o esvaziamento da teoria de Komesar, em larga medida adotada neste trabalho. Isso representa, antes, um acréscimo a ser considerado ao se analisarem as

---

[333] *Imperfect Alternatives*, cit. p. 165.

imperfeições do processo de tomada de decisões. Tanto as escolhas são imperfeitas como também são imperfeitos aqueles que realizam as escolhas. E se existem graus de imperfeições nas instituições escolhidas, igualmente existem imperfeições de diversas naturezas no processo de tomada de decisões pelas partes. O importante, então, é considerar tais imperfeições comportamentais em um ambiente de análise institucional comparada, não limitada a apenas um processo decisório.[334] Como afirma Komesar,[335] o significado de "racional" pode estar sendo colocado em dúvida, mas o de "escolha" não está.

3.2.1.2. Delineando o conflito

Considerar o conflito como constructo social implica tê-lo como produto cognitivo que se forma a partir de atos de comunicação. Desse modo, na configuração do conflito, observa-se a importância dos seus intérpretes. De fato, mesmo o conflito físico depende da percepção humana para ser considerado como tal. Considerar uma fala como conversa ou discussão depende, muitas vezes, da percepção dos interlocutores.

Anteriormente, afirmou-se que o conflito nasce de uma contraposição de movimentos que cria uma situação indesejada. Essa situação somente é considerada como conflito de justiça se também for considerada injusta. Somente a partir da nomeação do conflito como tal (*naming*), é que se pode responsabilizar alguém (*blaming*), reivindicar uma reparação (*claiming*) que, caso insatisfeita, pode levar à busca de uma instituição jurisdicional. Também foi mencionado que a instituição molda o conflito, realizando recortes e reenquadramentos que o reduzem a uma disputa. Por exemplo, ao interpretarem determinado conflito, juízes tendem a reduzi-los a categorias legais.

---

[334] Komesar não desconhece os avanços da economia comportamental, expressamente analisando o "paternalismo libertário" de Thaler e Sunstein. Vide: KOMESAR, Neil K. The Logic of the Law and the Essence of Economics: Reflections on Forty Years on the Wilderness. *Wisconsin Law Review*, 2013, p. 307-312. Nesse texto, Komesar destaca, porém, que haveria uma tendência da economia comportamental em rejeitar ou propor mudanças no modelo do agente racional no que se refere ao mercado, sem, porém, realizar uma análise comparativa do comportamento nas demais instituições (*idem*, p. 308).

[335] The essence of economics: law, participation and institutional choice (two ways), cit. p. 167, em tradução livre.

No entanto, aqui é preciso enfatizar que as partes possuem tanto ou mais relevância no delineamento do conflito que a instituição escolhida para seu tratamento. Como regra, no processo judicial, a petição inicial traz o conflito sob a perspectiva do autor, ao passo que a visão do réu surge na contestação. Limitado a essas duas interpretações é que o juiz vai verificar pontos de concordância e discordância, fixando os pontos controvertidos da demanda.

Em que pese o esquematismo do parágrafo anterior, já se evidencia que o rico jogador habitual vai possuir melhores condições de delinear o conflito conforme seus interesses, criando uma narrativa que, por sua experiência, ele sabe que possui mais chances de gerar um resultado favorável. A maior facilidade de obter provas, contratar auxiliares técnicos ou simplesmente manejar a linguagem forense, entre outros elementos, também indicam a tendência do jogador habitual em ter maior domínio no delineamento do conflito que o participante eventual.

Indo além do processo judicial, a ignorância quanto a direitos que possam ser reivindicados em instituições estatais de solução de disputas igualmente pode impedir que pobres participantes eventuais cheguem à fase de nomeação do conflito. Os custos para se obterem informações necessárias a fim de se compreender o conflito também podem ser mais elevados proporcionalmente para o participante eventual do que para o jogador habitual que se vale de economia de escala.

Há ainda um aspecto mais sutil no delineamento do conflito quando se trata de analisá-lo sob a perspectiva da comparação entre as instituições disponíveis. De modo a evitar a busca por um sistema estatal externo (como o Judiciário ou um órgão administrativo de solução de controvérsias), corporações privadas podem difundir internamente uma interpretação do conflito que acabe por "deslegalizá-lo" ou "desjurisdicizá-lo". Isso significa também fazer com que um potencial conflito de justiça seja nomeado a partir de uma lógica que evite o enquadramento em termos de justo e injusto.

Por exemplo, Edelman, Fuller e Mara-Drita[336] apontam como a retórica do gerenciamento (*managerial rhetoric*) pode fazer com que a ideia

---

[336] Diversity Rhetoric and the Managerialization of Law. *American Journal of Sociology*, Vol. 106, n. 6, mai/2001, p. 1589-1641.

de diversidade no ambiente de trabalho deixe de ser vista em termos jurídicos (correção de injustiças passadas) e passe a ser vista em termos de sucesso organizacional (heterogeneidade como vantagem competitiva).[337] As autoras indicam que esse processo, ligado ao fenômeno mais amplo do gerenciamento do direito (*managerialization of law*), tanto possui aspectos negativos – como o potencial de se afastar o comprometimento moral com a justiça – como também positivos – como o de promover a institucionalização dos valores jurídicos no interior da organização.

No entanto, acredita-se que, em decorrência das suas maiores habilidades em moldar o conflito, o gerenciamento do direito vai tender a favorecer os jogadores habituais. No exemplo dado, seria possível pensar que a transformação da diversidade em aspecto competitivo, uma vez guiada pelo empregador, permitiria sua valorização na medida em que eficiente em termos econômicos, não indo muito além desse ponto. A modulação do conflito, portanto, tende a ser feita pelos jogadores habituais e em seu próprio benefício.

3.2.2. A interferência das partes nas instituições

As instituições são marcantemente reativas, dependendo, de ordinário, da provocação e da atuação das partes. Isso é especialmente válido no caso do Judiciário, em relação ao qual o princípio da inércia é consagrado em lei (art. 2º do CPC/2015). Desse modo, como regra, são as partes que escolhem levar seu conflito ao Judiciário. Os princípios da inércia e da demanda se completam: *ne procedat iudex ex officio* e *nemo iudex sine actore*.

Ressalte-se que, se essa provocação costuma vir daquele que sofreu uma ofensa, nada impede que ambas as partes se dirijam em conjunto a uma instituição, como ocorre na busca de comum acordo de uma câmara de mediação privada para resolver uma questão de família. Além disso, é o comportamento atribuído ao réu que desencadeia a reivindicação do autor. Desse modo, tem-se que o mais relevante não é o polo ocupado pela parte (ativo ou passivo), mas sim sua posição estrutural antes mesmo do surgimento do conflito.

---

[337] Diversity Rhetoric and the Managerialization of Law, cit, p. 1632.

Sendo assim, o desequilíbrio de poder das partes vai refletir também na participação institucional, incluindo os processos jurisdicionais. Ao escolherem a instituição, selecionando seus objetivos, moldando-a conforme seus interesses ou criando o próprio campo de jogo, mais uma vez os que têm saem na frente.

3.2.2.1. A escolha da instituição

Sendo as instituições ordinariamente reativas, é necessário ter consciência de que as partes interferem na escolha das instituições, o que, como regra, favorece o jogador habitual. A propósito, pesquisas empíricas recentes indicam o domínio do grande litigante no Judiciário brasileiro. Isso representa a participação maciça daqueles que já possuem acesso privilegiado em vez da ampliação do acesso daqueles que não têm.

De fato, nos dois relatórios dos 100 maiores litigantes do Judiciário brasileiro apresentados pelo CNJ com base nos anos de 2010 e 2011,[338] o Instituto Nacional do Seguro Social (INSS) figurou em primeiro lugar. Os dados do ano de 2010 mostram que o INSS foi o maior litigante não apenas da Justiça Federal (43,12%), como também dos três segmentos de Justiça reunidos (22,33%). Por sua vez, entre 1º de janeiro e 31 de outubro de 2011, o INSS esteve presente em aproximadamente 34% do total de processos ingressados na Justiça Federal de primeiro grau e em 79% nos Juizados Especiais Federais. No mesmo período, a autarquia esteve presente em 4,38% dos processos ingressados em primeira instância e em 21,76% de todos dos Juizados Especiais.

Em estudo da Associação dos Magistrados Brasileiros (AMB) realizado sob a coordenação científica de Maria Tereza Sadek,[339] foram levantados os 100 maiores litigantes em tribunais estaduais de 11 unidades da federação no período de 2010 a 2013. A conclusão foi que um número reduzido de atores é responsável por pelo menos metade dos processos, com destaque para o Poder Público e para o setor econômico (bancos, empresas de crédito, de financiamento e investimentos). No mesmo sentido,

---

[338] Dados disponíveis em: https://bit.ly/3gr33fV e https://bit.ly/3aQLDbs. Acesso em: 24 ago. 2020.

[339] *O uso da Justiça e o Litígio no Brasil*, 2015.

pesquisa realizada pela Associação Brasileira de Jurimetria (ABJ) envolvendo dados de sete Tribunais de Justiça identificou que trinta litigantes concentram pelo menos 50% do total de processos consumeristas, com claro predomínio do setor bancário e de telecomunicações.[340]

Desse modo, jogadores habituais, públicos e privados, dominam o uso do Judiciário. Embora os motivos possam ser variados, tomando a premissa de que o jogador habitual (que em geral é uma rica e grande organização) atua de modo mais racional que o participante eventual (normalmente um pobre indivíduo), tem-se que esse domínio ocorre porque, em termos estratégicos, a escolha pelo Judiciário lhe é vantajosa.

Na posição de autor, o jogador habitual pode calcular que o processo judicial lhe traz mais benefícios que custos, como, por exemplo, a possibilidade de se valer do rito especial da execução fiscal para cobrança de suas dívidas ou mesmo a possibilidade de exteriorizar custos que, de outra forma, seriam seus, como os gastos com uma forma privada de solução de disputas.[341] Em contrapartida, na posição de réu, o jogador habitual aufere vantagens, em primeiro lugar, se considera a baixa incidência de conflitos que ocasionam processos judiciais, ou seja, se o risco de ser processado é baixo. Além disso, nos casos em que é processado, pode, entre outras vantagens atribuídas por Galanter, assumir perdas em alguns casos para ganhar no agregado. Embora apenas em tom conjectural, tais cogitações mostram que a escolha de determinada instituição tende a favorecer aquele que possui chances de fazer a escolha com base em mais informações e de maneira mais racional.

3.2.2.2. A seleção dos objetivos

A leitura da obra de Komesar pode trazer a impressão inicial de que os objetivos são pouco relevantes quando inseridos em uma

---

[340] *Os Maiores Litigantes da Justiça Consumerista: Mapeamento e Proposições.* Brasília: Conselho Nacional de Justiça, 2017, p. 120-123.

[341] Por isso, por exemplo, na defesa das *ADR* é importante saber quem seria o responsável pelos custos afetados, se os litigantes ou a sociedade em geral (RESNIK, Judith. Many Doors?..., cit. p. 244-245, nota 134). Se o uso das *ADR* em ambiente privado, por exemplo, representa o acréscimo do custo do litigante, a despeito da redução do custo da sociedade, talvez o litigante insista no processo judicial.

proposta de análise institucional comparada, na medida em que os objetivos são moldados pelas instituições.[342] Assim sendo, o mesmo objetivo poderia levar a resultados diametralmente opostos – como a responsabilização ou a não responsabilização, ou a atribuição ou não de direitos –, dependendo da instituição escolhida.[343] Seria possível imaginar, por exemplo, que o objetivo da paz social poderia gerar tanto o aumento da interferência do Estado na vida dos cidadãos como o oposto, caso a questão seja direcionada aos juízes ou ao mercado. Cada instituição, portanto, trataria o mesmo objetivo de forma diversa.

No entanto, Komesar também enfatiza que a comparação entre instituições é feita com base nos objetivos sociais (*social goals*) a serem buscados, ou seja, a instituição adequada é aquela que pode concretizar o objetivo de maneira menos imperfeita.[344] Os objetivos, então, servem como parâmetro de comparação e, por isso, não podem ser ignorados dentro de uma teoria que se baseia justamente na análise institucional comparada.

Shubha Ghosh[345] defende que Komesar se baseia em uma definição limitada de instituição que se restringe ao processo e à participação, ignorando que existe uma "normatividade oculta" (*hidden normativity*) no desenho institucional. Nesse sentido, Ghosh afirma que "o desenho das instituições requer algum engajamento com objetivos normativos e não a separação de argumentos normativos e argumentos de desenho institucional".[346] Não por acaso, para Ghosh,[347] a participação é algo crítico para o desenho institucional, já que "não se pode determinar os pontos de vista e objetivos logo de início" e, por isso, "tanto as transações do mercado como do processo legislativo requerem uma grande variedade de *inputs*, o que indica que a máxima participação é importante ao final". Nesse sentido, uma das críticas de Ghosh seria a

---

[342] Veja-se, por exemplo: KOMESAR, Neil. *Imperfect Alternatives*, cit., p. 30.
[343] The Perils of Pandora..., cit., p. 999.
[344] Vide, por exemplo: KOMESAR, Neil. A Job for the Judges, cit. p. 660.
[345] Komesar's Razor: Comparative Institutional Analysis in a World of Networks. *Wisconsin Law Review*, 2013, esp. 465-466.
[346] Komesar's Razor, cit. p. 466, em tradução livre.
[347] Komesar's Razor, cit. p. 466, em tradução livre.

de que "Komesar tomaria as instituições como algo dado, em vez de um problema de construção".[348]

Na realidade, acredita-se que Ghosh, mais do que criticar, acaba por explicitar a relação entre objetivos e instituições que já está presente na obra de Komesar. Por vezes, o desdém manifestado por Komesar em relação aos objetivos deve-se à premissa de que objetivos se concretizam no interior de determinada instituição e, então, possuem importância na medida em que delineados institucionalmente. Todavia, como esse delineamento depende da participação dos agentes envolvidos, a construção dos objetivos integra a própria moldura institucional.

Para Komesar, a interpretação dada por determinada instituição é função da participação que, por sua vez, é função dos custos e benefícios dessa participação e de fatores como números e complexidade. O resultado da interpretação é uma variável dependente e endógena à análise, considerando-se secundária que a participação também exista em função das regras.[349] No mesmo sentido, é possível dizer que os objetivos são tomados, sobretudo, como variável endógena, construída a partir da participação, e não como variável exógena, tomada simplesmente como um dado normativo a ser buscado. Por isso, o objetivo construído na instituição (endógeno) ganha destaque. Nesse aspecto, Komesar parece estar mais atento à dinâmica das instituições em construção do que sugere a leitura feita por Ghosh.

De fato, como em Komesar instituições são tomadas como processos decisórios, é quase impossível excluir a seleção de determinado objetivo do âmbito institucional. Por exemplo, se o objetivo for a paz social, restará a pergunta: quem definiu que esse deve ser o objetivo visado? Se for algo estabelecido por lei, tem-se por trás o processo legislativo. Se for um anseio social, não há como afastar o processo comunitário ou, caso se envolvam interesses econômicos, não há como se esquivar do processo de trocas. Aqui é possível vislumbrar, inclusive, uma interligação entre instituições. A comunidade, por exemplo, pode definir como objetivo a paz social que, por sua vez, é delineada no processo

---
[348] Komesar's Razor, cit. p. 458, em tradução livre.
[349] The essence of economics: law, participation and institutional choice (two ways), cit. p. 167.

legislativo em termos mais gerais e, em caso de conflito, é novamente moldada pelos processos jurisdicionais, dentre os quais o judicial. Assim sendo, uma variável exógena ao processo judicial pode ser considerada endógena pelo processo legislativo (por exemplo, o estabelecimento de normas fundamentais do processo civil por meio de lei ordinária). Objetivos, nessa visão, existem, sobretudo, em função das instituições.

No entanto, se a escolha dos objetivos integra os processos decisórios, a participação dos agentes ganha novamente destaque. Os objetivos serão, assim, selecionados e delineados de acordo com os grupos de interesse envolvidos. A propósito, cabe a citação da seguinte passagem de Komesar[350] que, embora faça referência expressa somente aos processos político e judicial, pode ser interpretado como envolvendo todas as instituições:

> Se e até que ponto os processos político e judicial vão responder a qualquer necessidade social percebida – como o anseio por uma lei ou por um programa que reduza os custos de transação – vai depender de como essa necessidade é representada em tais processos. Quando as condições para tendências minoritárias ou majoritárias estiverem presentes, por exemplo, esses processos podem permanecer inertes, ou mesmo serem perversos diante da necessidade social, quando aqueles que possuem a necessidade integrarem grupos sub-representados nesses processos.

Desse modo, a distribuição desigual dos *stakes*, como ocorre na tendência minoritária do jogador habitual *versus* participante eventual, vai se refletir também nos objetivos a serem buscados. Isso ajuda a explicar por que determinados objetivos prevalecem e também por que algumas modificações institucionais são mais facilmente obtidas que outras.

3.2.2.3. Moldando as instituições

Nesse contexto, se os objetivos são definidos em função da participação dos envolvidos, é natural que a própria moldura institucional também seja, em termos mais amplos, decorrente da participação. Mais uma vez, interesses minoritários concentrados tendem a prevalecer sobre a maioria dispersa.

---

[350] *Imperfect Alternatives*, cit. p. 114, em tradução livre.

No campo de processos decisórios não jurisdicionais, isso não chega a ser novidade. Falar, entre outros, no predomínio de grupos minoritários de interesse no processo legislativo ou na "captura das agências administrativas" insere-se nesse contexto. Por exemplo, analisando dados das consultas públicas realizadas pela Agência Nacional de Telecomunicações (ANATEL) entre 1998 a 2003, Paulo Todescan Lessa Mattos apurou que 71,81% das sugestões que foram efetivamente acolhidas buscavam atender aos interesses das empresas reguladas, ao passo que menos de 22% atendiam aos interesses dos consumidores.[351] Isso indica um processo enviesado em favor de uma minoria.

Ocorre que processos voltados à solução de disputas – isto é, processos jurisdicionais – também estão sujeitos ao predomínio de uma minoria em detrimento da maioria, situação na qual se enquadra a oposição entre jogador habitual e participante eventual. Esse predomínio pode assumir diversas roupagens.

Se Galanter menciona que leis processuais em favor dos *one-shotters* poderiam contribuir para a redução do desequilíbrio em relação ao *repeat player*, também é provável que o processo político tenda a reproduzir essa desigualdade de forças, o que, no final, irá resultar em normas processuais mais favoráveis aos jogadores habituais. Isso fica visível quando são citados casos em que os interesses de uma minoria concentrada e altamente representada prevaleceram na definição das normas processuais pelo processo político.

Ion Meyn,[352] por exemplo, resgata os debates ocorridos durante o trabalho da comissão encarregada de elaborar o código de processo penal norte-americano. Ele aponta como o intento original do relator, James Robinson, de aproximar as regras do processo civil às do processo penal foi fracassado diante da firme atuação do secretário da comissão, Alexander Holtzoff, que defendeu a manutenção das práticas então existentes, salvo nos casos em que a modificação poderia ampliar o poder do promotor. Meyn nota, entre outros fatores, que a experiência dos membros da comissão era, sobretudo, em atividades ligadas às

---

[351] Cf. BADIN, Arthur Sanchez. *Controle Judicial das Políticas Públicas...*, cit. p. 119.
[352] Why Civil and Criminal Procedure are So Different: A Forgotten History. *Fordham Law Review*, Vol. 86, n. 2, 2017, p. 697-736.

de promotores. O próprio Holtzoff era assessor especial do Procurador-Geral (*Special Assistant to the United States Attorney General*). Em particular, a comissão não possuía advogados criminais, ainda que alguns possam ter atuado em algum momento da prática privada na defesa de réus. Assim sendo, em nome do aumento da celeridade do processo penal, as regras foram modificadas, sobretudo, quando favoreciam os promotores. Em contrapartida, a tradição teria sido mantida quando a modificação representasse ampliar os poderes de defesa dos réus. Enfim, fatores extrajurídicos teriam promovido o distanciamento do processo penal do processo civil.

Galanter parte do pressuposto de que os *repeat players*, valendo-se de suas vantagens estruturais, conseguem jogar com as regras processuais da maneira que lhes seja mais favorável. Todavia, o que se nota é que, além de jogar com as regras existentes, os jogadores habituais conseguem interferir na moldura do próprio processo jurisdicional, construindo regras que lhes sejam vantajosas.

Isso fica visível quando se comparam processos jurisdicionais em que a liberdade de atuação das partes, somada à maior flexibilidade do procedimento, possui poucas barreiras ao domínio do *repeat player*. Embora centrado no contexto norte-americano, cabe citar o estudo de Shauhin Talesh,[353] que compara dois órgãos de resolução de conflitos de consumo ligados a veículos automotores, um administrado pelo Estado (em Vermont) e outro financiado pela indústria automotiva e operado por organizações independentes (na Califórnia).

Contrapondo o modo de treinamento (mais direcionado a valores mercadológicos no órgão da Califórnia e mais aberto a parâmetros de justiça em Vermont), a forma de atuação dos árbitros (mais ativos em Vermont que na Califórnia; com menos espaço para lidar com as emoções das partes na Califórnia que em Vermont) e o modo de interpretação das leis (com maior influência do mercado na Califórnia), Talesh demonstra como a estrutura dos sistemas de resolução de conflitos afeta o sentido e a implementação da lei, o que permite a extensão das

---

[353] How Dispute Resolution System Design Matters: An Organizational Analysis of Dispute Resolution Structures and Consumer Lemon Laws. *Law & Society Review*, Vol. 46, n. 3, 2012, p. 463-496.

vantagens dos *repeat players*. De fato, por meio de órgãos de solução de conflitos como o da Califórnia, a indústria automobilística conseguiria exercer forte influência na interpretação da lei, fazendo com que interesses comerciais tivessem peso nas decisões. Assim, Talesh explora como as estruturas dos órgãos de resolução de conflitos podem gerar vantagens aos *repeat players*.

Nesse contexto, na análise do processo jurisdicional cabe notar a influência dos participantes na construção do desenho procedimental. Isso se torna ainda mais importante quando se soma a flexibilidade para a construção do procedimento com o notório desequilíbrio de poder entre as partes.

Cabe especial atenção, assim, a processos jurisdicionais voltados ao acordo e que envolvam jogadores habituais. A propósito, cabe lembrar que Marc Galanter[354] aponta a probabilidade de *repeat players* utilizarem os acordos para minimizarem riscos de precedentes negativos. Owen Fiss,[355] por sua vez, afirma que o acordo é feito em função dos recursos que as partes possuem e, como tais recursos frequentemente são desiguais, essa desigualdade tende a afetar o processo usado para obtenção do consenso.[356] No entanto, esse risco é agravado quando o próprio procedimento adotado é mais flexível, pois o poder do jogador habitual pode ser utilizado não apenas para impor um acordo, mas também para influenciar na própria construção do desenho procedimental.

Por isso, cabe analisar criticamente programas conciliatórios que se baseiam exclusivamente em "mutirões" estruturados a partir dos interesses dos jogadores habituais. Nesses casos, por vezes, é o jogador habitual que indica os casos a serem pautados, os dias e horários disponíveis para comparecimento, a forma que pretende ser intimado,

---

[354] Why the "Haves" Come out Ahead, cit. p. 98-103.
[355] Contra o acordo. In: *Um Novo Processo Civil: Estudos Norte-Americanos sobre Jurisdição, Constituição e Sociedade*. Coordenação da tradução de Carlos Alberto de Salles. Tradução de Daniel Porto Godinho e Melina de Medeiros Rós. São Paulo: Revista dos Tribunais, 2004, p. 124-125.
[356] Ponderando as vantagens e desvantagens do uso da conciliação em conflitos previdenciários, na qual é notório o desequilíbrio entre o INSS e o cidadão, bem como salientando a necessidade de se respeitar o devido processo legal mínimo nos meios consensuais, vide: TAKAHASHI, Bruno. *Desequilíbrio de poder e conciliação*, cit. p. 43-56.

entre outros detalhes. Reconhecendo as vantagens gerenciais da agregação informal de casos utilizada no âmbito da conciliação, Maria Cecília de Araujo Asperti[357] alerta sobre os riscos existentes, dentre os quais o de intimidação do participante eventual, que seria agravado em regime mutirão, quando o procedimento for pautado exclusivamente em metas pelo número de acordos firmados ou quando o Judiciário assumir uma postura de "parceiro" do jogador habitual.

Essa preocupação se mostra ainda mais pertinente quando se nota a maior potencialidade do uso de acordos procedimentais a partir do surgimento dos artigos 190 e 191 do Código de Processo Civil de 2015. Ao ampliarem a possibilidade de acordos procedimentais, tais dispositivos mitigam a ideia de que, nos processos consensuais, a justiça do resultado é das partes, ao passo que o terceiro facilitador deve zelar pela justiça do processo. Se o controle procedimental também se concentra nas partes, o eventual desequilíbrio existente pode fazer com que o acordo final seja desvantajoso para a parte mais fraca não apenas por conta do resultado, mas também como fruto de um processo viciado. Mais uma vez, se não adotadas as devidas cautelas, o jogador habitual vai sair ainda mais na frente.

3.2.2.4. A internalização da lei e a criação do próprio campo de jogo

Ao se apresentar uma proposta de análise institucional comparada da jurisdição, foi feita uma aproximação da comunidade e do mercado com o sistema não estatal, de um lado, e do processo político e do Judiciário com o sistema estatal, de outro. Como os processos jurisdicionais se espalham por todas essas quatro grandes instituições, emitindo sinais variados que podem atrair ou repelir disputas, é possível cogitar que aqueles que têm levam vantagem não apenas pelo uso do processo judicial tradicional, mas também por meio da construção de processos jurisdicionais onde lhes for mais favorável. Evidentemente, o campo mais favorável costuma ser aquele dominado pelo próprio jogador habitual. Afinal, "jogar em casa" traz vantagens.

---

[357] A Agregação Informal de Demandas Repetitivas na Conciliação Judicial: Pautas Concentradas e Mutirões. In: GABBAY, Daniela Monteiro; TAKAHASHI, Bruno (coord.). *Justiça Federal: Inovações nos Mecanismos Consensuais de Solução de Conflitos*. Brasília: Gazeta Jurídica, 2014, especialmente p. 270-271.

De fato, partindo novamente do pressuposto de que o típico *repeat player* é a rica pessoa artificial acostumada a estar em juízo, pode-se, no limite, chegar ao ponto de confundir o ator organizacional com a instituição que integra. Por exemplo, as grandes corporações empresariais são jogadores habituais do mercado ou são o próprio mercado? A União, o INSS e a Fazenda Nacional são atores do processo político ou são o próprio processo político? Na linha adotada neste trabalho, entende-se que há uma distinção, ainda que tênue, entre os processos decisórios, ou seja, as instituições, e os atores que atuam nos processos. O campo, em suma, não se confunde com os jogadores.

No entanto, é inegável que esse extenso domínio permite que as regras do processo decisório sejam amplamente delineadas pelo jogador habitual. As empresas, por exemplo, possuem maior liberdade de definir suas regras internas de conduta do que de alterar as regras do processo judicial.

Nesse contexto, devem ser vistos com cautela movimentos de deslegalização ou de desjudicialização promovidos pelo jogador habitual e que impliquem o direcionamento do conflito para uma instituição dominada pelo mesmo jogador habitual. Um conceito que ajuda a compreender esse fenômeno é o da "endogeneidade da lei" (*endogeneity of law*), proposto por Lauren Edelman.[358]

Segundo Edelman,[359] as organizações e as leis estão intimamente conectadas. A vida das organizações nasce a partir de sua constituição legal, as transformações tomam a forma de fusões e aquisições, e o seu fim assume a natureza jurídica de falência. Todavia, é necessário perceber como as organizações respondem à lei, e como a lei responde às organizações. Isso envolve um movimento duplo composto tanto pela legalização das organizações (*legalization of organizations*) – isto é, a incorporação de elementos legais e princípios jurídicos no âmbito das organizações – como

---

[358] O conceito de *endogeneity of law* está presente em diversos textos de Edelman. Aqui se tomam como base, sobretudo, os seguintes textos: EDELMAN, Lauren B. *Working Law*, cit. especialmente Capítulo 2 ("The Endogeneity of Law"), p. 21-41; EDELMAN, Lauren B.; SUCHMAN, Mark C. When the "Haves" Hold Court: Speculations on the Organizational Internalization of Law. In: KRITZER, Herbert M.; SILBEY, Susan. *In Litigation*: Do the "Haves" Still Come Out Ahead. Stanford: Stanford University Press, 2003, p. 290-341.

[359] *Working Law*, cit. p. 21.

também pelo gerenciamento do direito (*managerialization of law*), ou seja, a incorporação de valores empresariais no direito.[360]

Nesse contexto, a partir da teoria da endogeneidade da lei, Edelman destaca como as organizações constroem o significado dos direitos e de obediência à lei e, assim, moldam o comportamento das instituições legais estatais e, em última análise, o significado da própria lei.[361] Tal movimento de endogeneidade da lei pode ser dividido em seis estágios, sendo os primeiros mais associados à legalização das organizações e os últimos mais ao gerenciamento do direito.[362]

O primeiro estágio é a *existência de uma lei ambígua*. Isso, em geral, amplia o potencial de interpretações baseadas em valores gerenciais, bem como de decisões judiciais que deixam amplo espaço para as organizações definirem os termos de sua conformidade à norma (*compliance*).[363]

Já a segunda etapa envolve o *enquadramento do cenário legal por profissionais da área de compliance*. Esses especialistas fornecem o panorama jurídico para a organização e, assim, definem a compreensão que se terá internamente acerca da lei.[364]

No terceiro estágio, ocorre a *difusão de estruturas simbólicas de conformidade à lei*, ou seja, a criação de estruturas simbólicas no interior da organização que imitam a forma do sistema legal estatal, ao mesmo tempo em que deixam espaço suficiente para se preservarem práticas empresariais. Tal imitação envolve, por exemplo, a criação de regulamentos ou políticas internas que lembram leis formais; o estabelecimento de setores que se assemelham a agências administrativas; e o uso de procedimentos para reclamações parecidos com o dos órgãos judiciais. Essas estruturas simbólicas demonstram atenção ao direito estatal e, assim, conferem legitimidade às práticas organizacionais à luz do sistema jurídico do Estado. Todavia, se esse simbolismo é acompanhado de uma conformidade substancial com a lei é outra questão.[365]

---

[360] *Working Law*, cit. p. 22-26.
[361] *Working Law*, cit. p. 22.
[362] *Working Law*, cit. p. 27-40.
[363] *Working Law*, cit. p. 29.
[364] *Working Law*, cit. p. 30.
[365] *Working Law*, cit. p. 31-32.

Embora seja possível que os valores legais sejam institucionalizados pelas organizações, reduzindo a distância entre estruturas simbólicas e substanciais, muitas vezes ocorre o movimento inverso: as leis emanadas do Estado, ao serem internalizadas pelas organizações, são interpretadas de acordo com valores gerenciais.[366] Este movimento de *gerenciamento do direito* é identificado com a quarta etapa da endogeneidade da lei e, segundo Edelman,[367] divide-se em: i) *internalização dos processos de solução de disputas*, o que permite maior controle por parte dos empregadores e o enquadramento das disputas em termos gerenciais; ii) *uso de contratos ou de outras formas de gerenciamento para lidar com os riscos legais*, por exemplo, por meio do estabelecimento de cláusulas nos contratos de trabalho exigindo o prévio uso da arbitragem; iii) *separação das regras legais das atividades da organização*, assim permitindo a convivência de práticas formais simbólicas de respeito à lei em conjunto com a manutenção de práticas contrárias a ela;[368] iv) *reenquadramento retórico dos ideais da lei*, reinterpretando de modo sutil leis ambíguas ou politicamente sensíveis de modo que sejam menos desafiadoras às prerrogativas e práticas gerenciais. Segundo Edelman,[369] essas quatro formas de gerenciamento do direito podem operar de modo independente ou simultâneo a fim de tornar as estruturas simbólicas menos substanciais.

Além disso, as estruturas simbólicas podem ser utilizadas para que as pessoas vejam as organizações como justas e, assim, estejam menos dispostas a reivindicar seus direitos em juízo. À medida que as estruturas simbólicas se tornam mais comuns, as pessoas tendem a associá-las com o respeito da lei e, assim, a não perceberem o comportamento danoso das organizações como uma lesão a direitos.[370] De modo paralelo, existe uma propensão de as estruturas simbólicas da organização também serem mobilizadas como forma de se contraporem à mobilização legal dos empregados. Assim, caso sejam processadas judicialmente, as organizações têm propensão a usar a existência das estruturas

---

[366] *Working Law*, cit. p. 33-34.
[367] *Working Law*, cit. p. 34-35.
[368] *Working Law*, cit. p. 35.
[369] *Working Law*, cit. p. 35.
[370] *Working Law*, cit. p. 37. Assim, seguindo a nomenclatura adotada neste trabalho, a nomeação do conflito como intersubjetivo de justiça é mitigada.

simbólicas como forma de defesa. Em certas situações, elas podem, inclusive, valer-se de *lobbies* para que essas estruturas sejam expressamente reconhecidas pelo direito estatal.[371] Essa *mobilização das estruturas simbólicas* é a quinta etapa da endogeneidade da lei.

Por fim, a sexta e última etapa associa-se à *deferência legal da estrutura simbólica*. Isso significa a aceitação pelo sistema estatal de que as estruturas simbólicas existentes nas organizações se identificam com a conformidade à lei. Nessa situação, os tribunais tenderão a endossar as estruturas simbólicas sem perquirir acerca de sua efetividade; os legisladores possivelmente irão torná-las obrigatórias sem assegurar que o resultado será em conformidade substancial com a lei; e as agências administrativas irão recomendá-las sem indagar acerca da sua realidade. Dessa maneira, quando o sistema estatal incorpora essas estruturas simbólicas das organizações, a lei se torna endógena. Caso o simbolismo venha acompanhado da conformidade real, a endogeneidade irá atingir ou mesmo ultrapassar os ideais da lei, porém, se as estruturas forem meramente simbólicas, haverá a complacência com o gerenciamento do direito e a erosão dos ideais legais.[372]

De acordo com Edelman,[373] as seis etapas estão sujeitas a idas e vindas. Além disso, cada uma delas encoraja e está sujeita ao movimento de gerenciamento da consciência legal (*manerialization of legal consciousness*), pelo qual as pessoas cada vez mais passam a pensar na lei e na sua obediência em termos gerenciais.

Em especial, vislumbra-se que o movimento de endogeneidade (ou internalização) da lei tende a favorecer os *repeat players*, em seu modelo típico da grande organização burocrática.[374] De fato, a internalização da produção normativa por meio de regulamentos e códigos de ética permite que os jogadores habituais possam construir as próprias regras, sem necessidade de fazerem *lobbies* no processo político. O uso de processos jurisdicionais próprios permite que valores de mercado se confundam com ideais de justiça, em prejuízo daquele que

---

[371] *Working Law*, cit. p. 38.
[372] *Working Law*, cit. p. 39.
[373] *Working Law*, cit. p. 27.
[374] Essa é tese exposta, particularmente, em: EDELMAN, Lauren B.; SUCHMAN, Mark C. When the "Haves" Hold Court, cit.

possui menos capacidade de controlar o processo (ou seja, o participante eventual). Além disso, advogados especializados fazem os jogadores habituais atuarem como os próprios consultores jurídicos, arquitetando estruturas meramente simbólicas de conformidade com a lei. Mesmo o uso de segurança privada pode ser visto como uma ampliação dos poderes da grande organização em relação ao sistema estatal no tocante ao poder de coerção.[375] Há, assim, a criação do próprio campo de jogo pelos *repeat players*, o que maximiza as vantagens estruturais expostas por Galanter.[376]

---

[375] When the "Haves" Hold Court, cit. p. 316-319.

[376] Cabe transcrever a seguinte passagem de Edelman e Suchman que resume bem essas ideias: "Os jogadores habituais de Galanter desfrutavam de certas posições vantajosas no que se refere a obter representação legal, fazer *lobby* pela mudança das regras e persuadir os tribunais. Presumidamente, essas vantagens dos jogadores habituais continuam a se acumular no sistema legal externo. Todavia, cabe acrescentar que as grandes organizações burocráticas da atualidade – agindo internamente como legisladores, juízes, advogados e policiais – também desfrutam dos benefícios de processos internos de solução de disputas, bem antes de seus casos problemáticas eventualmente serem levados a uma autoridade externa. Enquanto os jogadores habituais de Galanter podiam contratar advogados especializados para representá-los nos encontros com o sistema legal externo, as grandes organizações burocráticas da atualidade *são* seus próprios advogados e possuem capacidade para atuar juridicamente em todas as fases de suas atividades internas e externas. Enquanto os jogadores habituais de Galanter podiam solicitar aos legisladores que editassem regras legais que lhes fossem favoráveis, as grandes organizações burocráticas da atualidade *são* seus próprios legisladores e podem organizar suas políticas de maneiras que fundamentalmente restringem e reconstituem os termos do debate com seus empregados, bem como, de modo semelhante, no ambiente mais geral. E, enquanto os jogadores habituais de Galanter podiam desenvolver relações facilitadoras com o pessoal dos tribunais, as grandes organizações burocráticas da atualidade *são* seus próprios tribunais e *os abastecem* com seu próprio pessoal, além de conseguirem resolver disputas internas de maneiras que não apenas maximizam a paz organizacional interna, mas também moldam o caso se ele tiver de ser direcionado para tribunais externos à organização. (...) À medida que a esfera do planejamento antecipado se ampliou para incluir a internalização da lei, as organizações, em vez de ocuparem uma posição de poder no campo legal externo, passaram a manter, dentro de seus limites, um simulacro privado do próprio campo (cf. Baudrillard 1994)." (When the "Haves" Hold Court, cit. p. 321, em tradução livre).

Desse modo, nota-se que o conceito de endogeneidade da lei é útil para indicar como os jogadores habituais podem construir o próprio campo de jogo, por meio do delineamento de um sistema não estatal que prevalece sobre o estatal, valendo-se de movimentos de deslegalização e desjudicialização. Todavia, seria de se questionar até que ponto o modelo, baseado sobretudo nas organizações privadas no cenário norte-americano, é compatível com o caso brasileiro, no qual há grande presença de jogadores habituais que são também entes públicos.

Se está claro que entes públicos podem se valer de estratégias para interpretar e internalizar as leis conforme lhes seja mais favorável (por exemplo, por meio de atos infralegais como instruções normativas, resoluções ou recomendações), também é certo que essa interpretação não pode representar uma dissociação da lei formal. Além disso, a própria noção do que seria algo favorável ao ente público é complexa (favorável seria aquilo que preservasse os interesses dos cidadãos em geral ou, especificamente, de determinado órgão administrativo?). Ademais, seria de se questionar se a construção de estruturas meramente simbólicas seria admitida no âmbito da Administração. Essa dificuldade se justifica quando se nota que, nesse caso, não se pretende a saída do sistema estatal, mas apenas o direcionamento do Judiciário para o processo político (desjudicialização, mas não deslegalização). De todo modo, ainda que determinado conflito ou, em termos mais restritos, determinada disputa, permaneça no sistema estatal, é preciso verificar se os interesses do ente público jogador habitual não estão indevidamente se sobrepondo aos do cidadão participante eventual.

Cabe a ressalva, por fim, de que o sistema não estatal – sob as facetas do processo comunitário ou de mercado – não necessariamente é a pior opção. A ideia de endogeneidade da lei pode se mostrar perversa quando o movimento é dominado pelo jogador habitual, mas pode ser vista com bons olhos caso haja uma equiparação de forças. A internalização do direito estatal por processos comunitários, envolvendo membros em situação relativamente homogênea (por exemplo, camponeses de uma mesma cooperativa agrícola), pode representar uma adequada preservação do local diante do geral, mantendo traços de solidariedade mesmo diante de um processo externo que privilegie valores de mercado.[377]

---

[377] De certo modo, essa é a ideia presente no estudo de caso envolvendo fazendeiros *nikkeis* da cidade de Pilar do Sul realizado por Ryu Yoshimura (A Dualidade

3.3. E as demais oposições entre as partes?

No decorrer do capítulo, baseou-se em Galanter e Komesar para tratar das partes em ação, enfatizando-se basicamente a oposição entre jogador habitual e participante eventual. No entanto, cabem algumas breves observações sobre as demais oposições possíveis, isto, é aquelas envolvendo conflitos entre *one-shotters* ou entre *repeat players*.

Na tipologia proposta, Galanter indica que as oposições entre *one-shotters* costumam ser pseudolitigância, ou seja, acordos elaborados pelas próprias partes e trazidos à homologação em juízo. Frequentemente as partes possuem uma relação próxima entre si e a ação judicial decorre da ruptura dessa relação. Assim sendo, o encaminhamento da disputa para a esfera judicial é algo *ad hoc* e alheio à atividade rotineira das partes. Como exemplo, são citados casos entre vizinhos, cônjuges ou outros membros da mesma família.[378] Nessas hipóteses, seria possível imaginar que os conflitos, em geral, são resolvidos no âmbito da própria relação, sem necessidade de encaminhamento para alguma instituição externa voltada a seu tratamento. Assim sendo, na terminologia usada nesta obra, não haveria a necessidade de processo jurisdicional.

Por sua vez, ainda de acordo com Galanter, os *repeat players* que travam relações entre si, normalmente também possuem formas informais de controle bilateral. Seria o caso, por exemplo, de empresários que mantêm relações continuadas. Além disso, quando há necessidade de encaminhar o conflito para solução por um terceiro, em geral, a opção é por uma forma que não envolva a aplicação de sanções legais e que se valha de regras internas.[379] Não por acaso, havendo a

---

do "Liberal" no Neoliberalismo e da Solidariedade Local: um Estudo de Caso do Gerenciamento Individual de Fazendeiros Nikkeis e da Organização de Cooperativas Agrícolas no Sudeste Brasileiro. Tradução de Bruno Takahashi e revisão da tradução de Olivia Yumi Nakaema. IN: ODA, Ernani; NAKAEMA, Olivia Yumi; NABESHIMA, Yuri Kuroda (org.). *Novos Temas de Pesquisa em Estudos Japoneses*. Curitiba: Juruá, 2019, p. 171-188).

[378] Why the "Haves" Come out Ahead, cit. p. 107-108.

[379] Why the "Haves" Come out Ahead, cit. p. 110-111. Ressalte-se, porém, que, no que se refere à oposição entre *repeat players*, Galanter também identifica casos especiais que tornam o ingresso em juízo mais provável, como jogadores habituais que buscam a proteção de compromissos culturais fundamentais em vez de interesses tangíveis; jogadores habituais que são unidades governamentais,

equiparação do *one-shotter* ao *repeat player*, tem-se a expectativa de que o sistema estatal seja abandonado em favor de sistemas privados de solução de disputas.[380]

Nessas duas situações, portanto, é possível afirmar que o Judiciário não se mostra tão relevante. Em princípio, na oposição entre participantes eventuais, o conflito pode ser resolvido tanto no interior da própria relação, sem necessidade de um processo jurisdicional ou, então, valendo-se de processos jurisdicionais que auxiliem na preservação da relação e que estejam mais próximos das partes (por exemplo, mediação comunitária). Já na oposição entre jogadores habituais, o conflito também pode ser resolvido no interior da própria relação, mediante negociação direta, ou, então, valendo-se de processos jurisdicionais que sejam compatíveis com os valores e objetivos que fundam a relação (por exemplo, o uso da mediação ou da arbitragem comercial em conflitos envolvendo empresários).

Por isso, na análise institucional comparada, haveria menos prejuízo, em tese, ao se remeterem participantes eventuais que litiguem entre si para processos comunitários de solução de disputas. Do mesmo modo, jogadores habituais em conflito poderiam ser direcionados para processos jurisdicionais ligados ao mercado. Em contrapartida, é mais problemático propor reformas legislativas ou defender decisões judiciais que provoquem o direcionamento da oposição jogador habitual *versus* participante eventual para processos em que a tendência minoritária que favorece o primeiro seja ampliada.

De forma análoga, por envolverem relações que tendem ao desequilíbrio de poder, exigem cuidado movimentos de desjudicialização que impliquem: remeter conflitos entre administrado e Administração para órgãos administrativos de solução de controvérsia; direcionar conflitos entre empregado e empregador para órgãos internos de solução de disputas ou para arbitragem trabalhista; encaminhar casos

---

em relação aos quais a ruptura da relação não é possível, reduzindo a possibilidade de controle informal, e a noção de ganho é problemática; e jogadores habituais que, apesar da atuação constante, não lidam um com o outro repetidamente (duas companhias de seguro, por exemplo), não havendo então relação para se manter, o que torna raros os controles informais (*idem*, p. 111-112).

[380] Why the "Haves" Come out Ahead, cit. p. 144.

entre consumidor e fornecedor para entidades privadas voltadas ao tratamento do conflito, mas financiadas pelo próprio fornecedor; etc. Evidentemente, isso não significa refutar cabalmente tais movimentos, pois tudo depende das demais opções existentes. É importante, porém, que as características estruturais das partes em ação também sejam consideradas para se identificar a alternativa menos imperfeita.

3.4. Outros dois atores relevantes

A dinâmica entre as partes insere-se em um contexto do qual participam uma série de outros atores. Legisladores, agentes administrativos, consultores, assistentes técnicos e escreventes judiciais são apenas alguns exemplos. Na postura metodológica adotada, em geral, esses outros atores podem ser associados às instituições ou às partes. Assim, legisladores e agentes administrativos integrariam o processo político; escreventes, o processo judicial. Consultores e assistentes técnicos, por sua vez, seriam auxiliares das partes.

No entanto, existem dois atores que, por suas características especiais, merecem atenção: o advogado e o juiz. De fato, reduzir o advogado como sendo auxiliar de uma das partes ou o juiz como integrante do processo judicial representa simplificar demasiadamente a própria interação entre conflito, instituições e partes. Desse modo, mesmo que de maneira breve, cabe salientar algumas particularidades desses dois atores, tendo em vista, sobretudo, a tipologia de jogadores habituais *versus* participantes eventuais.

3.4.1. A importância dos advogados

Se, como regra, exige-se capacidade postulatória como requisito formal para se ingressar em juízo, sem o advogado não há a participação no processo judicial. É despiciendo falar que o advogado exerce função essencial à Justiça (art. 133 da CF). Seu papel, porém, antecede o início de uma ação judicial e não se limita à atuação em juízo.

De fato, o enquadramento do conflito como intersubjetivo de justiça, bem como seu posterior direcionamento para determinado processo jurisdicional, costuma depender do trabalho do advogado.

Nesse sentido, Mather e Yngvesson[381] indicam que advogados podem ser "intermediários culturais" (*culture brokers*), traduzindo as preocupações do litigante na linguagem da lei.

Em termos mais amplos, as autoras[382] sugerem que, nessa função de intermediação, o advogado também pode atuar como um agente de transformação das disputas, ou seja, "alguém que pode se comunicar com os litigantes e com outras pessoas, mas que também é suficientemente inserido na arena da disputa de modo a ser capaz de traduzir as preocupações dos litigantes e do público na linguagem oficial do processo de solução de disputas".

Infere-se que, nessa função, os advogados possam, inversamente, afastar do sistema estatal certos conflitos. Isso porque, segundo Mather e Yngvesson,[383] agindo como "porteiros" dos tribunais, os advogados poderiam decidir se representam determinado cliente e, em caso positivo, como realizar o enquadramento do caso. Eles tanto podem traduzir as narrativas de seus clientes em demandas judiciais como afastá-las do Judiciário.[384]

Do mesmo modo, segundo Lawrence Friedman os advogados também são cruciais "intermediários da informação" (*information brokers*), porque traduzem a complexidade dos textos normativos para os seus clientes.[385] Nessa função, eles podem atuar como "agentes duplos" (*double agents*). Advogados tributaristas, por exemplo, podem indicar a seus clientes como cumprir a lei, quais estratégias funcionam melhor, como obter restituições legais de tributos e quais práticas evasivas tendem a gerar

---

[381] Language, Audience, and the Transformation of Disputes, cit. p. 792.

[382] Language, Audience, and the Transformation of Disputes, cit. p. 819, em tradução livre.

[383] Disputes..., cit. p. 564.

[384] Conforme Lawrence Friedman: "Advogados (...) possuem um papel importante perto do topo da pirâmide das disputas e, em geral, no ciclo de vida das disputas. Eles transformam as cruas histórias contadas pelos seus clientes em reivindicações legais – ou, ao contrário, convencem os clientes a não irem adiante". (*Impact: How Law Affects Behavior*. Livro eletrônico. Cambridge/ London: Harvard University Press, 2016, p. 85, em tradução livre).

[385] *Impact*, cit. p. 35.

problemas. Só que, ao prestarem tais informações, estão também auxiliando o governo a arrecadar tributos, na medida em que auxiliam na divulgação e, como consequência, no aumento do impacto causado pela lei.[386]

Nesse contexto, a captação e a retransmissão dos sinais emitidos pelas instituições estatais (em especial, pelos processos legislativo e jurisdicional) dependem, de maneira considerável, do trabalho dos advogados. Assim sendo, a propagação dos sinais não depende apenas das próprias instituições, mas também da atividade de "carregadores da informação"[387] que transitam em torno delas, como, no caso, dos advogados.

Ademais, segundo Lauren Edelman os advogados são um dos responsáveis por construir a própria imagem do sistema legal estatal para a organização que os contrata, podendo, assim, apresentar esse ambiente como envolvendo mais riscos que, de fato, existem (por exemplo, exagerando nos riscos de que empregados ingressem com processos judiciais ou no valor das indenizações que porventura deverão ser pagas pela empresa). Nesse sentido, os advogados agiriam não apenas como "condutores" do ambiente legal, mas como seus "arquitetos".[388]

Em suma, o que existe de comum nessa lista não exaustiva de funções atribuídas aos advogados ("intermediários culturais", "intermediários da informação", "agentes duplos", "carregadores da informação" e "arquitetos do ambiente legal") é que tais profissionais atuam como "pontes" entre os sistemas estatais e não estatais, sendo, portanto, de extrema relevância. Assim, tais profissionais moldam e direcionam os conflitos de um para outro sistema, traduzindo o sistema não estatal para o estatal e vice-versa. Desse modo, como bem aponta Bolívar Lamounier, a advocacia é uma profissão *intersticial*, no meio do caminho entre os domínios privado e público.[389]

---

[386] *Impact*, cit. p. 36.
[387] Essa ideia é inspirada no conceito de "grupos de carregadores" (*carrier groups*), tomada de Max Weber por Jeffrey Alexander para explicar a dinâmica da construção de um trauma cultural (*cultural trauma*) (*The Meanings os Social Life: A Cultural Sociology*. Livro Eletrônico. New York: Oxford University Press, 2003, p. 93).
[388] *Working Law*, cit. p. 77
[389] *O império da lei: A visão dos advogados sobre a justiça brasileira*. Livro eletrônico. São Paulo: Companhia das Letras, 2016, pos. 183. Há referência, em nota de rodapé a essa passagem, a Talcott Parsons que, segundo Lamounier, incluiria o caráter intersticial do advogado e seu papel de "trustee" entre os traços mais relevantes da advocacia.

Nesse contexto, muitos movimentos expostos neste trabalho envolvendo conflitos, processos e partes pressupõem a atividade do advogado. Cabem algumas considerações adicionais acerca de sua interferência na relação entre jogadores habituais e participantes eventuais.

Em relação aos advogados, Marc Galanter[390] parte de três premissas, que podem ser lidas como tendências: i) partes com advogados possuem mais vantagens; ii) os advogados são, eles próprios, jogadores habituais; iii) quanto mais próxima e durável for a relação cliente-advogado, mais a lealdade dos advogados será em relação aos clientes, e menos em relação aos tribunais ou à classe profissional. Essas três premissas reforçam as vantagens dos jogadores habituais.

De fato, Galanter[391] indica que, além de terem condições de contratarem advogados, os jogadores habituais possuem recursos para contratar profissionais de melhor qualidade. Assim, eles têm à sua disposição serviços legais mais contínuos, com registros melhores, com maior capacidade de atuar de maneira preventiva e com maior grau de conhecimento e especialização. Ademais, presume-se que o jogador habitual, identificado com a grande organização, possui maior controle sobre a atuação do advogado que contrata.

Acrescente-se ainda que o próprio acesso aos advogados costuma ser mais difícil para o pobre participante eventual. De fato, embora baseada no cenário norte-americano, pesquisa publicada em 2017 aponta que pessoas com maiores recursos para contratar advogados são também aquelas que possuem maiores contatos com tais profissionais em sua rede de relações informais.[392] Isso indica que mesmo o acesso informal a advogados é dificultado para o participante eventual na sua configuração típica (pobre pessoa natural pouco habituada a estar em juízo).

Embora os próprios advogados possam, em certas circunstâncias, ser vistos como *repeat players*, a configuração das diferentes classes de profissionais que atuam em favor dos jogadores habituais e dos participantes eventuais dificulta a promoção do equilíbrio entre as partes. Isso

---

[390] Why the "Haves" Come out Ahead, cit. p. 114-119.
[391] Why the "Haves" Come out Ahead, cit. p. 114.
[392] CORNWELL, ErinYork; POPPE, Emily S. Taylor; BEA, Megan Doherty. Networking in the Shadow of the Law: Informal Access to Legal Expertise through Personal Network Ties. *Law and Society Review*, Vol. 51, n. 3, set./2017, p. 635-668.

porque, segundo Galanter,[393] os advogados, mesmo quando especializados, que atuam em favor dos *one-shotters*, normalmente vêm dos baixos escalões da profissão. Além disso, restrições quanto à publicidade dos serviços advocatícios e obstáculos à circulação de informação entre os potenciais litigantes dificultam a mobilização dos seus clientes. Acrescente-se também que, nas situações comumente envolvendo a defesa de participantes eventuais, o advogado não pode adotar uma postura estratégica que lhe permita eticamente trocar derrotas em alguns casos por ganhos em outros (o advogado criminal de defesa não pode abrir mão da absolvição em favor de determinados acusados para evitar a condenação de outros). No mais, as relações entre os advogados e seus clientes participantes eventuais costumam ser episódicas, o que tende a gerar serviços legais estereotipados e pouco criativos.

Esse distanciamento com o cliente faz com que, diversamente do que costuma acontecer com os advogados de jogadores habituais, o advogado do participante eventual tenda a ver como seu cliente permanente não a parte, mas o fórum, o adversário ou o intermediário que lhe fornece pessoas a serem defendidas.[394] Os advogados, então, poderiam agir como jogadores habituais em seu próprio interesse, às vezes não transpondo para o seu cliente a *expertise* que a habitualidade lhes pode conferir.

No cenário brasileiro, essa relação mais distante gera diversos problemas. Assim, por exemplo, a aceitação, pelo advogado, de acordos com entes públicos, mesmo se amplamente desfavoráveis ao seu cliente, pode ser inserida na estratégia de manter relações cordiais com os juízes e procuradores da parte contrária. Outrossim, o desconhecimento da situação particular do litigante leva à produção de petições padronizadas. O uso de intermediários para captações de clientela, além de indevido, faz com que o advogado só venha eventualmente ser conhecido pelo representado caso haja uma audiência.

Ainda que haja tais limitações, Galanter indica que os advogados, embora sejam aqueles mais aptos a serem capturados pelos jogadores habituais, ampliando dessa maneira suas vantagens, paradoxalmente

---

[393] Why the "Haves" Come out Ahead, cit. p. 115-117.
[394] Why the "Haves" Come out Ahead, cit. p. 117-118.

são também aqueles que possuem maior capacidade de, a partir da maior aproximação com seus clientes, serem agentes de transformação social redistributiva.[395] Vislumbra-se que isso ocorreria, pois, com base em interesses comuns, os anseios dos participantes eventuais seriam agrupados em torno de advogados, que são dotados de características típicas dos jogadores habituais. De certo modo, tais advogados poderiam atuar como subgrupos catalíticos, despertando a maioria dormente dos participantes eventuais. Daí porque se reitera que a atuação do advogado é muito importante para a promoção da justiça.

Em suma, o que se percebe é que os advogados interferem diretamente na relação entre jogadores habituais e participantes eventuais. Sua atuação é capaz tanto de reforçar as vantagens daqueles que já têm quanto contribuir para melhorar a situação dos que não têm. De todo modo, as múltiplas formas que podem assumir sua participação indicam que sua presença deve ser considerada na avaliação de determinado desenho procedimental e igualmente na construção de novos desenhos.[396]

3.4.2. O papel dos juízes

Judiciário e juízes praticamente se confundem, ao ponto de se referir ao primeiro como o Estado-juiz. Muitas das considerações acerca dos juízes, portanto, já foram feitas quando se tratou do Judiciário ao longo deste trabalho. De fato, ao tratar das características do Judiciário, Komesar[397] destaca a formalidade para participação, a dificuldade de expansão e a independência dos seus juízes. A independência dos seus agentes, assim, é inserida como característica do processo decisório.

---

[395] Why the "Haves" Come out Ahead, cit. p. 151.
[396] Seria possível pensar, exemplificativamente, nas seguintes questões: até que ponto a presença obrigatória de advogados auxilia na redução de desigualdades no processo de conciliação judicial? A participação do advogado na conciliação, sem a presença de seu representado, contribui para um resultado justo para as partes? A dispensa de advogado nos feitos dos Juizados Especiais contribui para a ampliação do acesso à justiça ou para a perpetuação de injustiças?
[397] *Imperfect Alternatives*, cit. p. 123; e *Law's Limits*, cit. p. 35.

Além disso, Komesar também reconhece que, apesar de seu modelo centrado na participação ser de baixo para cima (*bottom up*), não exclui a influência vinda do topo. Por isso, ele ressalta a necessidade de integrar as ações de agentes como os juízes.[398]

No contexto brasileiro, o protagonismo dos juízes, seja na condução do processo judicial adjudicatório, seja na supervisão do processo judicial voltado ao acordo, associada à sua independência, faz com que a instituição acabe, por vezes, dependente da pauta de seus agentes. Nesse contexto, torna-se ainda mais válida a afirmação de Judith Resnik de que os juízes também são *repeat players*, sendo dotados de experiência profissional acumulada. Infelizes com o que percebem à sua volta, os juízes são capazes, tal como os demais jogadores habituais, de jogar com as regras.[399] Além disso, são atores sociais com as suas próprias necessidades, agendas e objetivos.[400]

Assim sendo, os juízes não apenas reagem à participação das partes, mas também participam ativamente no desempenho institucional. Em certa medida, isso poderia ser relacionado com as noções de que as instituições moldam não apenas os conflitos, mas também os objetivos a serem atingidos. Todavia, o papel dos juízes pode se destacar tanto do processo decisório que integram que, por vezes, são considerados condutores e artífices do processo judicial e não meramente parte integrante dele.[401]

Saliente-se além disso que os juízes integram o sistema estatal e, portanto, não se caracterizam como uma profissão intersticial como a dos advogados. Todavia, se os advogados são "pontes" entre o estatal e o não estatal, os juízes podem ser vistos como agrimensores das fronteiras entre esses dois mundos. Tanto que a teoria de Komesar autoriza

---

[398] The Perils of Pandora..., cit. p. 1007.
[399] Mediating Preferences: Litigant Preferences for Process and Judicial Preferences for Settlement. *Journal of Dispute Resolution*, Vol. 2002, n. 1, 2002, p. 163.
[400] Mediating Preferences..., cit. p. 167.
[401] Outro aspecto que não será tratado aqui é que juízes também podem atuar como um grupo concentrado de interesses, possuindo objetivos corporativos próprios. Quando tais objetivos invadem a seara do processo judicial, a força dos juízes como *repeat players* fica mais evidente.

a leitura de que cabe aos juízes decidirem quem decide.[402] Desse modo, mesmo que a Constituição estabeleça determinada competência, cabe aos juízes interpretá-la, escolhendo, em primeiro lugar, quem decide.

Assim sendo, ao definirem se determinada questão deve ser decidida pelo Judiciário ou, inversamente, se deve haver deferência ao mercado, à comunidade ou ao processo político, os juízes estão realizando a própria alocação do poder decisório entre as diversas instituições. Como cada instituição irá tratar a questão conforme parâmetros próprios, a decisão de quem decide será a decisão do que se decide.[403]

Partindo dos pressupostos de que os juízes possuem suas próprias agendas e que, em geral, a decisão alocativa não se baseia em critérios estritamente jurídicos, tem-se um cenário em que, dependendo dos objetivos a serem perseguidos, a atuação judicial pode reforçar em vez de mitigar desigualdades. É o que ocorre, como será visto no próximo capítulo, no contexto da "explosão da litigiosidade". Por ora, resta apenas consignar que os juízes se destacam dos processos judiciais, por vezes possuindo pautas próprias que vão além dos objetivos das partes.

Síntese

Desse modo, com base nas obras de Marc Galanter e Neil Komesar, enfatizou-se a importância de se observarem as partes em ação para que seja possível definir qual o processo adequado. Para tanto, foi destacada a situação em que a distribuição desigual dos valores em jogo (*stakes*) privilegia uma minoria concentrada em detrimento da maioria dispersa, o que tipicamente ocorre na oposição entre jogadores habituais (*repeat players*) e participantes eventuais (*one-shotters*). Dentre a série de vantagens estruturais dos jogadores habituais, salientou-se a interferência que exercem sobre o delineamento do conflito e dos processos jurisdicionais.

---

[402] A propósito, vide: KOMESAR, Neil. *Law's Limits*, cit. p. 11.
[403] *Imperfect Alternatives*, cit. p. 3.

Acredita-se que perceber tais vantagens estruturais permite concretizar a premissa básica da instrumentalidade metodológica de se partir da situação fática existente. As partes, assim, não são vistas somente como sujeitos de direito material ou como sujeitos processuais. Dessa forma, o objetivo não é simplesmente fazer com que o sujeito processual obtenha aquilo que o direito material lhe reserva enquanto sujeito de direitos. É necessário observar as características estruturais das partes, para então perceber como tais características se projetam nas diversas opções processuais existentes. O processo adequado, nesse cenário, será aquele que consiga, dentre de suas possibilidades, mitigar as desigualdades existentes ou, ao menos, não as agravar. Para tanto, cabe considerar ainda a função exercida pelos demais agentes envolvidos, dentre os quais se destacam os papéis dos advogados e dos juízes.

Capítulo 4

E ENTÃO? A JUSTIÇA ENTRE O EXCESSO E O ACESSO

> *"O problema do acesso à justiça está relacionado com os custos envolvidos em qualquer iniciativa judicial, trazendo evidentes consequências à disposição dos agentes em promoverem a defesa dos interesses gerais."*
>
> Carlos Alberto de Salles[404]

> *"De modo geral, é uma estratégia medíocre cortar custos sociais sem considerar a gravidade associada aos cortes nos benefícios sociais."*
>
> Neil Komesar[405]

> *"O autêntico 'filé', ou algo que a isso se aproxime, é servido àqueles que podem fazer frente aos investimentos necessários para arcar com uma demanda judicial bem-sucedida; a maioria restante deve contentar-se com uma combinação de hambúrguer real com chiado simbólico."*
>
> Marc Galanter[406]

Na procura por parâmetros para a escolha do processo adequado, os capítulos anteriores trataram do conflito, das instituições para seu tratamento (em especial, dos processos jurisdicionais) e das partes envolvidas. No entanto, como visto, a plasticidade do conflito faz com que ele seja moldado tanto pelas partes como pelas instituições. As partes, além de acionarem as instituições, vão também interferir no delineamento da própria instituição, ao ponto de poderem até mesmo

---

[404] *Execução Judicial em Matéria Ambiental*, cit. p. 126.
[405] *Imperfect Alternatives*, cit. p. 148, em tradução livre.
[406] Acesso à Justiça em um Mundo de Capacidade Social em Expansão. Tradução de João Eberhardt Francisco, Maria Cecília de Araújo Asperti e Susana Henriques da Costa. *Revista Brasileira de Sociologia do Direito*, v. 2, n. 1, jan./jun., 2015, p. 40.

criar o próprio campo de jogo. Instituições podem atrair ou repelir conflitos, emitindo sinais que eventualmente são recebidos pelas partes. Enfim, essas e outras afirmações feitas durante o trabalho indicam que conflito, instituições e partes influenciam um ao outro e também sofrem influências recíprocas.

Para compreender melhor as relações existentes e os próprios conceitos propostos, neste último capítulo pretende-se retomar a análise da "explosão de litigiosidade", demonstrando como essa noção se estrutura no tocante aos elementos conflito, instituições e partes. Defende-se inclusive que tal estruturação se baseia na "lógica do excesso" de justiça, em detrimento da "lógica do acesso".[407]

Dessa maneira, o objetivo é, sobretudo, notar, em termos de adequação processual, a importância da investigação conjunta dos três elementos expostos nos capítulos anteriores a partir da perspectiva diversa que se obtém quando se dá um *passo atrás* em direção ao conflito, *olha-se para o lado* para se perceberem as várias instituições e se *observa quem está presente*, ou seja, quem são as partes em ação. Assim sendo, sem desconhecer a complexidade e a multiplicidade de enfoques possíveis, faz a ressalva de que a questão do acesso à justiça não é tratada de maneira aprofundada, sendo trazida antes como um exemplo para reforçar a argumentação do que como objeto central deste trabalho.

4.1. Do acesso para o excesso

Tratando do tema do acesso à justiça, Ugo Mattei[408] nota um intervalo de quase duas décadas entre os volumes decorrentes do Projeto Florença publicados no final da década de 1970, capitaneado por Mauro Cappelletti, e trabalhos mais recentes do início dos anos 2000, como o livro *Access to Justice*, de Deborah Rhode. Segundo Mattei,[409] as obras da primeira leva de publicações sobre o tema precederam a

---

[407] As expressões "lógica do excesso" e "lógica do acesso" são de autoria de Daniela Monteiro Gabbay, utilizadas em de conversa informal com o autor.

[408] Access to Justice. A Renewed Global Issue?, Vol. 11.3 *Electronic Journal Of Comparative Law*, dec. 2007. Disponível em: https://bit.ly/2Sqz1h8. Acesso em: 24 ago. 2020, p. 1-2.

[409] Access to Justice. A Renewed Global Issue?, cit. p. 2

chamada "revolução Reagan-Thatcher", ou seja, o momento em que as instituições públicas começaram a ser transformadas e privatizadas.

Em particular, ele destaca que a obra de Cappelletti testemunhou um momento de otimismo generalizado em relação ao modelo de interesse público. A abordagem do setor público em geral e a da lei privada (*private law*) era ativista, redistributiva, democratizante e orientada para o serviço público. De acordo o mesmo autor,[410] o *welfare state* nas sociedades ocidentais era visto como um ponto de chegada da civilização, e o acesso à justiça seria o instrumento pelo qual o direito seria fornecido assim como antes teria sido dado abrigo, saúde e educação aos necessitados.

No entanto, Mattei[411] salienta que, no início dos anos 80, políticas neoliberais basearam-se na assunção de que o *welfare state* era simplesmente muito caro. Em consequência, alguns países pararam de se preocupar com o estado insatisfatório da participação no sistema de justiça, enquanto outros, nos quais os sistemas já estavam em uma fase mais avançada de "privatização", minaram sua legitimidade ao recorrerem a modos ainda mais privatizados e remotos. Para ele, o nascimento da indústria dos *ADRs* e o desenvolvimento de uma classe profissional de mediadores, não necessariamente com treinamento jurídico e servindo aos interesses de harmonia e controle social não adversarial, transformaram a questão do acesso à justiça. Limita-se o máximo possível o ingresso nos tribunais.

Mattei[412] afirma ainda que somente em tempos recentes os estudiosos se deram conta de que o acesso à justiça se transformou em um *não tema (non-issue)*, sendo substituído por uma questão oposta e quase certamente inventada: a da "explosão de litigiosidade". A resposta a essa nova questão foi fechar o acesso aos tribunais. Todavia, fechar as portas da justiça para os mais necessitados representa empoderar ainda mais os atores economicamente fortes.[413] Como não há porta de entrada aberta para a média da população, os poderosos agentes do mercado podem ficar livres das consequências sociais de suas ações.

---

[410] Access to Justice. A Renewed Global Issue?, cit., p. 2.
[411] Access to Justice. A Renewed Global Issue?, cit., p. 2-3.
[412] Access to Justice. A Renewed Global Issue?, cit., p. 3.
[413] Access to Justice. A Renewed Global Issue?, cit., p. 3.

Da fala de Mattei, destaca-se a associação do ingresso nos órgãos que fornecem justiça com o Estado Social e, ainda, o avanço do tema da "explosão da litigiosidade" em substituição ao tema do "acesso à justiça" (que passa a ser um *não tema*), na medida em há o avanço de políticas neoliberais. Observa-se, assim, a contraposição entre duas lógicas: a do acesso e a do excesso.

Paralelamente, no Brasil, sob forte influência do Projeto Florença, ou melhor dizendo do seu fragmento introdutório escrito por Mauro Cappelletti e Bryan Garth,[414] a narrativa construída acerca do acesso à justiça foi adaptada à imagem das ondas renovatórias. Cronologicamente, passou-se a associar leis e acontecimentos a cada uma das três ondas.

Desse modo, a primeira onda, ligada ao fornecimento de assistência jurídica aos pobres, teria sido superada ao menos desde os tempos da Lei n. 1.060, de 05 de fevereiro de 1950. Ao estabelecer normas para a concessão da assistência jurídica aos necessitados, tal lei teria contribuído para ampliar o acesso à justiça ao isentar os beneficiários de despesas relativas a todos os atos do processo até a decisão final do litígio e em todas as instâncias (artigo 9º).

Por sua vez, a segunda onda, relacionada à proteção dos interesses coletivos, envolveu o surgimento da Lei 7.347, de 24 de julho de 1985 (Lei da Ação Civil Pública), bem como da Lei n. 8.078, de 11 de setembro de 1990 (Código de Defesa do Consumidor). Dessa maneira, direitos difusos, coletivos e individuais homogêneos passaram a contar com instrumentos processuais adequados para a sua proteção.

A terceira onda, com referência a um enfoque múltiplo de alternativas procedimentais a minimizar as barreiras ao acesso, teria sido enfrentada a partir da criação dos Juizados Especiais de Pequenas Causas pela Lei n. 7.244, de 07 de novembro de 1984, posteriormente substituída pela Lei n. 9.099, de 26 de setembro de 1995. Prevendo um rito mais célere, fundado na informalidade, na oralidade e no estímulo à

---

[414] CAPPELLETTI, Mauro; GARTH, Bryant. *Acesso à Justiça*. Porto Alegre: Sergio Antonio Fabris, 1988. Merece destaque que a tradução para o português, datada de 1988, foi realizada por Ellen Gracie Northfleet, que anos depois viria a se tornar Ministra do Supremo Tribunal Federal, exercendo a presidência da Corte entre os anos de 2006 e 2008.

conciliação, os Juizados teriam promovido o acesso à justiça, permitindo o ingresso em juízo do que antes era "litigiosidade contida".[415]

Como se observa, a tradução brasileira do fragmento do Projeto Florença é posterior à maior parte das leis acima indicadas, o que reforça a impressão de que a narrativa, baseada nas ondas de Cappelletti, foi construída de modo retrospectivo, adaptando-se o modelo teórico aos fatos que pudessem contribuir para tanto. Além disso, a metáfora das ondas segue uma narrativa histórica progressista, no sentido de que elas, uma após outra, teriam sido ultrapassadas.

Nessa linha de discurso, após a superação das ondas, e com a contribuição do amplo rol de direitos previstos pela Constituição Brasileira de 1988, o que era uma "litigiosidade contida" teria se transformado em "explosão de litigiosidade". A despeito do crescimento dos órgãos do Judiciário nos últimos anos e da considerável produtividade dos juízes brasileiros, o número de processos continuaria aumentando em um volume que superaria as condições humanas de trabalho.

No caso brasileiro, tal transformação pode ser associada às diretivas do Consenso de Washington, do Fundo Monetário Internacional e do Banco Mundial. Com base nelas, a insegurança jurídica e a morosidade do Judiciário passaram a ser diretamente vistas enquanto obstáculos ao desenvolvimento econômico do país. Por isso, privilegiaram-se reformas em nome da previsibilidade e da celeridade, tal qual se nota da Emenda Constitucional n. 45/2004 (Reforma do Judiciário) e do I Pacto Republicano. Mecanismos para fortalecimento de precedentes como forma de evitar a tramitação de processos semelhantes ou repetitivos – a exemplo da a súmula vinculante – foram trazidos à cena. As reformas processuais e, por fim, o Código de Processo Civil de 2015 consagraram essa tendência.[416]

---

[415] Vide, por exemplo: WATANABE, Kazuo. Filosofia e Características Básicas do Juizado Especial de Pequenas Causas. In: WATANABE, Kazuo (coord.). *Juizado Especial de Pequenas Causas: Lei n. 7.244, de 7 de novembro de 1984*. São Paulo: Revista dos Tribunais, 1985, p. 2.

[416] A associação feita nesse parágrafo é baseada em: ASPERTI, Maria Cecília de Araujo. Litigiosidade Repetitiva e a Padronização Decisória: entre o Acesso à Justiça e a Eficiência do Judiciário. *Revista de Processo*, Vol. 263, jan. 2017, p. 233-

Embora seja possível questionar até que ponto as ondas renovatórias de Cappelletti e Garth aplicam-se ao cenário brasileiro,[417] é notório que elas ganharam grande popularidade no país. Quando associadas à imagem da "explosão da litigiosidade", as ondas são incorporadas a um discurso que toma a questão do acesso como superada ao mesmo tempo em que finca as premissas da lógica do excesso.

Para realizar o diagnóstico da lógica do excesso, e da consequente ideia de "explosão de litigiosidade", cabe observar como os elementos conflito, instituições (processos decisórios) e partes são por ela tratados, fazendo contraposições com as premissas desenvolvidas no decorrer deste trabalho.

4.2. O conflito como litígio judicial a ser eliminado

Se as partes demandam e as instituições oferecem o tratamento do conflito, é necessário considerar qual é o conflito. Entende-se que a lógica do excesso se baseia em uma visão reducionista do conflito, na medida em que, quando se fala de "explosão de litigiosidade", é à parcela judicializada que se está referindo. Basta lembrar que dados relativos à grande quantidade de processos judiciais são constantemente divulgados.

Nesse contexto, conflitos – tomados como sinônimos de processos judiciais – são tidos como males que devem ser eliminados. Geralmente

---

255, p. 3-4 na versão eletrônica.

[417] Eliane Botelho Junqueira, por exemplo, afirma que as primeiras produções brasileiras revelavam que, diversamente de outros países, a principal questão não era a expansão do *welfare state* e a necessidade de se tornarem efetivos os direitos conquistados pelas "minorias" étnicas e sexuais a partir dos anos 60, mas sim a própria necessidade de se expandirem para o conjunto da população direitos básicos aos quais a maioria não tinha acesso. Para Junqueira, o caso brasileiro não acompanha a metáfora das três "ondas" do movimento de acesso à Justiça. Mesmo que nos anos 1980 o Brasil participe das discussões sobre direitos coletivos e sobre a informalização de agências de resolução de conflitos, tais discussões são provocadas não pela crise do Estado de bem-estar social, mas sim pela exclusão da grande maioria da população de direitos sociais básicos, como moradia e saúde (Acesso à Justiça: um olhar retrospectivo. *Revista Estudos Históricos*, n.18, 1996, p. 389-390).

há a associação entre litigiosidade e expressões de inegável carga negativa, como "explosão", "inundação", "avalanche", etc.[418]

Além disso, a centralidade do conflito judicializado com frequência faz com que a parte seja tomada pelo todo. Assim, considera-se que a existência de muitos processos nos tribunais equivale à existência de muitos conflitos na sociedade. Dentro dessa lógica, se há muitos conflitos sociais e poucos processos, haveria um problema de acesso ao Judiciário. Se, pelo contrário, existem muitos processos, a questão do acesso estaria resolvida, uma vez que os conflitos chegariam sem obstáculos aos juízes.

No entanto, a partir do que foi exposto anteriormente, nota-se que muitos processos judiciais não necessariamente se confundem com muitos conflitos. Além disso, nem sempre a judicialização é algo negativo.

4.2.1. Muitos processos judiciais e poucos conflitos no Judiciário?

É intuitivo afirmar que a maior parte dos conflitos não chega ao Judiciário, desviando-se da via judicial por uma série de motivos, desde o desconhecimento por parte do ofendido até a sua falta de incentivos para agir. Mesmo no clássico artigo que costuma ser citado para apontar a cultura do povo japonês como responsável pelo reduzido número de processos judiciais, Takeyoshi Kawashima afirma que provavelmente não haja nenhuma sociedade em que a judicialização seja o meio normal de se resolverem conflitos.[419] Do mesmo modo, David

---

[418] Amanda de Araujo Guimarães, em seu estudo sobre o incidente de resolução de demandas repetitivas, ressalta a carga negativa bastante evidente de expressões como "explosão" e "inundação" para se referir à litigiosidade, preferindo valer-se de expressões mais neutras como "crescimento", "intensificação" e "aumento" (*Incidente de Resolução de Demandas Repetitivas: Soluções e Limites*. Dissertação de Mestrado. São Paulo: Universidade de São Paulo, 2017, p. 31).

[419] *Dispute Resolution in Contemporary Japan*. In: MEHREN, Arthur Taylor von. *Law in Japan: The Legal Order in a Changing Society*. Cambridge: Harvard University Press, 1963, p. 40. Essa passagem não passou despercebida de Eric Feldman, que a destaca como contraponto a diversas interpretações que exageram na associação simplista de Kawashima com a influência da cultura do povo japonês no volume de litígios judiciais. Vide: FELDMAN, Eric. Law, Culture,

Engel afirma que o volume de lesões não percebidas é bem maior que o das reivindicações em juízo, ao ponto de a imagem pirâmide das disputas poderia lembrar mais uma tumba faraônica com sua larga base.[420] Isso indica a existência de muito mais conflitos que processos judiciais ao redor do mundo.

Nesse contexto, ter muitos processos judiciais não significa que muitos conflitos estão sendo tratados. Como salientado, *conflito* é a contraposição de movimentos, sendo intersubjetivo de justiça quando envolve percepções distintas sobre o justo; *disputa* é o conflito tornado público e dirigido a uma instituição decisória; a disputa levada ao Judiciário é o *litígio judicial*.

A despeito das dificuldades metodológicas inerentes à mensuração de conflitos,[421] existem indícios suficientemente fortes de que há uma grande dissonância entre o número de conflitos existentes na sociedade brasileira e a quantidade direcionada ao Judiciário. Embora tal dissonância, como mencionado, seja comum em todas as sociedades, ela parece assumir um grau elevado de preocupação da perspectiva social no Brasil.

A conflituosidade costuma ser analisada a partir não propriamente do número de conflitos existentes, mas sim a partir da relação entre o número de situações indesejadas (ou injustas, dependendo da metodologia) que poderiam, em tese, gerar conflitos, e o número de conflitos que de fato foram formalizados. Sob esse aspecto, tem-se que uma parcela significativa da população brasileira não se reconhece como vivendo uma circunstância desfavorável, ou seja, não há nem sequer a percepção da situação, que não é nomeada como indesejada e muito menos como injusta. Simplesmente há a aceitação do ocorrido

---

and Conflict: Dispute Resolution in Postwar Japan. In: FOOTE, Daniel H. (ed.) *Law in Japan: a Turning Point*. Washington: University of Washington Press, 2007, p. 53-54.

[420] ENGEL, David M. *The Myth of the Litigious Society*, cit. pos. 533.

[421] Algumas dessas dificuldades metodológicas são analisadas por Luciana Gross Cunha e Fabiana Luci de Oliveira ao tratarem da mensuração do acesso à justiça (Medindo o acesso à Justiça Cível no Brasil. *Opinião Pública*, Vol. 22, n. 2, Campinas, agosto 2016, p. 318-349).

como um fato natural da vida, o que parece ser condizente com os baixos níveis educacionais existentes no país.

Wanderley Guilherme dos Santos[422] cita levantamento realizado pelo FIBGE abarcando o período de outubro de 1983 a setembro de 1988. Segundo essa pesquisa, de uma população de 18 anos e mais, correspondendo a 82.514.891 pessoas, somente 8.641.761, ou seja, 10,5% do total, reconheceram ter se envolvido em algum conflito dentre os seguintes: questão trabalhista, problema criminal, separação conjugal, desocupação de imóvel, pensão alimentícia, conflito de vizinhança, conflito por posse de terra, cobrança de dívida e herança. Dessas 8.641.761 pessoas que reconheceram ter passado pela experiência de algum conflito, somente 2.864.105, equivalente a 33%, indicaram ter confiado a solução à justiça.

O fato de a pesquisa ter sido realizada em momento anterior à Constituição Federal de 1988 é algo significativo, pois em geral se associa a maior demanda por justiça ao amplo rol de direitos consagrados pelo constituinte do período pós-ditatorial, bem como à mais ampla liberdade de defendê-los. No entanto, há elementos que indicam que essa situação permanece idêntica mesmo em tempos atuais.

Em apresentação realizada em 23 de setembro de 2010 durante o *III Seminário Justiça em Números*, promovido pelo Conselho Nacional de Justiça, Alexandre dos Santos Cunha indicou que existiria uma correlação entre os níveis de estudo e de pobreza com a judicialização. Em termos genéricos, depreende-se que, quanto menos escolarizada e mais pobre a região, menor o índice de processos judiciais. Dessa forma, Estados do Sudeste teriam um volume maior de casos novos por ano que muitos dos Estados do Norte e do Nordeste.[423] É de se supor que os baixos níveis de escolaridade e os altos níveis de pobreza afetem não apenas a percepção do conflito, mas o próprio reconhecimento do direito existente. No caso previdenciário, por exemplo, não se trata

---

[422] *Razões da Desordem*. Rio de Janeiro: Rocco, 1994, p. 99-100.

[423] CUNHA, Alexandre dos Santos. *Indicadores socioeconômicos e a litigiosidade*. Brasília: 23 set. 2010. 12 slides. Apresentação em Powerpoint. Disponível em: https://bit.ly/3lgdmqM. Acesso em: 24 ago. 2020. Vide, em especial, o slide 4 dessa apresentação.

apenas de ter um conflito diante do indeferimento do pedido de aposentadoria pelo INSS: trata-se de nem sequer saber que já preencheu os requisitos para o recebimento do benefício.

Tais pesquisas são condizentes com a afirmação de Eliane Botelho Junqueira[424] no sentido de que um dos principais problemas a serem enfrentados no Brasil diz respeito não apenas ao ato de acessar à justiça, mas antes ao acesso ao conhecimento de direitos, pois não é possível reivindicar direitos que não se conhecem. Consoante a nomenclatura utilizada nesta obra, é possível dizer que muitos conflitos em potencial no Brasil não são nomeados e muito menos reivindicados. Qualquer política voltada à redução de processos judiciais não pode ignorar que muitos brasileiros ainda não sabem nomear seus conflitos.

Em contrapartida, quando se fala em taxa de litigiosidade, o que se costuma medir são os processos judiciais existentes. Se a associação de processos judiciais com conflito é visivelmente falha, na medida em que toma a parte pelo todo, nem por isso deixa de ser isenta de crítica a identificação, de menor alcance, entre disputas judiciais – ou seja, conflitos intersubjetivos de justiça trazidos à apreciação do Judiciário – com processos judiciais, no sentido mais trivial de autos ou feitos.

Isso porque processo judicial engloba uma série de circunstâncias que nem sempre refletem a existência de uma disputa (e muito menos de um conflito). A chamada jurisdição voluntária é o exemplo mais visível, mas cabe lembrar que precatórios e requisições de pequeno valor também podem ser autuados como se fossem processos novos, ainda que a disputa, ao menos em princípio, já tenha sido resolvida quando das fases de conhecimento e de execução.

De fato, a contagem meramente numérica dos escaninhos dá pouca atenção ao fato de que muitos conflitos – e mesmo um só conflito simples – pode gerar diversos processos. Às vezes a burocracia cartorária impõe que haja muitos cadastramentos para um mesmo conflito. Desse modo, o processo "principal" possui um número, o

---

[424] *Faculdades de Direito ou Fábricas de Ilusão?*. Rio de Janeiro: Instituto de Direito e Sociedade/ Letra Capital, 1999, p. 100.

Agravo de Instrumento em face de decisão interlocutória agravável tem outro, os incidentes em autos apartados mais um, e assim por diante. Os processos possuem "filhotes", para usar a expressão do cotidiano forense do Tribunal de Justiça do Estado de São Paulo.

Dessa forma, olhar apenas para o número de processos judiciais e a partir daí, identificar um cenário catastrófico impede a visão mais ampla da paisagem. Processos judiciais não necessariamente são sinônimos de conflitos, e muitos conflitos não são judicializados.

4.2.2. Judicializar é legal?

Além do aspecto negativo do próprio termo "explosão de litigiosidade", o seu discurso subjacente também reforça o aspecto destrutivo da judicialização. Dessa forma, o excesso de processos judiciais faria com que houvesse um dispêndio excessivo e desnecessário de recursos públicos. A proliferação de decisões judiciais reduziria a previsibilidade e a confiança no sistema. Assim, haveria um prejuízo no ambiente de negócios e de investimentos.

No entanto, como as lições de Follett e de Deustch evidenciam, o conflito em si não é negativo e nem positivo, podendo ser tratado de modo cooperativo ou competitivo, de maneira construtiva ou destrutiva. Em sentido paralelo, o litígio judicial, como espécie de conflito, também não ostenta um caráter inerentemente negativo, podendo, pelo contrário, ser a fonte de transformações sociais benéficas, como a promoção da justiça distributiva e a consequente redução de desigualdades.

Marc Galanter[425] recorda a história do discurso proferido pelo escritor russo Alexander Solzhenitsyn em junho de 1978 na Universidade de Harvard. Dentre as apreensões do palestrante quanto à sociedade ocidental, estaria a tendência de alegar direitos para resolver todos os conflitos. No entanto, após o surgimento de impasses acerca da publicação do discurso, Solzhenitsyn teria invocado seus direitos autorais para impedir que o projeto fosse adiante, o que posteriormente ensejou o ajuizamento de um processo judicial. Embora em tom

---

[425] The Day After the Litigation Explosion, cit. especialmente p. 11-12.

anedótico, o relato permite vislumbrar que alguma vantagem deve existir na judicialização, senão não seria o meio escolhido por um de seus críticos. De fato, mesmo que se considere apenas o modelo restrito à decisão adjudicada pelo Estado-juiz, é possível enumerar vantagens da litigiosidade.[426]

Como afirma Jeffrey R. Seul,[427] a imagem da litigância se tornou tão desoladora que facilmente se esquece de que sua função essencial é resolver disputas em vez de perpetuá-las. A depender do que se deseja como, por exemplo, a preservação da reputação, a maior publicidade e/ou a formação de um precedente legal, entrar com uma ação judicial pode ser a opção mais adequada.[428] Concorda-se com o autor no sentido de que, por mais que se destaquem as vantagens de outros meios de tratamento de conflitos, a resposta judicial pode ser preferível, mesmo quando tomada em sua versão mais limitada da solução de conflitos individuais entre partes.

Por sua vez, Alexandra Lahav[429] defende que a litigância contribui para a democracia de diversas formas: auxiliando na aplicação da lei; favorecendo a transparência ao revelar informações cruciais para a tomada de decisões tanto do indivíduo como do público; promovendo a participação dos cidadãos na tomada de decisões; e oferecendo uma forma de equidade social, ao permitir oportunidades iguais para os litigantes falarem e serem ouvidos. Lahav não desconhece nuances e problematizações relativas a cada um desses valores da litigância, mas aponta potencialidades da judicialização que não podem ser ignoradas.

---

[426] Neste item, a ideia é ressaltar as vantagens da judicialização, mesmo quando limitada à resposta tradicional da sentença adjudicatória. Como visto, porém, a adjudicação pelo juiz não é o único mecanismo que o Judiciário disponibiliza, cabendo destacar também a possibilidade do uso de meios consensuais. Além disso, é evidente que não existem apenas vantagens da judicialização, devendo ser ponderados os méritos relativos de cada escolha institucional.

[427] SEUL, Jeffrey R. Litigation as a Dispute Resolution Alternative. In: MOFFITT, Michael L.; BORDONE, Robert (ed.). *The Handbook of Dispute Resolution*. São Francisco: Jossey-Bass, 2005, p. 336.

[428] Litigation as a Dispute Resolution Alternative, cit. p. 352.

[429] *In Praise of Litigation*. Livro eletrônico. New York: Oxford University Press, 2017, pos.142-173.

No Brasil, o uso do sistema formal de justiça por movimentos sociais são bons exemplos de como a judicialização carrega um elemento de transformação da realidade vigente que, eventualmente, pode ser positiva. Celso Fernandes Campilongo[430] relata que o movimento sem-terra, em determinado momento, adotou a estratégia de selecionar membros para cursarem a faculdade de Direito e, então, servirem aos objetivos pretendidos. Inicialmente, os advogados então formados continuaram a atuar nas "trincheiras" do movimento, participando das invasões de terras e sendo presos com os demais. Contudo, não havia quem defender os detidos, se os advogados também estavam encarcerados. Em uma segunda fase, os advogados deixaram de participar diretamente das invasões, buscando obter ganhos para o movimento a partir de processos judiciais. No entanto, suas peças e estratégias processuais estavam tão imbuídas do discurso encalorado do movimento que não conseguiam, ao menos à luz dos tribunais, fornecer argumentos jurídicos para as suas pretensões. Por fim, valeram-se do discurso e da lógica do Direito. As vitórias processuais começaram a aparecer de pouco em pouco e com o tempo foram tomando corpo até formarem uma jurisprudência favorável.

Em suma, a litigiosidade pode ser positiva ou negativa. Cabe então diferenciar a boa e a má litigiosidade: a primeira seria a expansão do acesso à justiça para parcela da população antes excluída, em decorrência de fatores como a proximidade dos tribunais, o aumento do nível educacional ou a elevação do patamar financeiro; a segunda seria uma disfunção do sistema. Desse modo, processos judicias podem ser fontes de preocupação, de frustração, e mesmo de injustiça. Mas, em contrapartida, podem também ser os veículos mais adequados para obter justiça. O maior número de processos judiciais deve ser comemorado caso isso represente maior acesso à justiça e lamentado se for mais uma forma de perpetuação de desigualdades. De qualquer maneira, taxá-los invariavelmente como um mal social a ser eliminado, como faz a lógica do excesso, é descabido.

---

[430] Anotações feitas durante aula da disciplina "Movimentos Sociais e Acesso à Justiça" ministrada no programa de pós-graduação da Faculdade de Direito da Universidade de São Paulo no segundo semestre de 2012.

4.3. O Judiciário como única instituição que presta jurisdição

Assim, no discurso da explosão de litigiosidade, o conflito sofre, logo de saída, duas reduções, limitando-se ao conflito judicializado (disputa ou litígio judicial) e ao seu aspecto negativo. Essas reduções vão refletir na oferta de opções disponíveis e também na forma do seu tratamento.

Vendo-se como a única opção disponível, o Judiciário brasileiro autodenomina-se o responsável pela construção da política pública de tratamento de conflitos. Todavia, considerando-se assoberbado e assumindo a necessidade de eliminar o maior número de processos, isso gera um paradoxo: a ampliação dos serviços disponíveis é colocada à mercê da redução do estoque.

4.3.1. Os meios consensuais na Política Judiciária de tratamento adequado de conflitos

Se, ao menos doutrinariamente, a ideia de monopólio da jurisdição já resta superada, vislumbra-se que ainda floresce a concepção de que cabe ao Judiciário, de forma quase exclusiva, oferecer formas de tratamento de conflitos ou, ao menos, exercer forte supervisão sobre os processos extrajudiciais.

Sob esse aspecto, é de especial interesse notar como a recente institucionalização dos meios consensuais no país teve como base uma política desenvolvida pelo Conselho Nacional de Justiça, a qual coloca a conciliação e mediação, na essência, como serviços a serem prestados judicialmente ou sob a tutela do Judiciário. Ao analisar esse movimento, reforça-se a importância da análise das interações entre processos jurisdicionais.

A Resolução CNJ n. 125/2010 indica, em sua ementa, que se trata de ato normativo que *"dispõe sobre a Política Judiciária Nacional de tratamento adequado dos conflitos de interesse no âmbito do Poder Judiciário"* (sublinhou-se). A despeito de duplamente indicar seu escopo limitado ao Judiciário, nota-se que a Resolução vai além. Não se trata de apenas detalhar a atuação do próprio Judiciário na matéria, mas também de delimitar as áreas de atuação das outras instituições, sob a supervisão do CNJ.

Alguns exemplos tirados da Resolução comprovam isso. Logo nos primeiros dispositivos, propõe-se a criação de uma rede que envolva não apenas o Poder Judiciário, mas também entidades públicas e privadas, incluindo universidades e instituições de ensino (art. 5º). Todavia, para o desenvolvimento dessa rede, cabe ao CNJ – e não a outra instituição alheia ao Judiciário – dentre outras atribuições, *"realizar gestão junto às empresas, públicas e privadas, bem como junto às agências reguladoras de serviços públicos, a fim de implementar práticas autocompositivas e desenvolver acompanhamento estatístico, com a instituição de banco de dados para visualização de resultados, conferindo selo de qualidade"*, bem como *"atuar junto aos entes públicos de modo a estimular a conciliação, em especial nas demandas que envolvam matérias sedimentadas pela jurisprudência"* (art.6º, incisos VII e VIII). Desse modo, tem-se a impressão de que cabe ao Judiciário estimular a solução consensual de conflitos mesmo no interior das empresas e dos órgãos públicos.

Além disso, as Câmaras Privadas de Conciliação e Mediação que atuem extrajudicialmente, ainda que não estejam obrigadas, podem realizar o cadastro no respectivo tribunal (art. 12-C, parágrafo único, incluído pela Emenda n. 2/2016). Mesmo a mediação comunitária pode ser estimulada pelos Núcleos de (art.7º, § 2º). Logo, nota-se que a supervisão do Judiciário se estende para Câmaras Privadas e para programas de mediação comunitária.

A política pública estabelecida pela Resolução CNJ n. 125/2010, que depois veio a influenciar o tratamento dos meios consensuais pelo Código de Processo Civil de 2015, pode ser vista como mais um exemplo do que Carlos Alberto de Salles identifica como opção estatista acerca dos meios adequados de solução de conflitos, o que aponta certo paternalismo.[431] Em sentido próximo, nota-se que a possibilidade do processo judicial para a participação do leigo, mediante o protagonismo do conciliador e do mediador na condução das audiências (art.

---

[431] Nos braços do Leviatã: os Caminhos da Consensualidade e o Judiciário Brasileiro. In: BARBUGIANI, Luiz Henrique Sormani. *Mediação e Arbitragem no Âmbito Público e Privado: perspectivas e limitações: estudos em homenagem aos 800 anos da Universidade de Salamanca*. Rio de Janeiro: Lumen Juris, 2018, especialmente p. 87-89.

334, § 1º, e 139, V, ambos do CPC), não descarta a possibilidade de o próprio juiz conduzir a tentativa de conciliação. Ademais, o CPC admite a formação de quadro próprio de conciliadores, substituindo, assim, voluntários leigos por funcionários concursados (art.167, § 6º, do CPC). Isso indica que, no que se refere aos meios consensuais, a valorização da liberdade (das partes) no CPC/2015 não se distanciou da autoridade da tutela do juiz.[432] Dessa forma, permanece válida a afirmação de Aloísio Surgik no sentido de que o paternalismo da Igreja em matéria de conciliação foi transferido ao Estado ("o Estado de hoje faz as vezes da Igreja de ontem").[433]

As origens da Resolução CNJ n. 125/2010, em particular no que se refere à concentração da tentativa de solução consensual em Centros Judiciários de Solução de Conflitos e Cidadania, remontam às experiências realizadas no âmbito do Tribunal de Justiça do Estado de São Paulo ligadas ao gerenciamento de processos e ao modelo norte-americano do tribunal multiportas.[434] Desse modo, a fonte de inspiração nacional relaciona-se a práticas internas do Judiciário. Por sua vez, se é possível que o tribunal ou sistema multiportas se organize dentro ou fora do Judiciário,[435] nota-se que a segunda opção foi claramente escolhida no Brasil. O Judiciário, assim, não apenas se colocou como

---

[432] Defendendo esse argumento, com base no panorama da legislação brasileira acerca dos meios consensuais, vide TAKAHASHI, Bruno. Entre a liberdade e a autoridade: os meios consensuais no novo Código de Processo Civil. *Revista de Processo*, Vol. 264, 2017, p. 497-522.

[433] *A Origem da Conciliação.* Tese de Doutorado. São Paulo: Faculdade de Direito da Universidade de São Paulo, 1984, p. 442.

[434] É o que afirma Valeria Ferioli Lagrasta, uma das mais ativas participantes do movimento que veio a resultar na referida Resolução. Vide: LAGRASTA, Valeria Ferioli. A Resolução n. 125 do Conselho Nacional de Justiça: Origem, Objetivos, Parâmetros e Diretrizes para a Implantação Concreta. In: RICHA, Morgana de Almeida; PELUSO, Antonio Cezar (coord.). *Conciliação e mediação: estruturação da política judiciária nacional.* Rio de Janeiro: Forense, 2011, especialmente p. 238.

[435] Nesse sentido, vide LORENCINI, Marco Antônio Garcia Lopes. "Sistema Multiportas": Opções para tratamento de conflitos de forma adequada. In: SALLES, Carlos Alberto de; LORENCINI, Marco Antônio Garcia Lopes; SILVA, Paulo Eduardo Alves da (coord.). *Negociação, Mediação e Arbitragem*, cit. p. 72-73.

uma entrada disponível, mas tomou para si o papel de porteiro (*gatekeeper*) das múltiplas portas.

4.3.2. A eliminação de acervo via conciliação

O paternalismo estatal que se alastra atingindo a promoção dos meios consensuais no Judiciário não necessariamente é negativo. Inclusive, é necessário investigar até que ponto esse paternalismo estatal não é o reflexo de um anseio filial, isto é, uma aspiração decorrente da própria sociedade brasileira e não simplesmente imposta pelos governantes. Seria de se questionar se o quadro é de "ninho vazio" ou de "síndrome de Peter Pan", não sendo de se descartar uma combinação entre ambas. De todo modo, trata-se de uma questão alocativa, a depender do conflito em questão, das opções disponíveis e das partes envolvidas. Sob uma perspectiva otimista, o oferecimento de outras opções além da sentença judicial adjudicatória pode ser relacionado à expansão dos serviços públicos prestados, com a consequente expansão do próprio acesso à justiça. Nessa visão, com a ampliação do leque de processos jurisdicionais disponíveis, haveria maior customização para o tratamento do conflito. Entre outras vantagens, os meios consensuais colaborariam para a manutenção da relação entre as partes e o empoderamento dos envolvidos ao inseri-los como partícipes da construção da decisão. Seria, em suma, um grande avanço rumo à consagração da "cultura da pacificação".

Essa é a linha de argumentação que inegavelmente está presente em diversas falas oficiais. No entanto, a lógica do excesso se sobrepõe ao discurso do acesso. Do ponto de vista histórico, é possível associar a valorização dos meios consensuais em ambiente judicial no Brasil ao mesmo movimento de promoção de um Judiciário mais eficiente, melhorando o ambiente de negócios, e com destaque para a cobrança de dívidas.[436] Assim sendo, inexiste dissonância entre a promoção dos meios consensuais e o discurso eficientista que predominou ao menos desde a Emenda Constitucional n. 45/2004.

---

[436] Para corroborar tal impressão, vide, por exemplo: MINISTÉRIO DA FAZENDA. *Reformas Microeconômicas e Crescimento de Longo Prazo.* Brasília: Ministério da Fazenda, dez. 2004, especialmente p. 71-72 e 80-81.

O próprio desenvolvimento do "Movimento pela Conciliação" no âmbito do Conselho Nacional de Justiça – e que teve, dentre seus frutos, a Resolução n. 125/2010 – permite confirmar essa hipótese. Fixa-se o ano de 2006 como o início do projeto "Conciliar é Legal" no CNJ, que desde então foi evoluindo com a crescente promoção de Semanas Nacionais de Conciliação. É interessante observar que, em 2009, o movimento promoveu uma semana específica para realização de audiências de conciliação em processos vinculados à famosa Meta 2 daquele ano, que consistia em *"identificar os processos judiciais mais antigos e adotar medidas concretas para o julgamento de todos os distribuídos até 31/12/2005"*.[437] Como o objetivo da meta era resolver os processos mais antigos, o uso da conciliação somente tinha utilidade na medida em que o acordo era realizado. Assim, eliminar o processo era mais importante do que reestabelecer a comunicação ou ampliar o conflito.

Voltando um pouco no tempo, nota-se que a institucionalização dos meios consensuais pelo Judiciário brasileiro esteve diretamente relacionada com o gerenciamento de processos, partindo, em especial, de experiências exitosas realizadas no âmbito do Tribunal de Justiça do Estado de São Paulo. Tal relação pode ser especialmente verificada a partir da obra coletiva *Mediação e Gerenciamento do Processo*, coordenada por Ada Pellegrini Grinover, Kazuo Watanabe e Caetano Lagrasta Neto.[438] Publicada em 2008, ou seja, antes da Resolução CNJ n. 125, esta obra tanto relata as referidas experiências como também indica os fundamentos teóricos por meio dos quais houve a aproximação entre o gerenciamento e meios consensuais. No seu artigo que compõe a coletânea, Kazuo Watanabe[439] define o *case management* como "uma atividade

---

[437] As informações históricas desse parágrafo foram baseadas em: RICHA, Morgana de Almeida. Evolução da Semana Nacional de Conciliação como Consolidação de um Movimento Nacional Permanente da Justiça Brasileira. In: PELUSO, Antonio Cezar; RICHA, Morgana de Almeida (Coord.). *Conciliação e Mediação: estruturação da política judiciária nacional*. Rio de Janeiro: Forense, 2011, p. 63-64.

[438] GRINOVER, Ada Pellegrini; WATANABE, Kazuo; LAGRASTA NETO, Caetano (coord.). *Mediação e Gerenciamento do Processo*. São Paulo: Atlas, 2008.

[439] A mentalidade e os meios alternativos de solução de conflitos no Brasil. In: GRINOVER, Ada Pellegrini; WATANABE, Kazuo; LAGRASTA NETO, Caetano (coord.). *Mediação e Gerenciamento do Processo*. São Paulo: Atlas, 2008, p. 8.

processual que fortalece o controle judicial sobre: (a) identificação das questões relevantes, (b) maior utilização pelas partes de meios alternativos de solução de controvérsias e (c) programação do tempo necessário para a conclusão adequada de todos os passos processuais." Os meios consensuais, assim, inserem-se no contexto de práticas gerenciais voltadas à prestação de um serviço mais eficiente pelo Judiciário.

Não se nega a importância do gerenciamento para o aprimoramento dos meios consensuais, pois somente a partir da gestão adequada dos recursos disponíveis que é possível harmonizar a quantidade com a qualidade esperadas no emprego de meios consensuais. Todavia, o que se nota é que o gerenciamento, de ordinário, foi incorporado o Judiciário brasileiro de forma parcial, como forma voltada, sobretudo, a promover a eficiência. Assim sendo, o uso de mecanismos consensuais foi valorizado para se estabelecer um Judiciário célere. Acabar com os processos foi fundamental para a política de incentivo.

4.3.3. A compatibilidade da política de tratamento de conflitos com o processo judicial típico

Anteriormente, destacou-se a dificuldade em transformar o processo judicial típico, baseado na visão tradicional liberal e voltado à decisão adjudicatória do juiz, para uma forma que se amolde ao processo judicial da pacificação. Acredita-se que o movimento judicial em prol dos meios consensuais indicado nos itens acima, longe de contradizer essa afirmação, acaba por reforçá-la.

A propósito, cabe lembrar a advertência de Bryan Clark[440] acerca da mudança cultural como sendo uma via de mão dupla, o que possibilita tanto a influência da via inovadora na tradicional como também o inverso. Desse modo, entende-se que foi o processo judicial típico, adaptado com as nuances provocadas pelo objetivo da eficiência, que se impôs sobre os meios consensuais.[441]

---

[440] *Lawyers and Mediation*. Berlin/Heidelberg: Springer-Verlag, 2012, p. 57.
[441] Sobre o tema, apontando o caráter ambíguo da conciliação, que tanto pode ser voltada à qualidade como à quantidade, vide: TAKAHASHI, Bruno. *Desequilíbrio de Poder e Conciliação*, cit. p. 13-20.

Vistos por esse prisma, os meios consensuais são louvados como formas alternativas à sentença adjudicatória, sendo, assim, equivalentes jurisdicionais (mas não jurisdição), que serviriam para a abreviação do rito procedimental, desviando casos menores para meios informais e, assim, reduzindo a carga de trabalho dos juízes. Quando se fala em justiça de segunda classe ao se referir aos meios consensuais, é essa lógica que se está criticando.[442] O objetivo seria aliviar a sobrecarga do Judiciário a partir de formas mais simples, mais rápidas e mais baratas, ainda que nem sempre melhores. Seriam, em suma, formas para eliminar conflitos tal como a sentença.

Acredita-se que, sob essa roupagem, os meios consensuais não exigem a alteração significativa das características estruturais do processo decisório típico do Judiciário apontadas por Komesar, quais sejam a dificuldade de expansão de estruturas, a maior formalidade para participação e a independência dos juízes.[443]

De fato, não se exige a ampliação das estruturas. Pelo contrário, os meios consensuais são tidos como alternativas mais baratas, que permitem a resolução de muitos casos em pouco tempo. Por essa razão, são propostos como otimização das parcas estruturas judiciais, incluindo a da substituição da mão de obra do juiz pela do conciliador ou mediador.

Sob outro ângulo, embora se note maior grau de informalidade no acesso e no desenvolvimento do processo consensual, não há modificação substancial nas formalidades exigidas. Em geral, o direcionamento da disputa para a tentativa de conciliação é feito após já superados os aspectos formais de ingresso em juízo, como a necessidade de petição inicial que preencha os requisitos do artigo 319 do Código de Processo Civil – e que agora inclui até mesmo a necessidade de opção do autor pela realização de audiência de conciliação ou mediação, conforme se observa do inciso VII de referido dispositivo. Além disso,

---

[442] Sobre os riscos da institucionalização dos meios consensuais, dentre os quais de promover uma "justiça de segunda classe", vide: GABBAY, Daniela Monteiro. *Mediação & Judiciário no Brasil e nos EUA: Condições, Desafios e Limites para a institucionalização da Mediação no Judiciário*. Brasília: Gazeta Jurídica, 2013, especialmente p. 82-89.

[443] *Imperfect Alternatives*, cit. p. 123; e *Law's Limits*, cit. p. 35.

como os meios consensuais, sob esse prisma, visam à resolução célere do processo, não costuma haver a ampliação do conflito, o que, por consequência, não altera os limites da controvérsia posta em juízo.

Por fim, a participação do leigo como conciliador e mediador poderia ser vista como uma abertura do processo judicial, que ficaria assim menos insular e baseado na independência de seus juízes. No entanto, como apontado há pouco, a supervisão do processo permanece fortemente nas mãos do Estado-juiz. Conciliadores e mediadores são inseridos como auxiliares da justiça, ao lado, dentre outros, do escrivão, do oficial de justiça, do perito, do tradutor, do contabilista e do regulador de avarias (art. 149 do CPC). Assim como um perito não se sobrepõe à autoridade do juiz, também o mediador ou conciliador não representam afronta à independência judicial.

Dentre desse contexto, é compreensível que a audiência prévia de conciliação ou mediação do artigo 334 do CPC seja ignorada ao argumento de que não haveria prejuízo ou que sua realização não contribuiria para a celeridade processual. Afinal, se tanto o objetivo da sentença adjudicatória como o dos meios consensuais é eliminar processos o mais rápido possível, o uso do segundo somente se justificaria na medida em que fosse mais célere que o primeiro.

Isso remete ao que Paulo Afonso Brum Vaz,[444] ao analisar as conciliações em demandas da seguridade social, chama de "paradoxo da eficiência", segundo o qual "quanto mais eficiente e ágil for a unidade jurisdicional, menor será a probabilidade de a parte-autora optar por uma solução consensual." De fato, se as conciliações somente se justificam como forma de abreviar o resultado do processo, somente seriam defensáveis caso o processo judicial adjudicatório fosse mais demorado.

Evidentemente, para superar este paradoxo, caberia valorizar a qualidade, e não apenas a quantidade, no emprego dos meios consensuais. O objetivo da eficiência não poderia suplantar o da equidade. Assim, os meios consensuais deveriam ser utilizados quando se

---

[444] Conciliações nos conflitos sobre direitos da Seguridade Social. *Revista de Doutrina da 4ª Região*. Porto Alegre: Tribunal Regional Federal da 4ª Região, n. 43, ago. 2011. Disponível em: https://bit.ly/34t4V5l. Acesso em: 24 ago. 2020.

mostrassem mais vantajosos que as outras opções disponíveis, o que somente seria possível de se mensurar a partir da análise comparativa de uma série de fatores combinados. Tais fatores poderiam considerar, por exemplo, a satisfação do usuário, a preservação das relações entre as partes, a complexidade do conflito e até poderiam incluir a celeridade, mas sem se limitar a ela.

Ocorre que, se forem considerados critérios tanto de eficiência quanto de qualidade para o emprego institucionalizado dos meios consensuais no Judiciário, as limitações estruturais do processo judicial típico passam a representar obstáculos. De fato, associado à opção estatista, o uso adequado dos meios consensuais implica aumento significativo de custos para o Judiciário, incluindo a cuidadosa formação, e consequente necessidade de remuneração, dos terceiros facilitadores.[445] A dificuldade de expansão das estruturas judiciais impede o aprimoramento qualitativo dos mecanismos.

Por sua vez, os requisitos formais de acesso e participação precisariam ser relativizados de modo a permitir a expansão do conflito e a busca por interesses comuns entre as partes. Isso demandaria não apenas mais tempo, mas também uma revisão dos requisitos formais de ingresso no Judiciário. Do mesmo modo, o poder decisório do juiz deveria ser, de fato, repartido com as partes, depositando confiança na atividade dos terceiros facilitadores. A insularidade do processo judicial deveria, então, abrir-se para a participação popular. Só que, assim, o próprio senso comum que fundamenta a "cultura da sentença" é afetado.

Não se está a afirmar que a lógica do excesso é a única que, exclusivamente, comanda a institucionalização dos meios consensuais no Brasil. Como ocorre em outras áreas, o que existe é um embate entre grupos com interesses e objetivos diversos. Nessa discussão, é possível notar vitórias parciais de grupos que propõem a ênfase na qualidade dos meios consensuais. Mesmo o Código de Processo Civil de 2015, em que há o predomínio da lógica eficientista, permite uma leitura conjunta de dispositivos que privilegiam o uso qualitativo dos

---

[445] SALLES, Carlos Alberto de. Nos braços do Leviatã, cit. p. 88.

meios consensuais.[446] Também se notam, no interior do próprio Judiciário, práticas que buscam privilegiar a qualidade, tais como a realização de cursos de capacitação de mediadores e conciliadores atentos às peculiaridades locais; a criação de ambientes humanizados para promover a conciliação e a mediação; o uso de desenhos e técnicas específicas envolvendo o uso de meios consensuais para o tratamento de demandas complexas, etc.

No entanto, a despeito desses exemplos, a lógica do excesso, mesmo não sendo exclusiva, foi a que prevaleceu também no tocante aos meios consensuais. Trata-se da mesma lógica, portanto, que incentiva os mecanismos processuais de padronização decisória, nos quais as peculiaridades do caso concreto são reduzidas em nome da uniformização e da solução idêntica dos feitos. Basta pensar que o elemento comum entre técnicas é a redução do conflito como mal a ser eliminado por meio da padronização decisória de processos judiciais em nome da celeridade (mas não necessariamente da justiça). Isso é o que se observa no julgamento liminar de improcedência prevista no artigo 285-A do CPC/1973 e agora no artigo 332 do CPC/2015, no uso de rotinas processuais para tratamento de demandas em massa, e, no caso, nos "mutirões" de conciliação.[447]

Mais preocupante, porém, é observar que o discurso da "explosão de litigiosidade", alicerçado na lógica do excesso, não apenas serve como justificativa para mudanças legislativas. Há a incorporação dessa

---

[446] Nesse sentido, propondo que a eleição dos meios consensuais como norma fundamental do processo civil pelo CPC (art. 3º) implica a interpretação de que seu emprego deve ser feito com qualidade, vide: TAKAHASHI, Bruno. De novo, os meios consensuais no Novo CPC. *Revista Científica Virtual da ESA*, Vol. 23, p. 24-33, 2016. Disponível em: https://bit.ly/2Ve0XGG. Acesso em: 24 ago. 2020.

[447] Como afirma Rodolfo de Camargo Mancuso, a *"crise numérica* de processos vem sendo manejada por critério pragmaticamente *quantitativo*, focado na redução de sobrecarga processual" (*Acesso à justiça: condicionantes legítimas e ilegítimas*. 2. ed. São Paulo: Revista dos Tribunais, 2015, p. 10). O questionamento acerca da valorização da celeridade em detrimento da justiça é desenvolvido por ASPERTI, Maria Cecília de Araujo. Litigiosidade Repetitiva e a Padronização Decisória..., cit.

lógica na própria pauta do Judiciário, chegando a invadir o conteúdo das decisões do Supremo Tribunal Federal.

4.3.4. A inserção da litigiosidade na agenda judicial

A sobrecarga de trabalho, com a consequente demora e ineficácia da prestação jurisdicional, sempre foi uma constante reclamação no âmbito do Poder Judiciário brasileiro. Juliana Pondé Fonseca,[448] por exemplo, refere-se à obra de Pedro Lessa datada de 1915, em que o Ministro do Supremo Tribunal Federal já se queixava do excesso de trabalho na corte. Fonseca[449] também se reporta a um relatório oficial do Supremo Tribunal Federal publicado em 1975 e no qual já se afirmava que as principais falhas estariam no retardamento dos processos e na ineficácia da execução dos julgados. Se o Judiciário brasileiro está em crise, sempre esteve.[450]

No entanto, especula-se que a novidade não reside na percepção (subjetiva) de sobrecarga, mas sim da modificação da postura do Judiciário em relação a essa percepção. Nos últimos tempos, os juízes, como jogadores habituais e ativos participantes dos processos decisórios, não apenas reclamam do que veem à sua volta. Eles não se limitam a propor mudanças legislativas ou regimentais que busquem a alteração de procedimentos ou a ampliação de estruturas. Do mesmo modo, não se trata somente de valer-se veladamente de uma "jurisprudência defensiva" para proteger o próprio órgão julgador de novos casos. Por vias diversas, a lógica do excesso se insere em uma política mais ampla do Judiciário, que é reforçada pelo Conselho Nacional de Justiça, mas também se insere de maneira explícita no conteúdo de decisões judiciais, inclusive do Supremo Tribunal Federal.

Cabe citar como exemplo o julgamento do Recurso Extraordinário n. 631.240/MG, que consagrou a exigência do prévio indeferimento administrativo para se ingressar com um pedido de benefício em face do

---

[448] *Problemas Estruturais Do Judiciário: por um processo civil factível.* Dissertação de Mestrado. Curitiba: Universidade Federal do Paraná, 2011, p. 52.

[449] *Problemas Estruturais Do Judiciário...*, cit. p. 8.

[450] Seriam, assim, na visão de Juliana Pondé Fonseca, problemas estruturais de uma instituição que sempre funcionou mal, o que não se confunde com crise (*Problemas Estruturais Do Judiciário...*, cit. p. 51).

INSS. Na ocasião, o argumento "jurídico" utilizado foi o interesse de agir como condição da ação, do que não se discorda. No entanto, o próprio conceito de interesse de agir foi explicitamente associado aos princípios da economicidade e da eficiência, como se nota do seguinte trecho do voto do relator, Ministro Luís Roberto Barroso:

> Como se percebe, o interesse em agir é uma condição da ação essencialmente ligada aos princípios da economicidade e da eficiência. Partindo-se da premissa de que os recursos públicos são escassos, o que se traduz em limitações na estrutura e na força de trabalho do Poder Judiciário, é preciso racionalizar a demanda, de modo a não permitir o prosseguimento de processos que, de plano, revelem-se inúteis, inadequados ou desnecessários. Do contrário, o acúmulo de ações inviáveis poderia comprometer o bom funcionamento do sistema judiciário, inviabilizando a tutela efetiva das pretensões idôneas.

Além disso, o Ministro relator também reserva um item específico intitulado "Considerações práticas", do que se destaca a seguinte passagem:

> A pretendida subversão da função jurisdicional, por meio da submissão direta de casos sem prévia análise administrativa, acarreta grande prejuízo ao Poder Público e aos segurados coletivamente considerados. Isto porque a abertura desse "atalho" à via judicial gera uma tendência de aumento da demanda sobre os órgãos judiciais competentes para apreciar esta espécie de pretensão, sobrecarregando-os ainda mais, em prejuízo de todos os que aguardam a tutela jurisdicional. Por outro lado, os órgãos da Previdência, estruturados para receber demandas originárias, teriam sua atuação esvaziada pela judicialização.

Desse modo, acredita-se que o argumento preponderante foi de ordem prática, decorrente da preocupação em se reduzir o número de casos que chegam ao Judiciário. A exigência de prévio indeferimento administrativo, assim, pode ser vista como exemplo de como a lógica do excesso influencia no próprio conteúdo da decisão judicial. A sobrecarga de processos mistura-se com argumentos jurídicos diversos que, na melhor das hipóteses, servem-lhe de complemento e, na pior, como mero disfarce para a justificativa real.

Há méritos em uma preocupação institucional com o volume de processos. É melhor que os juízes sejam conscientes do que isso representa e ponderem as medidas a serem tomadas do que ignorem a situação. No entanto, pressupor que há uma "litigiosidade excessiva" muitas vezes faz com que se considere superada a questão do acesso à justiça. Considerar uniformemente que se está diante de uma "inundação de processos" e que, por isso, devem ser encontrados meios para "desafogar a Justiça" pode fazer com que indevidamente muitas outras coisas "entrem pelo cano". Entre elas, frequentemente se ignora a importância de se observarem as partes em conflito.

4.4. A ignorância das partes

Dentro da lógica do excesso, não se costuma dar muita atenção às partes, senão para culpá-las quanto à litigiosidade exacerbada. Em geral, reclama-se do excesso de disputas e da insuficiência de respostas tempestivas pelo processo judicial. No entanto, ignora-se quem processa e quem é processado. Isso permite afirmações genéricas no sentido de que desjudicialização é benéfica à sociedade, já que permite ao Judiciário se concentrar em poucos casos. Nesse contexto, é importante destacar como o discurso da "explosão de litigiosidade" favorece os ricos jogadores habituais em detrimento dos pobres participantes eventuais.

4.4.1. A judicialização excessiva e a sobrecarga de processo

São constantes as menções de que existe uma judicialização crescente da vida social no cenário brasileiro. Afirma-se com tranquilidade que o Judiciário brasileiro não se furta a controlar políticas públicas, sendo marcante a evolução da jurisprudência do Supremo Tribunal Federal da timidez em dar efeitos concretos ao mandado de injunção, sob pena de imiscuir-se no papel de "legislador positivo", até a utilização da ideia de "estado de coisas inconstitucional", bem como da definição dos ritos a serem obedecidos no processo de tramitação do processo de *impeachment*, assim "atravessando o Rubicão", como afirmou Luiz Werneck Vianna.[451]

---

[451] Não há limites para a patológica judicialização da política. *Estado de S. Paulo*, 03 jan. 2016. Disponível em: https://bit.ly/2GTOYLg. Acesso em: 24 ago. 2020.

Se mais conflitos são judicializáveis, isso tanto pode ser reflexo do aumento geral da percepção de controvérsias como envolvendo questões de justiça, quanto também de peculiaridades do Judiciário brasileiro. Não se pode esquecer, porém, da advertência de que, de todos os conflitos sociais, apenas uma pequena parte é trazida ao Judiciário.

Além disso, Marc Galanter, ao comentar a clássica obra *Total Justice*, de Lawrence Friedman, faz uma percuciente analogia entre a justiça total e a debilidade daqueles que não têm (*have-nots*). Assim, o cenário de justiça total, ou seja, a impressão de que todas as questões podem ser judicializáveis, atinge não apenas os *have-nots* vitimados, mas também as grandes corporações, os milionários, e outros *haves*, que também se sentem prejudicados pela excessiva regulação, por impostos confiscatórios e por demandas frívolas. A justiça total permite que esse último grupo também se sinta dotado do direito de proteger seus interesses. E, então, paradoxalmente, o que poderia ser visto como um avanço em favor dos menos favorecido acaba se tornando uma arma na mão dos mais favorecidos.[452] Assim sendo, acredita-se que a justiça total ou, no cenário brasileiro, a percepção de judicialização excessiva, pode esconder um ingresso exacerbado no Judiciário por aqueles que já são mais favorecidos.

Isso retorna à questão de que as instituições, incluindo o processo judicial, são reativas e, assim, quanto mais impõem ônus para as partes, mais se privilegia a parte mais rica e com mais experiência, ou seja, o típico jogador habitual. Ao se tratarem as partes como se fossem formalmente iguais, preserva-se a desigualdade estrutural existente.[453]

Além disso, a imagem de judicialização excessiva é também associada à sobrecarga de processos. Só que essa impressão de que há muitos processos para poucos juízes acaba por favorecer ainda mais os jogadores habituais.

---

[452] The Travails of Total Justice. In: GORDON, Robert W.; HORWITZ, Morton J. (ed.). *Law, Society and History: Themes in the Legal Sociology and Legal History of Lawrence M. Friedman*. New York: Cambridge University Press, 2011, p. 112.

[453] Nesse sentido, vide: GALANTER, Marc. Why the "Haves" Come out Ahead, cit. p. 119-120.

De fato, baseado no contexto norte-americano, Marc Galanter[454] aponta que a sobrecarga cria a pressão para haver o acordo entre as partes, na medida em que: a) causa demora; b) aumenta os custos de se manter o caso em aberto; c) induz os responsáveis pelas instituições a dar grande valor à eliminação de feitos, desencorajando a decisão adjudicatória em favor da barganha, bem como do tratamento estereotipado e rotineiro; d) induz os tribunais a adotarem regras restritivas para desencorajar a litigância.

No processo judicial brasileiro, vislumbra-se que muitos atos que são de incumbência das partes no contexto norte-americano são transferidos ao juiz. Por isso, talvez os custos de se manter o caso ativo não sejam propriamente um incentivo para as partes fazerem um acordo, mas reforçam a pressão para que os juízes promovam a conciliação. Os demais itens indicados por Galanter podem ser aplicados com menores adaptações ao Brasil diante da lógica do excesso que se vem delineando até aqui.

4.4.2. Tratando igualmente os desiguais?

Desse modo, acredita-se que as percepções combinadas da judicialização excessiva e da sobrecarga de processos levam à conclusão de que se devem buscar técnicas de eliminação e de desjudicialização de feitos. Se o objetivo principal é de diminuir o número de processos judiciais, o problema reside no risco de se ignorarem as características estruturais das partes envolvidas, o que, como salientado, acaba por prevalecer quem já está na frente.

Assim sendo, se a lógica do excesso invadiu o conteúdo das decisões judiciais, é preciso analisá-las com cautela, de modo a perceber se, sob o louvável intento de se evitar "o acúmulo de ações inviáveis" e, assim, permitir "a tutela efetiva das pretensões idôneas",[455] não se está, pelo contrário, reforçando desigualdades. Portanto, no debate de propostas abrangentes, deve ser observado a quem favorece a regra estabelecida e quem se pode valer de exceções.

---

[454] Why the "Haves" Come out Ahead, cit. p. 121.
[455] São as expressões que o Ministro Luís Roberto Barroso utilizou no voto no Recurso Extraordinário n. 631.240/MG.

A propósito, cabe retomar a decisão proferida pelo Supremo Tribunal Federal no RE n. 631.240/MG, atinente à exigência do prévio requerimento administrativo ao INSS. Anteriormente, apresentou-se o posicionamento de que essa decisão teria como base a lógica do excesso. Da mesma forma, deixou-se consignado que, do ponto de vista teórico, não se discorda da solução dada. De fato, seguindo a terminologia adotada no decorrer deste trabalho, o processo jurisdicional pressupõe a divergência entre percepções do justo. Se indagado, o INSS não se opõe à concessão do benefício, a fase do responsabilizar não se transforma em reivindicar e, portanto, não há disputa.

No entanto, cabe a advertência feita por Daniela Monteiro Gabbay[456] à época desse julgamento acerca do risco de a decisão se tornar mais uma vantagem estratégica do grande litigante (INSS) em prejuízo do acesso à justiça do litigante eventual (segurado). Assim, caberia perguntar: a decisão é boa para quem?

No caso, parece existir uma tentativa de construção de um filtro de litigiosidade. A definição de "filtro" pressupõe a de seleção. Filtros de litigiosidade, assim, funcionariam para selecionar os casos que não deveriam ser judicializados e aqueles que deveriam ser objeto de tutela judicial. Dentre estes últimos, os filtros selecionariam os que deveriam ser resolvidos por decisão adjudicatória e os que seriam mais bem tratados meios consensuais. Nos processos em face do INSS, o uso da conciliação poderia ser visto como um filtro interno, na medida em que, como regra, atua após o ajuizamento da ação e no ambiente judicial. Já o prévio requerimento administrativo atuaria como um filtro externo, uma vez que operante fora dos tribunais.[457]

---

[456] Prévio requerimento administrativo como condição de acesso ao Judiciário: decisão boa para quem? Supremo em Pauta. *Estado de S. Paulo*, 05 set. 2014. Disponível em: https://bit.ly/2QlFKXF. Acesso em: 24 ago. 2020.

[457] A ideia do prévio requerimento administrativo como filtro externo é baseado no artigo de Susana Henriques da Costa, em que a autora identifica a institucionalização da mediação e da conciliação judicial como filtros internos (STF e os filtros ao acesso à Justiça: gestão processual ou vantagem ao grande litigante? *Supremo em Pauta*. São Paulo: Estado de S. Paulo, 18 set. 2014. Disponível em: https://bit.ly/2LFMvCV. Acesso em: 24 ago. 2020).

Acerca desse filtro externo, o acórdão proferido pelo Supremo Tribunal Federal permite o estabelecimento dos seguintes parâmetros, colhidos do voto do relator, Ministro Luís Roberto Barroso:

> Regra: exige-se o prévio requerimento administrativo ao INSS para a concessão de benefício.
>
> Especificações:
>
> i) requerimento não é exaurimento da via administrativa (item 19 do voto).
>
> ii) não se exige prévio requerimento em caso de revisão de benefício, salvo se necessária a análise de matéria de fato ainda não levada ao conhecimento da Administração (item 33 do voto).
>
> iii) não se exige prévio requerimento quando o entendimento do INSS for notoriamente contrário à pretensão do interessado (item 33 do voto).
>
> iv) verificada uma situação específica em que o ônus de comparecer ao posto de atendimento do INSS seja demasiadamente superior ao de ingressar em juízo, o juiz poderá, "motivadamente e no caso concreto", dispensar o prévio requerimento administrativo (item 57 do voto).

Assim sendo, para a construção do filtro, foi estabelecida a regra geral de que o ingresso em juízo pressupõe o requerimento administrativo do benefício perante o INSS. Desse modo, a regra, em si, pode representar uma vantagem estratégica do jogador habitual que é o INSS, tal como cogitado por Gabbay. Todavia, destaca-se que, dentre os segurados, estabeleceu-se uma hierarquia favorecendo aqueles que têm mais recursos em relação aos demais.[458]

Para desenvolver tal raciocínio, cabem três considerações preliminares.

---

[458] Na análise a seguir segue-se o pressuposto, já expresso por Galanter, de que as categorias *repeat player* e *one-shotter* são duas pontas de um *continuum* e não um par dicotômico (Why the "Haves" Come out Ahead, cit. p. 107). No decorrer desta obra, optou-se por trabalhar com as duas pontas, identificando o jogador habitual à rica pessoa artificial e o participante eventual à pobre pessoa natural. Embora aqui se mantenha tal divisão, procede-se a uma desagregação na categoria do participante eventual, de modo a perceber que dentre os participantes eventuais há os mais pobres e os menos pobres.

Em primeiro lugar, é elevado o número de pessoas com potencial direito a algum benefício previdenciário que não possui nem sequer o conhecimento de como se vincular ao INSS. Por exemplo, considerando o ano de 2007, Adler Anaximandro de Cruz e Alves[459] aponta que apenas 0,0017% dos trabalhadores rurais, especialmente de baixa renda e que vivem em regime de economia familiar, estão formalmente inseridos no sistema previdenciário. Desse modo, vislumbra-se que o desconhecimento faz com que uma grande quantidade de trabalhadores rurais não se vincule ao INSS.

Em segundo lugar, embora o segurado possua geralmente baixa renda,[460] há oscilações significativas dentro dessa categoria. De fato, praticamente todos que exercem alguma atividade remunerada são segurados obrigatórios da Previdência Social. A distinção entre as faixas salariais acaba implicando diversidade de benefícios, dado que o valor pago (salário-de-contribuição) repercute no valor recebido (salário-de-benefício). Em janeiro de 2021, por exemplo, foi fixado o salário-mínimo nacional como piso do salário-de-benefício, ou seja, R$ 1.100,00; o teto, por sua vez, foi estabelecido em R$ 6.433,57 (Portaria do Ministério da Economia/Secretaria Especial de Previdência e Trabalho n. 477, de 12 de janeiro de 2021). Desse modo, o piso equivale a um salário-mínimo e o teto a pouco menos de seis salários-mínimos. Além disso, como existe um teto para o pagamento de benefícios previdenciários, as pessoas que auferem o benefício no teto receberam rendimentos a partir de R$ 6.433,57 e não necessariamente neste valor.

---

[459] A atuação cidadã da AGU na redução da litigiosidade envolvendo o Instituto Nacional do Seguro Social: considerações acerca de instrumentos de ação da AGU capazes de promover o amplo reconhecimento de direitos sociais. In: *Publicações da Escola da AGU: Trabalhos Vencedores do Concurso de Monografias da AGU em 2009-2010*. Brasília: EAGU, Brasília: EAGU, ano IV, n. 15, 2012, p. 19-20).

[460] Por exemplo, segundo pesquisa empírica realizada pelo IPEA nos Juizados Especiais Federais, os pedidos em face do INSS são realizados por pessoas físicas (99,8% das ações) que, em geral, são de baixa renda, possuem escolaridade precária e não conhecem informações necessárias sobre seus direitos ou sobre o procedimento judicial, não sendo protagonistas de "seu" processo (*Acesso à Justiça Federal: dez anos de juizados especiais*. Brasília, cit. p. 96-98). Seria necessário, porém, saber se e qual foi o valor adotado para se considerar uma pessoa como possuindo baixa renda.

Por fim, cabe observar que, em princípio, o requerimento administrativo pode ser realizado em qualquer unidade de atendimento do INSS. Apenas se o INSS entender conveniente é aberta a faculdade de deslocar o atendimento para a unidade de atendimento do domicílio do requerente (art. 670 da Instrução Normativa INSS/PRES n. 77/2015). Desse modo, inexiste regra de competência territorial semelhante à do processo judicial. Caso a questão seja judicializada, a ação é de competência da Justiça Federal. Todavia, se o domicílio do segurado estiver localizado a mais de 70 km de município sede de Vara Federal, permite-se o ajuizamento na Justiça Estadual (art. 109, § 3º, da CF, c/c Lei n. 13.876/2019). Também não se veda o ajuizamento na subseção da Justiça Federal da capital do Estado, por força da Súmula 689 do Supremo Tribunal Federal. Portanto, além de, em princípio, ser possível apresentar o requerimento administrativo perante qualquer agência do INSS, há o entendimento de que o segurado, em determinadas situações, possui ao menos três opções de foros competentes para apreciarem o pedido judicial.

Nesse contexto, a exigência de prévio requerimento administrativo não vai ampliar o acesso das muitas pessoas que não conhecem seus direitos previdenciários, pois, se elas já não traziam suas pretensões nem ao INSS e muito menos ao Judiciário, pouco serão afetadas pela decisão do STF. Em contrapartida, o posicionamento pode selecionar indevidamente aquelas que possuem maiores recursos financeiros e, assim, melhores condições de se informar e contratar advogados. A diversidade de opções de atendimento, igualmente, pode, na prática, gerar uma espécie de *forum shopping* que, se não for bem mapeada, pode incentivar estratégias daqueles que possuem maior conhecimento e recursos do que os demais.[461] São aspectos, assim, que merecem ser considerados.

---

[461] Ciente da diversidade de critérios entre médicos peritos, um segurado com maior grau de conhecimento e de recursos para o deslocamento poderia conscientemente optar por uma agência que lhe fosse mais vantajosa. Do mesmo modo, em caso de judicialização, seria possível ponderar quais das opões disponíveis teria maior propensão de gerar um resultado favorável. Tudo isso, porém, envolve custos, incluindo os custos de informação. E isso tende a favorecer aqueles com maiores valores em jogo e maiores recursos financeiros.

No mesmo sentido, a primeira especificação (requerimento não é exaurimento) tende a favorecer aquele que pode optar tanto pela continuidade do processo administrativo, com a interposição de recurso, como, concomitantemente, ingressar em juízo. Isso porque não se exigiu que a via administrativa fosse exaurida, mas também não se obstou expressamente que houvesse a sua continuidade em paralelo.

A segunda especificação (revisão não exige novo requerimento) também tende a favorecer quem já possui a noção acerca do funcionamento do processo de concessão de benefício, sem promover o acesso de potenciais beneficiários. Ressalte-se ainda que, como o benefício previdenciário substituto do rendimento do trabalho do segurado não pode ser inferior ao salário-mínimo (art. 201, § 2º, da CF), muitos benefícios cujos cálculos gerem valores inferiores são automaticamente pagos no valor do piso. Isso, porém, faz com que muito provavelmente esses benefícios não gerem direito a outra revisão que supere o salário-mínimo, dado que o valor calculado inicialmente era inferior e a revisão seria aplicável ao valor nominal originário. Em suma, quem costuma pedir revisão judicial de benefício também é aquele que possui benefício em valor superior ao salário-mínimo.

Por sua vez, a terceira especificação (a notória recusa do INSS afasta a exigência de requerimento) é aquela que deixa mais evidente como pessoas que possuem maiores informações, ou podem arcar com os custos para obtê-la, são mais favorecidas. De fato, elas tanto podem ingressar diretamente em juízo por saberem que se trata de notória recusa como também dispõem de maiores condições de convencerem o juiz de que se está diante de uma notória recusa. Também não se pode descartar que a notória recusa exige uma série reiterada de indeferimentos administrativos. Se o acesso ao INSS é mais frequente pelos que já possuem algum grau de conhecimento e recursos para tanto, excluindo boa parcela da população brasileira, chega-se à conclusão de que as notórias recusas tenderão a favorecer aqueles que entrarem com mais pedidos administrativos.

Desse modo, observa-se como a regra e também as três especificações acima na realidade não vão promover acesso, pois a população que não conhece seus direitos previdenciários continua sem conhecer. Todavia, são estabelecidos critérios de seleção que possuem a tendência de prejudicar mais aqueles que são os menos favorecidos. Pessoas com mais recursos não se sentirão inibidas de recorrer administrativamente ao mesmo tempo em que ingressam com ação judicial; poderão revisar seus benefícios diretamente em juízo; e saberão quando estão diante de uma notória recusa, inclusive contribuindo para a delimitação de situações que se enquadrem nesse conceito. Desse modo, sob o pretexto de criar um filtro de litigiosidade, vislumbra-se um aumento das barreiras de acesso as quais, de todo modo, poderão ser superadas por aqueles que possuem maiores recursos.

Outra interpretação possível seria de que aquelas pessoas que já realizaram o pedido no INSS não possuem dificuldade em acessar o Judiciário, seja porque o pedido administrativo já foi feito por meio de um advogado (que, então, conhece o caminho judicial em caso de indeferimento), seja porque o acesso a um advogado, ou, ao menos, à informação acerca da opção judicial, está mais facilmente disponível para aquele que teve o benefício indeferido. Nesse caso, a decisão do STF seria inócua. A criação de novos requisitos apenas traria o aumento de pedidos administrativos – quiçá até mesmo artificialmente formulados somente com o objetivo de se obter o indeferimento – sem reflexos no número de processos judiciais. O filtro, de todo modo, não funcionaria adequadamente.[462]

Resta, de todo modo, a potencialidade da última especificação (ônus excessivo afasta o requerimento), que inegavelmente representa uma abertura para se considerarem as características das partes em ação. Trata-se de casos que poderiam se enquadrar naquilo que já se chamou de impossibilidade fática de acesso ao INSS.[463] Entende-se que isso pode ocorrer em juizados itinerantes em regiões nas quais a agência do INSS está muito distante; no caso de greve dos servidores da autarquia; ou, em termos mais amplos, quando a exigência provocar

---

[462] Esta outra interpretação possível é baseada na apresentação "Experiências de pesquisas e análise de dados da Justiça Federal", feita por Alexandre dos Santos Cunha no Simpósio "A utilidade da pesquisa empírica em direito na Justiça Federal", realizada em 10 de dezembro de 2018, na Escola de Magistrados do Tribunal Regional Federal da 3ª Região.

[463] TAKAHASHI, Bruno. Aspectos Processuais dos Benefícios Previdenciários por Incapacidade. *Revista CEJ*, ano XVI, n. 56, jan./abr. 2012, p. 30

um ônus desproporcional ao segurado em decorrência de fato extraordinário que não deu causa. No entanto, há o risco de que essa permissão de se afastar o requerimento, desde que "motivadamente e no caso concreto", seja pouco utilizada em um cenário cuja ênfase é a busca pela eficiência e a necessidade de se eliminar o maior número de processos em menor tempo. Existe, por outro lado, a possibilidade de tal permissão ser indiscriminadamente utilizada de forma padronizada para todas as situações sem observar o caso concreto, o que também é prejudicial.

4.4.3. A responsabilização do participante eventual pela litigiosidade excessiva

O aspecto que se mostra mais preocupante, porém, é que o discurso da "explosão da litigiosidade" pode levar, mesmo se indiretamente e de forma velada, à responsabilização do participante eventual. De fato, cabe lembrar a advertência de Marc Galanter, de acordo com quem, na discussão de políticas, estatísticas são teorias.[464]

A noção de que a quantidade de processos nos tribunais é um mal que deve ser eliminado induz à busca de "culpados". Por um lado, é possível atribuir a responsabilidade ao lado da oferta, justificando o excesso de demandas como decorrência da estrutura precária do Judiciário, do sistema recursal ineficiente ou das decisões judiciais conflitantes. Por outro lado, pode-se responsabilizar a demanda, culpando as próprias partes – ou em termos mais amplos, a sociedade em geral – pela cultura beligerante, pela incapacidade de resolver os problemas por si mesma, pela falta de harmonia entre seus membros, etc. Os motivos não são excludentes, mas é preocupante notar o crescimento de argumentos que levam à responsabilização das partes, o que, por consequência, leva mais uma vez à punição da parte mais fraca, ou seja, do participante eventual.[465]

---

[464] The Day After the Litigation Explosion, cit. p. 15.
[465] Ao tratar do contexto norte-americano no final dos anos 1970 e início dos anos 1980, Marc Galanter sugere que, apesar de a reclamação acerca da litigiosidade excessiva ser antiga, o tema da responsabilização da demanda seria mais recente: "Este tema é, creio eu, uma novidade. Aqueles que propuseram

A propósito, David Engel,[466] ao questionar a imagem de que os casos envolvendo responsabilidade civil seriam excessivos nos Estados Unidos, faz referência à tipologia de Marc Galanter, lembrando que as *torts* seriam uma das únicas formas de litigância em que um participante eventual é o autor e o jogador habitual é o réu. Essa configuração teria relação com a imagem negativa construída pelos próprios jogadores habituais. Afinal, segundo Engel,[467] a influência exercida pelos *haves* não está confinada a moldar a doutrina jurídica, mas se estende na moldura da própria cultura. Seria de se esperar, assim, que os *have-nots* fossem tidos como culpados em uma das poucas situações em que ocupam o polo ativo da demanda.

No cenário brasileiro, por sua vez, é interessante observar que, mesmo com o reconhecimento de que o Judiciário seria colonizado por grandes litigantes (ou seja, jogadores habituais), muitas vezes há a responsabilização do participante eventual, com consequentes propostas de reformas que o prejudicam sobremaneira. Cabe mais uma vez trazer um exemplo do campo previdenciário.

Nessa área, nota-se que um grande volume de ações judiciais diz respeito a pedidos de benefícios previdenciários por incapacidade.[468] Em apresentação institucional da Procuradoria Federal Especializada

---

reformas anteriormente, voltando-se às questões do volume de processos nos tribunais, dos altos custos e da morosidade, viam os problemas em termos de falha institucional e não como de uso excessivo dos tribunais. Ver, por ex., A. VANDERBILT, THE CHALLENGE OF LAW REFORM 81, p. 132 (1955). John Frank pensava que nós estaríamos nos 'aproximando da falência total de nosso sistema de meios para reparações... um dia do juízo final juridicamente falando.' J. FRANK, AMERICAN LAW: THE CASE FOR RADICAL REFORM xxi (1969). Mas, para esses primeiros comentaristas, o problema estava na precariedade do desenho e do gerenciamento da máquina institucional e não nas inapropriadas e insaciáveis demandas sobre essa máquina." (Reading the Landscape..., cit. p. 7, nota 7, em tradução livre).

[466] *The Myth of the Litigious Society*..., cit. pos. 1503-1514.
[467] *The Myth of the Litigious Society*..., cit. pos. 2051.
[468] Segundo o relatório *Justiça em Números-2019* do CNJ, no ano-base 2018, o o assunto "Benefícios em Espécie/ Auxílio-Doença Previdenciário" é mais demandados na Justiça Federal (com 787.728 processos) (*Justiça em Números – 2019*. Brasília, CNJ, 2019. p. 205).

junto ao INSS datada de fevereiro de 2016,[469] e tomando como base os dados do Sistema Único de Informações de Benefícios da autarquia (SUIBE), foram trazidos números acerca da judicialização da matéria relativa aos benefícios por incapacidade. Segundo o INSS, em 2010, a despesa mensal com o pagamento de auxílio-doença concedido por decisão judicial era de 88 milhões de reais; no final de 2015, o valor mensal gasto já tinha saltado para mais de 315 milhões de reais. Além disso, tendo como base o ano de 2014, indicou-se que foram requeridos administrativamente 4.963.389 benefícios por incapacidade, sendo concedidos 3.024.026 (61%) e indeferidos 1.939.363 (39%). Até por se tratar de exposição voltada ao Judiciário, deu-se ênfase que esses quase dois milhões de benefícios poderiam gerar número equivalente de processos judiciais, referindo-se a um "potencial de judicialização médio mensal de 161.613 novas ações". Para fortalecer o cenário aterrorizante, salientou-se, dessa vez sem indicar a fonte precisa, que os benefícios de auxílio-doença concedidos judicialmente apresentam um prazo médio de duração de mais de 4 anos, enquanto administrativamente o prazo seria inferior a 2 anos. Também sem mencionar a fonte, apontou-se que, nos 5 anos anteriores, o Judiciário teria condenado o INSS a implantar uma média de 240.000 benefícios por incapacidade por ano, "o que representa mais do que todas as demais condenações juntas" (sic).

Seria de se questionar quantos pedidos indeferidos de fato viraram ações judiciais em 2014 e, sobretudo, se o número de pessoas que ajuizaram as ações equivale ao número de pessoas que tiveram seu pedido administrativo indeferido, considerada a possibilidade de uma pessoa ajuizar mais de uma ação (por ex., se houver extinção sem resolução do mérito). Independentemente disso, o que se nota é o uso de dados para criação de um cenário compatível com a "explosão de litigiosidade".

---

[469] PROCURADORIA-GERAL FEDERAL. PROCURADORIA FEDERAL ESPECIALIZADA JUNTO AO INSS. *Projeto Integrado Benefícios por Incapacidade: Adequação dos Recursos Públicos despendidos pelo INSS com pagamento de benefícios de Auxílio-Doença concedidos por decisão judicial.* Brasília: fev. 2016. 14 slides. Apresentação em Powerpoint.

Indo à origem do conflito, tem-se basicamente, o segurado que se sente incapaz pleiteia um benefício ao INSS. A oposição típica, portanto, é do segurado pessoa física que se sente incapaz de realizar atividade profissional que lhe garante subsistência e a autarquia previdenciária pessoa jurídica de direito público acostumada a estar em juízo.

Nos últimos anos, a preocupação com a judicialização de benefícios previdenciários por incapacidade implicou mudanças na legislação pertinente. Em especial, ganhou destaque a Medida Provisória n. 739/2016, reeditada como MP n. 767/2017 e convertida na Lei n. 13.457, de 26 de junho de 2017. Tais normas, alterando a Lei n. 8.213/91 (Plano de Benefícios da Previdência Social), voltaram-se em especial aos benefícios de auxílio-doença e à aposentadoria por invalidez, bem como instituíram o Bônus Especial de Desempenho Institucional por Perícia Médica em Benefícios por Incapacidade – BESP-PMBI.

Os aspectos mais marcantes das alterações promovidas foram: a necessidade da fixação de um prazo estimado para a duração do benefício de auxílio-doença concedido administrativa ou judicialmente (acréscimo do § 8º ao artigo 60 da Lei n. 8.213/91); a cessação automática do benefício em 120 dias no caso de não fixação do prazo referido no § 8º, salvo se houver requerimento de prorrogação perante o INSS (§ 9º acrescentado ao artigo 60 da Lei n. 8.213/91); a possibilidade de convocação a qualquer tempo do beneficiário de auxílio-doença ou de aposentadoria por invalidez para reavaliação das condições que ensejaram a concessão do benefício (inclusão do § 4º ao artigo 43 e o § 10 ao artigo 60, ambos da Lei n. 8.213/91); a instituição do BESP-PMBI, a ser pago ao médico do INSS pela realização de perícias extraordinárias em relação a benefícios por incapacidade mantidos sem perícia há mais de dois anos (artigos 2º a 10 da MP).

A Exposição de Motivos da MP n. 739/2016 indica que a proposta foi gerida no contexto do Comitê de Monitoramento e Avaliação de Políticas Públicas Federais – CMAP. O foco das mudanças foram os benefícios de auxílio-doença e de aposentadoria por invalidez que estariam por mais de dois anos sem qualquer revisão administrativa. Para lidar com essa questão, a MP passou a exigir a fixação de um prazo estimado quando da concessão do auxílio-doença, seja judicial ou administrativo, sob pena do estabelecimento do prazo determinado de 120 (cento e vinte) dias. Para os casos em manutenção, foi instituído bônus para perícias administrativas extraordinárias, de modo a reanalisar benefícios por incapacidade sem revisão há mais de dois anos. Dessa forma, as Medidas Provisórias que posteriormente geraram a Lei n. 13.457/2017 buscaram reorganizar a relação entre os processos judicial e administrativo, com o objetivo declarado de reduzir a judicialização e, assim, diminuir os gastos públicos.

A revisão administrativa de benefícios de auxílio-doença e aposentadoria por invalidez concedidos há mais de dois anos ficou popularmente conhecida como "pente-fino". Sobre esse tema, é ilustrativo que uma série de matérias publicadas em respeitáveis órgãos da imprensa ressaltaram que os benefícios revistos haviam sido indevidamente concedidos. Exemplificativamente, enumerem-se as seguintes manchetes:

> "Governo cancela R$ 9,6 bilhões em benefícios irregulares"[470]
> "Pente-fino corta R$ 10 bi em gastos irregulares com Bolsa Família, aposentadoria e auxílio-doença"[471]
> "INSS cancela R$ 9,6 bilhões em aposentadorias e auxílios-doença irregulares"[472]
> "Pente-fino no INSS já gerou quase 14 bilhões de economia"[473]

Situações de benefícios mantidos de forma irregular por muitos anos foram amplamente citadas. Assim, houve o caso da gestante que,

---

[470] FERNANDES, Adriana. Governo cancela R$ 9,6 bilhões em benefícios irregulares. *Estado de S. Paulo*, 06 jun. 2018. Disponível em: https://bit.ly/2KDid6H. Acesso em: 24 ago. 2020.

[471] WIZIACK, Julio; PRADO, Maeli. Pente-fino corta R$ 10 bi em gastos irregulares com Bolsa Família, aposentadoria e auxílio-doença. *Folha de S. Paulo*, 24.jul.2018. Disponível em: https://bit.ly/2LkyLkj. Acesso em: 24 ago. 2020.

[472] DUTRA, Bruno. INSS cancela R$ 9,6 bilhões em aposentadorias e auxílios-doença irregulares. *O Globo*, 06 jun. 2018 e 04 out. 2018. Disponível em: https://glo.bo/2RjLypb. Acesso em: 24 ago. 2020.

[473] NEVES, Vitor. Pente-fino no INSS já gerou quase 14 bilhões de economia. *Jornal da USP*, 21 nov. 2018. Disponível em: https://bit.ly/2VhtDim. Acesso em: 24 ago. 2020.

por causa de uma gravidez de risco, recebeu benefício de auxílio-doença por mais de 10 anos, o da técnica de enfermagem que deixou de comparecer à perícia administrativa porque o atendimento coincidia com seu horário de trabalho; o do porteiro de clube que foi reconhecido pelo perito do INSS; o do suposto cadeirante que conseguiu correr uma maratona; ou o do cego com carteira de motorista que dirigia seu carro pelas ruas.[474]

O que se observa, então, é que a revisão administrativa foi associada à irregularidade dos benefícios, em geral sem esclarecer que eventual inadequação pode estar na perícia de revisão e não no exame originário. Também não se nota idêntica divulgação dos dados acerca dos casos mais comuns de cessação, mas apenas dos casos mais insólitos. Qual seria, então, o percentual de casos duvidosos que, uma vez concedidos judicialmente, foram objeto da revisão administrativa?

O reforço da opção administrativa em detrimento do Judiciário é reiterado pela necessidade de as concessões judiciais passarem a especificar o prazo de duração do benefício de auxílio-doença, sob pena de ser fixado o prazo de 120 (cento e vinte) dias. Assim sendo, foi imposto ao segurado o dever de ir procurar novamente o INSS caso pretenda realizar um pedido de prorrogação do benefício concedido em juízo. O ônus, que antes era do INSS de convocar o segurado que teve o benefício concedido judicialmente para reavaliação de seu estado de saúde, passou a ser do próprio segurado.

Nesse contexto, o argumento da judicialização excessiva reforçou a proposta de desjudicialização, com o crescimento do poder decisório da própria autarquia que, em juízo, figuraria como réu. Além disso, ao criar novas barreiras para a concessão judicial de benefícios previdenciários por incapacidade, privilegiaram-se os segurados com maiores recursos para decodificar e agir conforme os novos sinais

---

[474] Os exemplos foram retirados das seguintes reportagens: CARVALHO, Daniel. Pente-fino cancela 84% de auxílio-doença e aposentadoria por invalidez. *Valor econômico*, 13 abr. 2017. Disponível em: https://bit.ly/2rWCDfb. Acesso em 24 ago. 2020. YOSHINAGA, Gilberto. Pente-fino no INSS detecta até 'cego' que é motorista. Agora, 15 mai. 2018. Disponível em: https://bit.ly/2s11oGV. Acesso em: 24 ago. 2020.

emitidos (contratando advogados, buscando a revisão judicial de benefícios cessados administrativamente, etc.). Seria de se questionar, então, se a relativamente baixa judicialização dos benefícios cessados em decorrência do "pente-fino" deve-se ao acerto da medida administrativa ou às condições precárias dos atingidos.[475]

Em suma, ignorar as características estruturais das partes dificulta também a avaliação de reformas e a análise dos discursos dominantes. Ao se tratarem de maneira uniforme as partes indiretamente se pune o participante eventual. Com isso, também, muitas vezes as ações dos jogadores habituais são desprezadas e, assim, passam ao largo do grande público, em detrimento justamente do grande público.

4.5. A retomada da pauta expansionista

Diante do quadro apresentado, em que se nota o discurso da "explosão de litigiosidade" fundado na lógica do excesso, resta indagar qual seria a forma de retomar a pauta expansionista do acesso à justiça. Para tanto, cabe retomar parâmetros que, de certo modo, já estavam dentre as preocupações de Cappelletti e Garth ao proporem que o processo civil não deveria ser colocado no vácuo, cabendo perceber que técnicas processuais servem a funções sociais. Nessa perspectiva, mencionados autores ressaltaram não só a importância de se reconhecer que os tribunais não são a única forma de solução de conflitos, mas também que qualquer opção a ser considerada deveria ter em mente a interferência que provoca sobre a forma pela qual opera a lei substantiva, com que frequência, em benefício de quem e com qual impacto social.[476]

Assim sendo, no contexto brasileiro, acredita-se seja de especial utilidade tomar como base o conceito de *acesso à ordem jurídica justa* proposto por Kazuo Watanabe, com os acréscimos trazidos pela

---

[475] Nesse sentido, em uma das reportagens mencionadas acima, Alberto Beltrame, então ministro do Desenvolvimento Social, ressaltou que o Judiciário reativou apenas 2,4% dos benefícios cancelados, o que demonstraria o acerto das revisões (FERNANDES, Adriana. Governo cancela R$ 9,6 bilhões em benefícios irregulares, cit.).

[476] *Acesso à Justiça*, cit. p. 12-13.

instrumentalidade metodológica, para, então, fazer ponderações acerca da questão alocativa e da importância da análise institucional comparada.

4.5.1. O acesso à ordem jurídica justa sob a ótica da instrumentalidade metodológica

Segundo Kazuo Watanabe, o acesso à justiça não se limita ao acesso aos órgãos judiciais existentes, não se tratando somente de possibilitar o ingresso na justiça enquanto instituição estatal, mas sim de viabilizar o *acesso à ordem jurídica justa*.[477] Observa-se que referido conceito parte de algumas premissas comuns a este trabalho: a) "pensar na ordem jurídica e nas respectivas instituições, pela *perspectiva do consumidor*, ou seja do destinatário das normas jurídicas, que é o povo",[478] o que se assemelha à postura de se considerarem as partes em ação; b) ter "o perfeito conhecimento da realidade sócio-política-econômica do País",[479] princípio que se coaduna com a investigação da raiz do conflito; c) a complexidade da sociedade e rapidez como se operam as transformações sociais geram um "incremento assustador de conflitos de interesses",[480] o que pode ser associado, na terminologia ora adotada, ao crescimento de conflitos intersubjetivos de justiça; d) tal dinâmica social também provoca a "impossibilidade de conhecimento de um direito, mormente por parte da camada mais humilde da população",[481] indicando a dificuldade daqueles que não têm (*have-nots*); e) "não se pode pensar apenas no sistema de resolução dos conflitos através da adjudicação da solução pela autoridade estatal", cabendo notar que, em certas circunstâncias, podem ser mais adequados outros mecanismos (como a mediação, a conciliação ou a arbitragem), desenvolvidos por entidades públicas não pertencentes ao Judiciário ou mesmo

---

[477] Acesso à justiça e sociedade moderna. In: GRINOVER, Ada Pellegrini; DINAMARCO, Cândido Rangel; WATANABE, Kazuo (org.). *Participação e Processo*. São Paulo: Revista dos Tribunais, 1988, p. 128.
[478] Acesso à justiça e sociedade moderna, cit. p. 128.
[479] Acesso à justiça e sociedade moderna, cit. p. 129
[480] Acesso à justiça e sociedade moderna, cit. p. 132.
[481] Acesso à justiça e sociedade moderna, cit. p. 132.

entidades privadas,[482] o que está de acordo com o policentrismo institucional aqui utilizado.

No conceito proposto por Watanabe destaca-se que o acesso à ordem jurídica justa não se limita ao ingresso no Judiciário, pois ele também abrange o "direito à informação e perfeito conhecimento do direito substancial".[483] Esses dois aspectos contribuem para a retomada da pauta expansionista, na medida em que reconhece a existência de processos não judiciais capazes de realizar o tratamento do conflito, assim como insere etapas anteriores à formação da disputa como objeto de preocupação de se acessar a justiça (o direito à informação poderia ser localizado na fase de nomear o conflito, por exemplo).

No entanto, à luz da instrumentalidade metodológica, entende-se necessário fazer pequenos acréscimos. De fato, tem-se que o conceito de acesso à ordem jurídica justa relaciona-se ao que Watanabe denomina de instrumentalismo *substancial*, ou seja, com "a preocupação que o processo tenha plena e total aderência à realidade sociojurídica a que se destina, cumprindo sua primordial vocação, que é a de servir de instrumento à efetiva realização dos direitos".[484] Essa visão, embora de extrema relevância, parece ter a concretização do direito material como limite.

Conforme Watanabe, haveria duas perspectivas para a busca da efetividade do processo. Uma delas seria a do direito material, pela qual a cada direito material corresponderia uma ação de direito processual e uma pretensão processual; a outra seria a do direito processual, segundo a qual os vários institutos e técnicas processuais deveriam propiciar a melhor tutela dos direitos pelo processo.[485] Para explicitar a relação entre essas duas perspectivas, mencionado autor utiliza-se da imagem de dois rios com águas de cores diferentes que, após o encontro, correm paralelamente por longa distância até se misturarem por completo.[486] E é justamente essa mistura que Watanabe

---

[482] Acesso à justiça e sociedade moderna, cit. p. 132-133.
[483] Acesso à justiça e sociedade moderna, cit. p. 135.
[484] *Cognição no Processo Civil*. 4. ed. São Paulo: Saraiva, 2012, p. 20.
[485] *Cognição no Processo Civil*, cit. p. 20-24.
[486] *Cognição no Processo Civil*, cit. p. 20-21.

defende, com uma corrente aceitando os resultados mais significativos da outra.[487]

Na perspectiva da instrumentalidade metodológica, porém, a análise é feita, nas palavras de Carlos Alberto de Salles, "sem inferir uma prévia modalidade de relação entre direito e processo, como funções independentes ou como relação necessária".[488] Não se trata, para manter a metáfora de Watanabe, de apenas propor que as águas do rio se misturem, mas de se ir além do estudo dos próprios rios (enfoque do direito material ou enfoque do direito processual), buscando respostas a partir da investigação de todo o ecossistema local (incluindo, assim, todo o contexto social, com contribuições de áreas como a sociologia, a economia, a psicologia, etc.). Assim sendo, o direito material não serve de limite ao processo.

Como efeito concreto, a relação entre acesso à *ordem jurídica justa* e *instrumentalidade substancial* pode implicar propostas que tomam como base o direito material. A justiça a ser acessada, portanto, é aquela do direito estatal. Isso fica evidente no seguinte trecho em que Kazuo Watanabe propõe a importância do estudo permanente do ordenamento jurídico:

> (...) para que o acesso à justiça possa efetivamente atingir plenamente essa dimensão é necessário que se realize, em caráter contínuo, uma pesquisa permanente do ordenamento jurídico, um observatório, aferindo a adequação da ordem jurídica à realidade socioeconômica do país, ou seja, a justiça do direito material a ser respeitado espontaneamente por todos ou a ser aplicado na solução das controvérsias. Não se desconhece que é um ideal quase impossível de se atingir, podendo ser qualificado até de ingênuo e utópico. Mas é possível elegê-lo como meta de evolução para que algumas injustiças, pelo menos as maiores, decorrentes da inadequada interpretação e aplicação de um ordenamento jurídico nascido do embate de interesses socioeconômicos-políticos, sejam evitadas ou reduzidas.[489]

---

[487] *Cognição no Processo Civil*, cit. p. 24.
[488] *Arbitragem em Contratos Administrativos*, cit. p. 25.
[489] *Acesso à ordem jurídica justa*, cit. p. XIV.

A pertinência do estudo da adequação entre realidade socioeconômica e o ordenamento jurídico é inegável, cabendo louvar a proposta de Watanabe, sobretudo se considerado que se trata de uma ideia que já aparecia em um dos primeiros textos do autor sobre o tema do acesso à justiça, ainda no final dos anos 1980.[490] Todavia, em complemento, acredita-se que a análise da realidade socioeconômica não deve se limitar ao estudo da adequação como ordenamento jurídico vigente, de modo a inibir injustiças decorrentes da sua inadequada interpretação ou aplicação. Trata-se de, a partir da análise da realidade socioeconômica, reconhecer que a justiça não se limita ao direito estatal, muitas vezes sendo possível tolerar manifestações do direito não estatal que sirvam para propagar justiças, em vez de perpetuar injustiças. Do mesmo modo, tal estudo permite auxiliar, quando necessário, na construção do ordenamento jurídico mais adequado e não somente na sua interpretação ou aplicação.

Outro aspecto decorrente do emprego da instrumentalidade substancial no tema do acesso é a preponderância atribuída ao Estado como fornecedor de justiça. De fato, se a centralidade está no direito estatal, é natural que se proponham instituições públicas para fornecer mais esse serviço. Nesse ponto, embora Watanabe indique a possibilidade de entidades privadas atuarem na oferta do tratamento de conflitos, ele ressalta a necessidade de que o Estado incentive e controle esses serviços.[491] Além disso, a participação da comunidade é destacada, sobretudo, na atuação como terceiros facilitadores no próprio ambiente judicial (por exemplo, como conciliador).[492] Do mesmo modo, os então Juizados de Pequenas Causas são vistos como forma de ocupação do espaço vazio deixado pelo Poder Judiciário no tratamento de conflitos de interesse de pequena expressão econômica, espaço esse que estaria sendo tomado por manifestações como a atuação de "justiceiros" ou programas de rádio e televisão.[493]

---

[490] Acesso à justiça e sociedade moderna, cit. p. 132.
[491] Acesso à justiça e sociedade moderna, cit. p. 133.
[492] Acesso à justiça e sociedade moderna, cit. p. 133-134.
[493] Assistência Judiciária e o Juizado Especial de Pequenas Causas. In: WATANABE, Kazuo. *Acesso à ordem jurídica justa*, cit. p. 23; segundo consta, o artigo foi publicado originalmente em 1985.

A propósito, nota-se ainda que a definição de acesso à ordem jurídica justa teve grande influência na construção da Política Judiciária Nacional de Tratamento Adequado de Conflitos de Interesse. De fato, a própria Resolução CNJ n. 125/2010, por exemplo, traz entre seus considerandos a menção expressa à adoção do conceito ampliado de acesso à justiça como o de acesso à ordem jurídica justa. Talvez a perspectiva da instrumentalidade substancial como fundamento da ordem jurídica justa tenha influenciado na opção estatista dos meios adequados de solução de conflitos apontada por Salles.[494]

Nesse contexto, Watanabe avança no sentido de propor que o Estado não é o único fornecedor de justiça. Sob a ótica da instrumentalidade metodológica, porém, seria de se questionar se o Estado é a melhor opção ou, ainda, se deve exercer a supervisão sobre as demais instituições voltadas ao oferecimento de justiça. De fato, ao se analisar toda a realidade socioeconômica, é possível chegar à conclusão de que a autorregulação seja preferível, afastando-se a própria supervisão estatal. A mediação comunitária pode nascer dos anseios da própria comunidade e não como forma provocada pelo agente estatal externo. Diante disso, no caso de programas de rádio e de televisão que cumpram diligentemente seu papel de informar o cidadão acerca de seus direitos, seria de se questionar se o "espaço vazio" deixado pelo Judiciário deveria ser reocupado ou se, na realidade, está-se diante de um espaço preenchido adequadamente. Assim sendo, acredita-se que a justiça possa ser oferecida, dependendo do contexto, por entidades privadas, mesmo sem supervisão estatal.

Portanto, às duas ideias centrais do pertinente conceito de acesso à ordem jurídica justa proposto por Kazuo Watanabe – o acesso não se limita ao Judiciário e nem à solução de disputas, abrangendo serviços de informação – acrescentam-se outras duas baseadas na instrumentalidade metodológica de Carlos Alberto de Salles – a justiça não se limita ao direito material e pode ser oferecida por entidades privadas, independentemente de tutela estatal conforme as circunstâncias.

---

[494] Nos braços do Leviatã, cit.

4.5.2. A inevitável questão alocativa

Desse modo, a defesa do acesso à justiça como acesso à ordem jurídica justa, com os acréscimos da ótica da instrumentalidade metodológica, insere-se na proposta de se retomar a pauta expansionista. Todavia, dado o grau de abrangência, a mera exaltação retórica, sem se preocupar com as condicionantes práticas necessárias, pode fazer com que o discurso do acesso à ordem jurídica justa seja utilizado para dissimular a subjacente lógica do excesso.

Em especial, cabe assumir que o acesso à justiça exige o enfrentamento de uma questão alocativa. Como afirmam Marc Galanter e Lauren Edelman em tom provocativo, é preciso avaliar se obter um incremento em justiça deve ser preferível a ter remédios ou mísseis.[495] Existe um limite físico que necessariamente impõe a filtragem de casos que serão merecedores do acesso.[496] Como o sistema público não exclui o particular, isso também implica considerar em quais circunstâncias há necessidade de tutela estatal e quando o serviço pode ser oferecido pela iniciativa privada.

Em última análise, acredita-se que a análise do cenário da "explosão de litigiosidade" muitas vezes busca respostas a perguntas secundárias justamente por desconsiderar a questão alocativa. A relevância não está propriamente em saber se existem muitos (ou poucos) processos judiciais ou se os juízes estão assoberbados (ou não) de trabalho. A pergunta principal é saber se os conflitos que se tornam disputas judiciais deveriam sê-los ou se, preferencialmente, deveriam ser tratados por outras instituições.

Em *Reading the Landscape of Disputes: What We Know and Don't Know (And Think We Know) About Our Allegedly Contentious and Litigious Society*, Marc Galanter apresenta diversos argumentos e dados que contestam a imagem de que os Estados Unidos passariam por uma "explosão de litigiosidade". Ao comentar tal artigo, Stuart M. Gerson, sob o sugestivo título *The Burden of Metaphor* ("O Peso da Metáfora",

---

[495] Law: The Social-Legal Perspective, cit. p. 609.
[496] GALANTER, Marc. Access to Justice in a World of Expanding Social Capability, cit. p. 118-119.

em tradução livre), faz observações precisas acerca da importância da questão alocativa:

> (...) é possível que a "explosão" não seja o problema da solução de disputas na modernidade, ainda que isso esteja aberto à discussão. Se a litigiosidade cresceu radical e repentinamente, ou se a presente documentação somente pode demonstrar um aumento evolutivo e previsível, persiste um obstáculo social que é bem mais que simbólico ou restrito às experiências da elite. O problema real relaciona-se com a alocação de recursos atualmente limitados entre as muitas áreas que competem por eles. A alocação de recursos suficientes para permitir que a resolução judicial de disputas funcione de maneira ideal pode impedir a concretização de outros interesses sociais. Uma alocação insuficiente não permitirá a atuação sensível dos tribunais.
>
> (...) gostem ou não, parece que teremos que praticar uma política da escassez no futuro próximo, e é neste contexto que deveríamos considerar o impacto da litigiosidade.[497]

No contexto brasileiro, ingressar na justiça comumente é associado ao direito fundamental consagrado no artigo 5º, XXXV, da Constituição Federal, que prevê a inafastabilidade da tutela jurisdicional. Além disso, nota-se também a sua previsão no inciso LXXIV do artigo 5º, que estabelece que *"o Estado prestará assistência jurídica integral e gratuita aos que comprovarem insuficiência de recursos"*, nisso ampliando o disposto no § 32 do artigo 150 da Constituição Federal de 1967, que garantia somente o direito de *"assistência Judiciária aos necessitados"*.

No entanto, apesar de figurar dentre a lista dos direitos e garantias fundamentais, entende-se que o acesso à justiça é um direito social, ligado ao fornecimento de um serviço e relacionado, assim, à alocação de recursos. Trata-se, portanto, de um dever ativo do Estado e não de uma liberdade negativa. Só que, como direito social, o acesso à justiça também se sujeita aos ditames das limitações concretas, enfrentando dilemas como o da contraposição do mínimo existencial com a reserva do possível. Melhor do que considerar um direito como

---

[497] The Burden of Metaphor, inédito, s/d, com base em cópia do arquivo pessoal de Marc Galanter, p. 3-4, em tradução livre.

absoluto e negá-lo na prática é reconhecer seus limites e trabalhar com ele, valendo-se de premissas relacionadas com os direitos sociais. Do mesmo modo, assim como outros direitos sociais, a atuação estatal não exclui a dos entes privados.

No entanto, a questão da escolha alocativa torna-se ainda mais complexa quando se lembra de que justiça não é algo simplesmente econômico e que os benefícios não monetários são ainda mais difíceis de serem contabilizados. Se a orientação jurídica ao cidadão, por exemplo, gerar maior satisfação nos usuários do sistema de justiça quem negaria sua prioridade, inclusive em relação à solução adjudicatória de disputas? Mas a satisfação do usuário deveria ser almejada em função da rapidez da resposta, da possibilidade de gerar positivas mudanças de comportamento ou de outro critério disponível?

Em que pesem as dificuldades conceituais, acredita-se que é melhor reconhecer que se trata de uma questão alocativa e, consequentemente, abordar a questão do acesso à justiça de modo mais consentâneo com a realidade. Para enfrentar a questão alocativa, novamente ganha destaque a análise institucional comparada.

4.6. De novo, a análise institucional comparada

Neste ponto, percebe-se que o acesso à justiça e as premissas conceituais adotadas no trabalho se entrelaçam. Assim sendo, a abordagem do tema do acesso, ainda que feita de modo panorâmico, pode servir como exemplo ou reforço argumentativo da tese desenvolvida.

Na primeira parte deste capítulo, apontou-se que a lógica do excesso subjacente à "explosão de litigiosidade", em detrimento do acesso, baseia-se em três reduções: o conflito é litígio judicial; o processo é processo do Judiciário; e as partes são ignoradas. Seria possível, também, a interpretação paralela de que a lógica do excesso produz três padronizações: formatação de conflitos em casos-tipo; gerenciamento padronizado dos processos; e tratamento massificado das partes. Apesar de tais desdobramentos não serem desenvolvidos nos limites desta obra, o que se nota é que os três movimentos propostos – dar um passo atrás em direção ao conflito, olhar para as diversas instituições, e observar as partes presentes – podem ser úteis para ampliar o campo de visão e de preocupações do processualista (e, talvez, não só dele).

No entanto, apenas observar que existem mais coisas no céu e na terra não é o suficiente. Por isso, tentou-se aproximar os três movimentos com a busca pelo processo adequado, tomando como modelo teórico, sobretudo, a análise institucional comparada de Neil Komesar. Tais movimentos, então, seriam pressupostos para traçar parâmetros de comparação de processos decisórios (instituições) adequados para o objetivo visado, conforme o conflito que envolve certas partes. Na segunda parte deste capítulo, tratou-se da necessidade de se retomar a pauta expansionista, chegando-se à inevitável questão alocativa. Mais uma vez, então, o tema do acesso pode ser utilizado como exemplo, desta vez da relevância dos três movimentos propostos na busca pelo processo adequado, bem como da pertinência da análise institucional comparada.

Processo adequado e acesso à justiça, sob o ângulo da ordem jurídica justa, são conceitos que praticamente se confundem. Kim Economides, por exemplo, chama atenção para a importância de se abordar a questão alocativa por meio de formas de se integrarem adequadamente mecanismos públicos e privados, melhorando os *designs* do sistema de justiça.[498]

No âmbito deste trabalho, porém, cabe fazer a seguinte distinção: jurisdição abrange somente processos voltados à resolução de disputas. Isso significa que processos jurisdicionais são voltados apenas para o momento em que o conflito atinge a fase do reivindicar (*claiming*). Acessar à justiça, por sua vez, envolve não apenas os processos jurisdicionais, mas também aqueles disponíveis para o tratamento do conflito nas etapas do nomear e do culpar, bem como os voltados a momentos prévios ao próprio conflito. Desse modo, é preciso ter em mente que, no caso do acesso, as opções de processos disponíveis são bem maiores que as da jurisdição.

Seja como for, em ambos os casos, a análise comparada do processo adequado é necessária para se chegar à melhor forma de oferecer justiça. Em última análise, é possível até mesmo afirmar que a jurisdição é

---

[498] FERRAZ, Léslie S. *et al.* Mesa de debates: Repensando o acesso à Justiça: velhos problemas, novos desafios. *Revista de Estudos Empíricos em Direito*, v. 4, 2017, p. 209.

um dos processos disponíveis para a promoção do acesso à justiça. Nesse contexto, usar o acesso como exemplo permite tanto sintetizar os conceitos expostos no decorrer do trabalho como, também, notar a posição do processo jurisdicional em relação a outros processos ligados à justiça. Com isso, espera-se ainda que seja possível contribuir com o desenvolvimento da pauta expansionista.

Consoante as premissas desenvolvidas, na busca do processo adequado (ou que, comparativamente, seja o menos inadequado), mostra-se pertinente responder a três blocos de perguntas: Qual conflito? Quem decide? Quem se importa? Cada uma dessas questões se desdobra em outras indagações que, em grande medida, foram tratadas no decorrer do trabalho e são sintetizadas a seguir.

4.6.1. Qual conflito?

A busca do processo adequado para o oferecimento de justiça implica partir do conflito no contexto fático em que inserido, incluindo não apenas os aspectos jurídicos, mas também os econômicos e sociais. Nesse sentido, segue-se a premissa da instrumentalidade metodológica. Como mencionado, se o objetivo for comparar processos jurisdicionais, o foco seria do conflito que gerou a disputa. Todavia, em se tratando do acesso à justiça, a análise contextual envolve um objeto mais amplo: não basta pensar no conflito causador da disputa existente, mas também nas situações indesejadas que potencialmente poderiam gerar conflitos de justiça; nos conflitos que viraram ofensas (alguém foi responsabilizado) sem terem se tornado disputas; etc. Em suma, quais são os potenciais conflitos de justiça? Além disso, partindo do pressuposto de que se trata de uma questão alocativa, quais deles devem ser objeto de tutela estatal e quais devem ser reservados ao domínio privado?

Os desvios de caminho e os direcionamentos recorrentes nas etapas do conflito, por exemplo, passam igualmente a importar. Do mesmo modo, é relevante notar que o conflito se transforma durante o percurso, sofrendo ampliações e reduções. Para tratar do acesso à justiça, exige-se, então, a análise mais global da pirâmide das disputas, incluindo não apenas a sua base das lesões, mas também do cenário de potenciais situações indesejadas.

Essa investigação ampla do conflito, por óbvio, não exclui as partes envolvidas. A briga de vizinhos não é briga sem os vizinhos. Quando a instrumentalidade metodológica se volta à realidade fática e social, as partes estão inseridas na realidade. Dentre os elementos do conceito de conflito intersubjetivo de justiça, estão justamente as partes com percepções distintas sobre o justo.

Embora, para fins didáticos, conflitos, processos decisórios (instituições) e partes foram destacados em capítulos diversos, o entrelaçamento é evidente. No primeiro capítulo, destacou-se o conflito (a "briga" e não os "vizinhos"); no segundo, os processos possíveis para o seu tratamento; no terceiro, as partes (os "vizinhos"), mas com relação direta à sua posição estrutural nos processos decisórios (as partes em ação). Cada um desses elementos influencia e é influenciado pelos outros. No caso das partes, então, é necessário percebê-las como parte do conflito e, também, como potenciais participantes dos processos decisórios.

Essa duplicidade das partes, à luz da análise institucional comparada e do correlato modelo centrado na participação, é bem explicitada por Wendy Wagner. Conforme ela, o primeiro momento é mapear as características dos participantes. Somente depois, em um segundo momento, tais descobertas permitem confrontar as capacidades dos participantes com as alternativas institucionais disponíveis.[499]

Assim sendo, acredita-se que a análise do conflito em seu contexto fático não pode ignorar esse primeiro momento de mapeamento também das características das partes envolvidas. De certo modo, este momento abrange a distribuição dos *stakes* entre as partes antes da eclosão da situação indesejada.

Em termos de acesso à justiça, isso significa também olhar, logo de início, para os potenciais destinatários do serviço a ser prestado. Do mesmo modo, significa ouvi-los e não os deixar alheios ao desenvolvimento de uma política que, em tese, objetiva favorecê-los. Um dos méritos da proposta de Kazuo Watanabe, por exemplo, é justamente notar que, dada a impossibilidade de conhecimento de um direito, especialmente pela camada mais humilde da população, ingressar nos

---

[499] The Participation-Centered Model Meets Administrative Process, cit. p. 676.

órgãos que fornecem justiça deveria envolver também a prestação de informação jurídica.[500]

Ademais, é importante identificar o objetivo buscado. Nesse aspecto, retorna-se à afirmação de Komesar de que a comparação entre instituições é feita com base nos objetivos sociais. Há aqui nova ambivalência, na medida em que o objetivo visado somente será concretizado por meio dos processos decisórios e das partes que nele atuam.[501] De todo modo, é importante investigar qual, a partir da análise mais ampla da realidade, é o objetivo social que se busca quando se acessa a justiça, tanto para comparar as políticas existentes como para sugerir outras medidas. O objetivo só será, de fato, concretizado pelos processos decisórios, mas é importante tanto saber como cada processo decisório concretiza o objetivo, como também qual é o objetivo a ser concretizado. Por exemplo, caso o objetivo do acesso seja o de promover uma justiça baseada na eficiência, as formas de concretização em cada instituição serão diversas do que se o objetivo visado for o da equidade. Igualmente, é importante perceber quem define tais objetivos e quem deveria definir. A política do acesso deveria ser baseada nos anseios dos envolvidos diretamente com a oferta, da qual se destaca o Judiciário, ou com as pessoas que clamam pela justiça, ou seja, que integram a demanda?

Portanto, no que se refere ao acesso à justiça, a primeira pergunta (qual é o conflito?) divide-se, ao menos, em: a) qual é a realidade fática subjacente?; b) quais são os potenciais conflitos de justiça que merecem maior atenção?; c) qual o percurso do conflito?; d) quem são os envolvidos no conflito?; e) qual tipo de justiça se busca?

4.6.2. Quem decide?

A questão acerca de quem decide é marcante na análise institucional comparada de Neil Komesar. De modo bem simplificado, uma vez analisado o cenário, cabe perguntar quais são as instituições – assim definidas como processos decisórios de larga escala – disponíveis e, então, fazer uma comparação entre seus méritos relativos.

---

[500] *Acesso à justiça e sociedade moderna*, cit. especialmente p. 132 e 135.
[501] *Imperfect Alternatives*, cit. p. 5; *A Job for the Judges*, cit. p. 660.

No caso das opções de processos jurisdicionais, mesmo que se inicie da realidade fática e não somente da disputa, é inegável que a disputa existe; por isso, a análise do conflito subjacente parte de uma trajetória relativamente marcada, que começa no conflito e se encerra no processo jurisdicional. Nem sempre a escolha do processo jurisdicional é simples (por exemplo, qual é o processo mais adequado para resolver disputas previdenciárias: o judicial ou o administrativo?), mas o leque de alternativas é relativamente limitado.

Em contrapartida, em se tratando de acessar a justiça, o ponto de chegada também é incerto. Dependendo da justiça que se busque, é possível, por exemplo, concentrar a política de acesso em processos de solução das disputas ou processos voltados a facilitar a nomeação de situações indesejadas como lesões. Nesse contexto, indagar quem decide também implica indagar, preliminarmente, em qual fase do conflito – incluindo momentos relativos à própria escolha do conflito – os processos decisórios devem atuar. Não é apenas uma questão de comparar processos jurisdicionais, mas de indagar se a própria jurisdição é a opção mais adequada.

Além disso, os processos escolhidos podem integrar qualquer uma das quatro grandes instituições identificadas por Komesar (comunidade, mercado, processo político ou Judiciário), bem como pode existir uma combinação entre diversas instituições e processos decisórios. Quando da comparação das instituições disponíveis, é necessário partir de parâmetros comuns, valendo-se, entre outros, de elementos como recursos disponíveis e capacidade de expansão; requisitos formais de acesso; e características do agente responsável pela tomada de decisão.

Por sua vez, a escolha institucional vai implicar saber qual ou quais processos serão utilizados no âmbito da instituição ou das instituições escolhidas. Por exemplo, a atribuição da orientação do cidadão como parte da política nacional de tratamento de conflitos faz com que se atribua ao Judiciário a tarefa de auxiliar que situações indesejadas sejam formuladas em termos de situações injustas ou mesmo que essas situações sejam encaminhadas para a responsabilização (por exemplo, a orientação de ingressar com uma ação judicial contra o INSS após a negativa do benefício previdenciário). Caso se entenda que essa atividade deva ser prestada pelo Judiciário, surge a questão da maneira como oferecer o serviço: por meio de um processo formal ou informal; no interior dos fóruns ou somente dos Centros Judiciários de Solução de Conflitos e Cidadania; por meio de voluntários, servidores ou magistrados?

Além disso, destaque-se que a pergunta envolve tanto o diagnóstico como o remédio necessário para o tratamento (quem decide e quem deveria decidir). No campo do diagnóstico, cabe verificar quais os processos disponíveis e se os processos decisórios escolhidos estão de acordo com a finalidade buscada. Dessa forma, seria possível aferir se o Judiciário estaria promovendo adequadamente o acesso. Em termos de tratamento, cabe propor desenhos diferentes em caso de inadequação. Tal postura é condizente com um dos novos papéis do processualista identificados por Salles, qual seja, o de agente ativo na construção de desenhos processuais adequados.[502]

Dessa forma, a segunda pergunta (quem decide?) compreende também as seguintes perguntas correlatas: a) quais são as instituições envolvidas ou que deveriam ser envolvidas?; b) qual processo ou conjunto de processos está disponível no âmbito de cada instituição?; c) quais são os méritos relativos de cada processo?; d) em qual etapa do conflito os processos atuam ou deveriam atuar?; e) os processos escolhidos são, em termos comparativos, os menos imperfeitos? f) haveria outros processos (jurisdicionais ou não) que poderiam ser construídos para melhor obter a justiça conforme os objetivos traçados?

4.6.3. Quem se importa?

À primeira vista, o que chama atenção na teoria de Komesar é a pergunta do item anterior, ou seja, quem decide? Indaga-se, assim, qual é a instituição menos imperfeita para a tomada de decisão. Todavia, seria contraditório considerar como principal uma pergunta ligada à oferta de processos em uma teoria explicitamente baseada na participação, ou seja, no lado da demanda. Por isso, Carlos Alberto de Salles enfatiza, sobretudo, a questão: quem se importa (*who cares*)?[503]

---

[502] *Arbitragem em Contratos Administrativos*, cit. p. 106. Sobre os novos papéis do processualista, vide item 2.4, *supra*.

[503] Esta preocupação foi manifestada por Salles em diversas comunicações pessoais realizadas durante o período de pesquisa desta obra. Ademais, em

Importar-se, nesse sentido, abrange saber "quem toma conta" ou "quem leva adiante", estando relacionando, então, com a dinâmica da participação das partes.[504] Significa, em suma, saber quem se engaja em relação à participação em determinado processo decisório. Assim sendo, consoante a proposta de Komesar, a participação ocorre quando, na ponderação entre os custos e os benefícios, ela se mostre vantajosa. Os benefícios estão associados aos valores em jogo (*stakes*). Por sua vez, os custos são, basicamente, de acesso, de organização e de informação, com destaque para a última. Se os valores em jogo superam os custos, há a participação.[505]

Nesse contexto, ter consciência de quem se importa é extremamente relevante, quando a distribuição de *stakes* é desigual. Em particular, destacou-se uma das situações típicas em que isso ocorre, que é a oposição entre a pobre pessoa física participante eventual (*one-shotters*) e a rica pessoa artificial jogador habitual (*repeat players*). Neste caso, os jogadores habituais podem ser associados com um grupo minoritário de interesses concentrados. Assim sendo, além de seus *stakes* serem altos, os custos são baixos: a sua configuração facilita a organização; a riqueza minimiza os custos de acesso; e a repetição faz com que os custos de informação sejam reduzidos. A própria tomada racional de decisões – ou seja, a avaliação ponderada dos custos e benefícios da participação – é mais compatível com o *repeat player* típico do que com o *one-shotter*. Em suma, é possível dizer que, em termos gerais, o nível

---

palestra realizada em 30 de novembro de 2018 na Faculdade de Direito da Universidade de São Paulo e intitulada "Métodos de tratamento de conflitos e políticas públicas", Salles reiterou a importância do *who cares* na construção de políticas públicas, tomando como base a análise institucional comparada de Komesar.

[504] Essa interpretação relacionando *who cares* com a dinâmica da participação foi baseada na interpretação de Carlos Alberto de Salles. A compatibilidade com a análise institucional comparada foi confirmada em *e-mail* de Neil Komesar recebido em 09 de dezembro de 2018. Neste e-mail, Komesar vale-se das expressões *personal level of caring* e *no one cares*, que serão utilizadas neste item por sintetizarem pontos que se julga importantes da questão.

[505] Esse aspecto da teoria de Komesar é bem resumido em: WAGNER, Wendy. The Participation-Centered Model Meets Administrative Process, cit. p. 676.

de engajamento do jogador habitual é elevado (*personal level of caring*), isto é, ele se importa muito.[506]

No que tange ao ingresso à justiça, então, é necessário perquirir quem são as partes em ação, no que pode ser útil a análise da distribuição dos *stakes*. Dessa maneira, sob a ótica do sistema estatal de justiça, seria possível aferir com maior precisão quem acessa e quem deveria acessar. Nessa análise, os casos de distribuição desigual de *stakes* devem ser olhados com maior cautela, na medida em que podem traduzir indevidos vieses minoritários ou majoritários. O processo escolhido deve ser aquele que consiga minimizar as tendências que se queira superar.

Outrossim, a análise das características dos grupos de interesses permite também avaliar onde alocar de modo mais apropriado os recursos disponíveis para a promoção do acesso à justiça. Se há paridade de armas, como costuma ocorrer na distribuição idêntica dos *stakes*, seria possível relegar o fornecimento de justiça à comunidade ou ao mercado, sem necessidade de uso de recursos do sistema estatal.

Situações de desequilíbrio, porém, podem exigir o uso de recursos públicos para superação dos custos de participação. Nesse aspecto, é importante verificar qual é a natureza do custo que impede a participação do grupo, isto é, se o custo envolve a organização, o acesso ou a informação.

Por exemplo, na situação em que os *stakes* estão fortemente dispersos entre a população, uma questão social importante pode permanecer sem representação, considerando que ninguém se importa (*no one cares*). Seria o caso de se pensar, por exemplo, no prejuízo de uma área de preservação ambiental em decorrência da instalação de uma fábrica em uma cidade do interior. O interesse concentrado da empresa, em conjunto com os dos diretamente envolvidos (p. ex., beneficiários de postos de serviços, receitas e crescimento econômico), torna-os diretamente engajados em favor da instalação.

---

[506] Isso se considerada a questão em termos agregados e não da disputa individualizada. Como observado, uma das vantagens do *repeat player* é justamente ter interesses elevados em termos agregados, o que o permite abrir mão de pequenos casos concretos.

No entanto, a poluição que a fábrica irá gerar abrange uma quantidade indefinida de pessoas, incluindo moradores de outras cidades não beneficiados por postos de serviço e mesmo futuras gerações. O impacto para a maioria da população, porém, é extremamente baixo. O grau de poluição da área de preservação permanente, quando dividido por todos que têm o direito ao meio ambiente ecologicamente equilibrado (art. 225 da CF), gera um valor insignificante *per capita*, qualquer que seja a métrica utilizada (custos financeiros, impactos sociais, prejuízo à qualidade de vida, etc.). Isso faz com que os custos de organização da maioria dispersa sejam muito elevados quando comparados aos dos benefícios. Tal situação, então, justifica o uso de recursos públicos para minimizar os custos organizacionais, o que pode ser obtido, por exemplo, pela criação do Advogado Público (*Public Advocate*) proposto por Komesar e Wagner.[507]

O citado exemplo da instalação da fábrica em cidade do interior é de Carlos Alberto Salles.[508] No entanto, Salles entende que a situação envolve uma tendência majoritária, pois os interesses da população local pela instalação da fábrica se sobreporiam aos interesses minoritários na proteção do meio ambiente (conforme Salles, "o interesse ambientalista na localidade será certamente muito minoritário, quando não mal visto").[509] Por isso, a atuação do Ministério Público no caso seria recomendável. Acredita-se, porém, que a questão ambiental, no caso hipotético, transcende a cidade em que instalada a firma e, por isso, os interesses são altamente dispersos entre um grande número de pessoas (e não apenas o ambientalista), dificultando a organização. A atuação do Ministério Público, então, seria recomendável, mas na proteção dos interesses não representados, que não se limitam ao do grupo minoritário dos ambientalistas.

De fato, caso se considerem somente os interesses dos ambientalistas locais, seria possível identificar um grupo que toma a proteção do meio ambiente como de extrema importância (*stakes* elevados, portanto), que não possui altos custos de organização (são parte de

---

[507] The Administrative Process from the Bottom Up, cit. p. 944-945.
[508] *Execução Judicial em Matéria Ambiental*, cit. p. 151.
[509] *Execução Judicial em Matéria Ambiental*, cit. p. 151.

uma pequena minoria). Seria possível cogitar, assim, que os custos a serem enfrentados para a participação do grupo de ambientalistas estariam mais ligados aos custos informacionais (o conhecimento da causa ambiental não implica necessariamente que se conheçam os requisitos necessários para participar de determinado processo decisório como o processo judicial, por ex.) ou de acesso (custos com advogados, com pagamento de despesas processuais, dispêndio de tempo para atuação perante o processo legislativo ou de consultas públicas, etc.). De modo mais amplo, é essa a razão de se cogitar que, quando a situação envolver apenas o interesse de minorias concentradas que devam ser protegidas, mas que já estão fortemente organizadas, talvez se possa optar pela minimização dos custos de acesso e/ou de informação. Desse modo, seria viabilizada a participação direta dos próprios interessados, sem necessidade de se recorrer à tutela estatal.

Além disso, caso se identifique que a participação é dificultada, sobretudo, pelo desconhecimento dos requisitos exigidos, seria possível pensar que a alocação dos recursos disponíveis não deveria simplesmente ser destinada ao crescimento de estruturas ou reduções de custos de ingresso, mas sim à divulgação dos processos disponíveis. Ganha relevância, novamente, a ideia de informação do cidadão como forma de acesso à ordem jurídica justa. Na terminologia utilizada nesta obra, se as instituições emitem sinais que são recebidos desigualmente, a ampliação do acesso também envolve o investimento em canais para que os sinais atinjam mais uniformemente o público, reduzindo assim os custos da informação.

Relacionado à pergunta de quem se importa, cabe apontar ainda que se outros atores são inseridos para se preocuparem pelas partes, existe o risco correlato de seus interesses serem colocados acima das próprias partes. Isso pode ocorrer, quando advogados circunstancialmente assumem o papel de *repeat players* que preferem manter sua reputação perante o fórum, resguardando seus interesses, em detrimento das partes. Sob outro ângulo, e em especial no que se refere à política pública voltada ao acesso à justiça, os juízes tanto são fornecedores do serviço como agentes ativos na construção dos objetivos e das escolhas a serem feitas. A análise do processo adequado para a promoção do acesso não deve descurar de outros envolvidos, verificando com quem eles se importam.

Nessa investigação, cabe verificar ainda se a construção dos objetivos é feita a partir da participação adequada, resultando da atuação de todos os atores relevantes, ou se decorre de desvios provocados, seja pelo domínio da minoria, seja pela "tirania da maioria". No caso do acesso à justiça, isso significa perguntar quem determina qual é o tipo de justiça que se busca.

Logo, em relação ao acesso, a terceira pergunta (quem se importa?), há, exemplificativamente, os seguintes desdobramentos: a) quem são as partes que participam ou deveriam participar dos processos decisórios?; b) os valores em jogo (*stakes*) estão distribuídos uniformemente entre as partes?; c) o processo escolhido é o mais adequado para lidar com eventual distribuição desigual de *stakes*?; d) há algum custo de participação que esteja indevidamente impedindo a participação das partes?; e) existem outros atores envolvidos e, em caso positivo, com quem eles se importam?; f) quem define qual é o tipo de justiça que se busca?

4.6.4. Um quadro de perguntas

Desse modo, as três perguntas principais servem como eixos orientadores para outras indagações correlatas, algumas das quais foram apresentadas acima. Como se pode observar, os eixos se cruzam em diversos pontos, tais como: a realidade fática subjacente (1) vai indicar a dinâmica das partes envolvidas (3) e os objetivos que serão concretizados por meio do processo (2); o processo decisório adequado (2) vai depender dos objetivos previamente estabelecidos (1) de acordo com a maior ou menos participação das partes na concretização do próprio objetivo (3); dependendo da etapa do conflito (1), as opções processuais são diversas (2), bem como a dinâmica das partes (3).

A lista de perguntas, meramente exemplificativa, pode ser representada na seguinte tabela:

E então? A justiça entre o excesso e o acesso

i) Qual conflito?	ii) Quem decide?	iii) Quem se importa?
Qual é a realidade fática subjacente?	Quais são as instituições envolvidas ou que deveriam ser envolvidas?	Quem são as partes que participam ou deveriam participar dos processos decisórios?
Quais são os potenciais conflitos de justiça que merecem maior atenção?	Qual processo ou conjunto de processos está disponível no âmbito de cada instituição?	Os valores em jogo (*stakes*) estão distribuídos uniformemente entre as partes?
Qual o percurso do conflito?	Quais são os méritos relativos de cada processo?	O processo escolhido é o mais adequado para lidar com eventual distribuição desigual de *stakes*?
Quem são os envolvidos no conflito?	Em qual etapa do conflito os processos atuam ou deveriam atuar?	Há algum custo de participação que esteja indevidamente impedindo a participação das partes?
Qual tipo de justiça se busca?	Os processos escolhidos são, em termos comparativos, os menos imperfeitos? Haveria outros processos (jurisdicionais ou não) que poderiam ser construídos para melhor obter a justiça conforme os objetivos traçados?	Existem outros atores envolvidos e, em caso positivo, com quem eles se importam? Quem define qual é o tipo de justiça que se busca?

Figura 13 Um quadro de perguntas para a análise institucional comparada.
Fonte: Elaboração própria.

Diante dos inúmeros entrelaçamentos, não se tomou a precaução de definir rigorosamente a classificação e o enunciado das perguntas. O que se buscou, tão somente, foi tentar apontar alguns aspectos que confirmem a importância dessas três ordens de indagações. Note-se ainda que essas três perguntas relacionam-se com os movimentos sugeridos na busca do processo adequado: i) dando um passo atrás, chega-se à pergunta: qual o conflito?; ii) olhando para os lados e vendo as diversas instituições, surge o questionamento acerca de qual instituição é a mais adequada, ou seja: quem decide?; iii) notando o conflito e olhando as instituições, observa-se a dinâmica das partes presentes, isto é: quem se importa?

Quanto ao acesso à justiça, não se trata apenas de voltar-se ao conflito apresentado a uma instituição de tratamento, ou seja, não se restringe à etapa da disputa. Isso impõe uma ampliação das opções institucionais para além dos processos jurisdicionais. Em consequência, o âmbito no qual se investiga a dinâmica das partes igualmente se expande. No entanto, os três eixos de perguntas são idênticos àqueles da comparação entre processos jurisdicionais. Isso leva, de novo, à análise institucional comparada.

Síntese

A partir do cenário apresentado, nota-se que os três movimentos propostos para a busca do processo adequado – dar um passo para trás em direção ao conflito, olhar para as instituições e observar as partes presentes – serve tanto como diagnóstico dos inapropriados fundamentos da lógica do excesso subjacente à ideia da "explosão de litigiosidade" quanto, também, como remédio para que seja possível retomar a pauta expansionista da lógica do acesso à justiça.

Enquanto diagnóstico, percebe-se como a visão reducionista do conflito como processo judicial entre sujeitos formalmente iguais serve como base para uma política de acesso à justiça de natureza eficientista que, muitas vezes, limita-se à busca da célere eliminação do acervo. A necessidade de se olhar por outra perspectiva na busca do processo adequado permite perceber o conflito em seu contexto fático, ponderando as diversas opções disponíveis para além do Judiciário e também observando a dinâmica das partes envolvidas. Nesse ponto, como forma de tratamento, a busca pelo processo jurisdicional adequado e a procura pelo processo adequado para promoção do acesso à justiça se inter-relacionam. Não por acaso, Carlos Alberto de Salles[510] enfatiza que "o próprio princípio do acesso à Justiça poderia ser relido como o acesso a um mecanismo adequado de Justiça".

[510] Nos braços do Leviatã..., cit. p. 87, nota 81.

CONSIDERAÇÕES FINAIS

> *"nenhuma instituição humana é perfeita – seja uma agência governamental, um negócio de sucesso, uma grandiosa universidade ou, em tal sentido, uma família. Se você quer uma instituição perfeita, vá visitar uma colmeia ou um formigueiro."*
>
> Richard Posner[511]

Na busca pelo processo adequado para o tratamento do conflito, o que se sugere, em síntese, é que se comece a procurar em outro lugar. Esta perspectiva diversa, baseada na instrumentalidade metodológica, envolve três movimentos: *dar um passo atrás*, indo do litígio judicial para o conflito; *olhar para os lados, vendo* as diversas instituições (processos decisórios) disponíveis além do Judiciário; e *observar quem está presente*, notando a dinâmica das partes em ação. Cada um desses movimentos implica uma série de desdobramentos conceituais, alguns dos quais foram abordados neste trabalho.

Desse modo, para se dar um *passo atrás* (Capítulo 1), torna-se necessário, em primeiro lugar (item 1.1), partir da definição ampla de conflito como contraposição de movimentos (item 1.1.1.1.), em vez da clássica definição carneluttiana baseada na contraposição de interesses (item 1.1.1.2). Na comparação dos conceitos (item 1.1.1.3), observa-se que a definição ampla adotada não exclui a mais restrita, sendo ainda útil para se perceber que o conflito não necessariamente é negativo e nem sempre deve ser resolvido de modo competitivo.

Diante da extensão do conceito adotado, porém, é necessário fazer um recorte para delimitar os conflitos que interessam ao

---

[511] *Divergent Paths: the Academy and the Judiciary*. Livro eletrônico. Cambridge: Harvard University Press, 2016, p. 74, em tradução livre.

Direito. Para tanto, com base no conceito de Antonio Rodrigues de Freitas Jr., foca-se no conflito de justiça, ou seja, aquele que se baseia na percepção de que a situação indesejada é também injusta (item 1.1.2).

Conflito de justiça e disputa, porém, não se confundem. De fato, o percurso é longo da nomeação do conflito de justiça, até a responsabilização de outra pessoa e subsequente reivindicação que, se negada e encaminhada para um processo jurisdicional, torna-se uma disputa (item 1.2.1). Ao subir os degraus da pirâmide da disputa, não apenas conflitos se perdem no caminho, como também podem sofrer reduções e ampliações que modificam suas características (item 1.2.2). Como o percurso e as mudanças sofridas no caminho invariavelmente são diversos, cada conflito vai ter sua própria história de vida (item 1.2.3).

No contexto da sociedade complexa atual, o que se nota é que mais conflitos são nomeados como de justiça (item 1.3.1). Dentro da perspectiva do pluralismo jurídico, é necessário observar, todavia, que o justo não é somente aquilo considerado como tal pelo direito estatal (item 1.3.2). De igual modo, a oposição entre direito dos livros e direito em ação (item 1.3.2.1), bem como a noção de sombra da lei (item 1.3.2.2), devem ser interpretadas à luz do pluralismo jurídico. Na modernidade, destaca-se ainda que o pluralismo não se configura simplesmente pela existência de diferentes ordenamentos jurídicos, mas também pela intensa comunicação existente entre eles, formando campos sociais semiautônomos numa sociedade em rede (item 1.3.3). Nesse ambiente, a diversidade de conflitos, baseados em diferentes concepções do justo, implica, inclusive, a existência de diversos processos voltados ao seu tratamento.

De maneira a perceber a multiplicidade de processos aptos à solução de controvérsias, é importante, então, *olhar para os lados* e ver as instituições disponíveis além do Judiciário (Capítulo 2). Isso exige, porém, um redimensionamento do conceito de jurisdição, de maneira que a ausência do monopólio estatal seja reforçada (item 2.1.1), admitindo-se, entre outras, a jurisdição arbitral (item 2.1.1.1) e a jurisdição consensual (item 2.1.1.2). Com base em Carlos Alberto de Salles, afastam-se os elementos função e atividade do conceito de jurisdição,

Considerações finais

definindo-a como o poder de decidir imperativamente a disputa decorrente de um conflito intersubjetivo de justiça por meio de procedimento dotado de normatividade (item 2.1.2). Condizente com as premissas expostas no capítulo anterior, essa normatividade não se limita às normas positivadas, podendo, assim, ser informal (item 2.1.3.1), desde que seja, no mínimo, aceita pelo direito estatal (item 2.1.3.2). O que caracteriza o processo jurisdicional, então, não é a instituição a que pertence, mas sim o fato de ser especialmente voltado para o tratamento de disputas (item 2.1.4). Processo jurisdicional, portanto, é mais amplo que processo judicial (item 2.1.5).

No entanto, se o Judiciário não é o único que presta jurisdição, torna-se imprescindível perquirir acerca das outras instituições (item 2.2). Tendo como base o conceito de Neil Komesar, considera-se que existem quatro grandes instituições: a comunidade, o mercado, o processo político e o Judiciário. Cada uma delas é um feixe de processos decisórios (item 2.2.1), dentre os quais haveria o(s) processo(s) típico(s), identificando-se, tal como uma metonímia, com a própria instituição (item 2.2.2). Nesse sentido, se o processo de solução de disputas (isto é, jurisdicional) é o típico do Judiciário, isso não significa que ele não possa aparecer, ainda que como forma atípica, nas demais instituições (como, por exemplo, o uso da arbitragem comercial no âmbito do mercado). Dentre as diversas formas de classificar os processos jurisdicionais, destaca-se aquele que se baseia na finalidade visada, seja o acordo, seja a decisão (item 2.2.3).

Tais conceitos levam a uma proposta de análise institucional comparada da jurisdição (item 2.2.4). Assim, é possível contrapor tanto o processo jurisdicional com outros processos decisórios não voltados ao tratamento de disputas (item 2.2.4.1), como também realizar a comparação entre processos jurisdicionais (item 2.2.4.2). Nessas avaliações, porém, deve-se ter a cautela de comparar situações de idêntica complexidade, para não confrontar o melhor cenário de um processo com o pior de outro (item 2.2.5.1). Além disso, cabe observar que, na realidade fática, frequentemente as instituições não se apresentam em sua forma pura e muito menos convivem de forma harmônica. Combinações entre processos de uma mesma instituição e entre processos de instituições diversas são corriqueiras (item 2.2.5.2).

Outrossim, é importante notar que os processos decisórios das instituições podem atuar em diferentes etapas do conflito, inclusive no momento prévio que envolve a escolha do próprio conflito (item 2.3.1). Destaque-se ainda que, ao tratarem o conflito, as instituições o modificam, o que pode incluir, por exemplo, a redução dos fatos em categorias legais e a denegação da subjetividade autêntica das pessoas envolvidas (item 2.3.2).

A busca do processo adequado, contudo, não se limita ao reconhecimento das suas características e da instituição que integra. É necessário perguntar para quê o processo é adequado. Nesse contexto, é relevante saber qual é o objetivo visado (item 2.4). É possível, hipoteticamente, ter como objetivo a eficiência ou a equidade (item 2.4.1) e, para tanto, valer-se de processos baseados em argumentos de qualidade ou de quantidade (item 2.4.2). A noção de processo adequado, logo, vai depender de onde se quer chegar, sob pena de ter como resposta que qualquer caminho serve.

Sob outro ângulo, se a proposta é de encontrar o processo adequado à luz da realidade fática, não se pode ignorar o movimento das instituições, ou seja, sua dinâmica. Em relação a esse aspecto, salienta-se que todas as instituições emitem sinais (item 2.5), o que também se aplica ao Judiciário e aos demais processos jurisdicionais (item 2.5.1). Tais sinais, dentre outros efeitos, podem levar à atração ou a repulsão de disputas para determinada instituição (item 2.5.2). Além disso, aponta-se que as instituições podem sofrer transformações no decorrer de sua existência, a depender do contexto em que inseridas. A velocidade e a complexidade dessas transformações também variam, acreditando-se, porém, que alterações estruturais no processo institucional típico sejam mais difíceis e demoradas (item 2.6). Como exemplos, cite-se a dificuldade de se atingir na plenitude um processo judicial de interesse público (item 2.6.1) ou aquele qualitativamente voltado à pacificação (item 2.6.2).

Como a dinâmica dos processos é importante para o juízo de adequação, e sendo as instituições reativas por definição, resta *observar quem está presente*, ou seja, as partes em ação (Capítulo 3). Nessa análise, descabe considerar as partes apenas como sujeitos de direito ou sujeitos processuais. Para tanto, duas abordagens que se concentram na dinâmica das partes são especialmente úteis: seja olhando pelo outro lado do telescópio para enxergar a oposição típica entre o rico jogador habitual pessoa artificial (*repeat players*) e a pobre pessoa natural participante eventual (*one-shotters*), como faz Marc Galanter (item 3.1.1); seja centrando seu modelo na participação para aferir que os valores em jogo (*stakes*) podem ser distribuídos de maneira desigual entre as partes, como faz Neil Komesar (item 3.1.2).

De fato, as obras de Galanter e Komesar dialogam entre si (item 3.1.3.1). Ambos indicam a emissão de sinais pelas instituições (item 3.1.3.2); percebem a disparidade de interesses em jogo que existe entre litigantes habituais e participantes eventuais (item 3.1.3.3); e propõem formas de equalização das partes por meio do processo judicial (item 3.1.3.4). Os pontos comuns (item 3.1.3.5), então, confirmam a possibilidade do uso conjunto das teorias.

O uso conjunto permite, ainda, que uma teoria complemente a outra. Dessa forma, observa-se que os jogadores habituais de Galanter estão na frente em qualquer lugar e não somente no processo judicial (item 3.1.4.1). Além disso, se a oposição entre *repeat players* e *one-shotters* identifica-se como um caso de tendência minoritária, aplica-se a observação de Komesar de que o processo judicial não costuma ser tão apto para corrigir esse tipo de desvio (item 3.1.4.2). A análise da tipologia de Galanter, aliás, é enriquecida com a análise realizada com base na distribuição de *stakes* entre as partes antes e depois da situação indesejada, tal qual proposta por Komesar (item 3.1.4.3). Em contrapartida, os efeitos da repetição notados por Galanter fazem com que uma nova distribuição de *stakes* seja considerada como relevante (item 3.1.4.4). Ademais, se os valores em jogo são distribuídos de maneira diversa, bem como se os custos da participação variam, então não surpreende que os sinais emitidos pelas instituições também sejam recebidos de modo desigual (item 3.1.4.5). Outra interpretação conjunta das teorias de Galanter e Komesar permite notar subgrupos catalíticos na maioria dispersa e que, em princípio, poderiam servir como alternativa à equiparação do *one-shotter* ao *repeat player* (item 3.1.4.6). Com fundamento em Komesar, é possível observar também que o privilégio de determinado grupo de interesses não decorre meramente por conta de relações informais facilitadoras com agentes do sistema de justiça como aponta Galanter, mas pode existir como simples decorrência da maior participação do grupo, independentemente da proximidade com o agente público e do comportamento esperado dele (item 3.1.4.7).

Em acréscimo, partindo da relação das partes com o conflito e com as instituições, observam-se ainda mais motivos para os jogadores habituais saírem na frente. Em relação à interferência das partes sobre o conflito (item 3.2.1), nota-se que os jogadores habituais pessoas artificiais podem avaliar mais racionalmente suas escolhas que as pessoas naturais participantes eventuais (item 3.2.1.1). Além disso, a própria forma de delineamento do conflito, selecionando os fatos pertinentes ou a narrativa mais apropriada, tendem a sofrer forte influência do *repeat player* e, dessa maneira, a favorecê-lo (item 3.2.1.2). Por sua vez, no que se refere à interferência das partes nas instituições (processos decisórios) (item 3.2.2), tem-se que o jogador habitual possui maiores condições que o participante eventual de escolher a instituição em que pretende participar (item 3.2.2.1) e também de selecionar os objetivos a serem atingidos (item 3.2.2.2), moldando, assim, as próprias características dos processos, incluindo os jurisdicionais (item 3.2.2.3). Em certas situações, o *repeat player* chega, inclusive, a criar o próprio campo de jogo no qual as disputas serão resolvidas (item 3.2.2.4).

Dessa forma, a análise de uma situação extrema de distribuição desigual de *stakes*, caracterizando uma tendência minoritária, permite explicitar a importância de se analisar a dinâmica das partes na busca do processo adequado (item 3.3). Processo adequado, nesse sentido, é aquele que pode melhor traduzir a participação das partes, mitigando eventual desequilíbrio existente, e, assim, atingir o objetivo social visado.

Por fim, cabe notar que há outros atores envolvidos na construção do processo decisório (item 3.4). Em especial, destacam-se dois deles: o advogado, que atua como ponte entre a situação fática das partes e o sistema estatal, mas também, em certas ocasiões, pode ser um *repeat player* que almeja interesses próprios (item 3.4.1); e o juiz, que delimita qual instituição responsável pela decisão, mas igualmente, em alguns contextos, pode assumir o papel de jogador habitual dotado de pautas e agendas próprias (item 3.4.2).

Conflitos, instituições (processos decisórios) e partes, portanto, devem ser analisados a partir de uma perspectiva mais ampla que considere os fatores enumerados acima. Para corroborar a importância dessa forma de análise, cita-se como exemplo a noção de "explosão de litigiosidade", associando-a à lógica do excesso de justiça em detrimento da expansão do acesso (Capítulo 4). Nesse aspecto, a investigação proposta serve como diagnóstico e como forma de tratamento para que o prognóstico seja favorável.

Como diagnóstico, observa-se que, nos últimos anos, a lógica do excesso vem ganhando força em detrimento da lógica do acesso (item 4.1). A conclusão de que a questão de acessar à justiça estaria resolvida, cabendo agora lidar com o excesso, baseia-se em reduções em cada um dos três elementos destacados. Os conflitos são reduzidos aos processos judiciais, olvidando-se que poucos se tornam disputas (item 4.2.1). Além disso, destaca-se somente o aspecto negativo do conflito que, assim, deve ser eliminado o quanto antes (item 4.2.2). Por sua vez, o Judiciário é apontado como a única instituição que fornece jurisdição (item 4.3), o que se traduz em uma política estatista em relação aos meios consensuais (item 4.3.1), mas que, diante da lógica do excesso, é voltada à eliminação do acervo (item 4.3.2). Isso, de todo modo, não exige uma alteração substancial do processo judicial típico (item 4.3.3) e insere-se sem maiores dificuldades na agenda judicial acerca da litigiosidade, de natureza eficientista (item 4.3.4). Já as características estruturais das partes são frequentemente ignoradas (item 4.4). Nesse contexto, afirmações acerca da judicialização excessiva e da sobrecarga de processos (item 4.4.1), bem como a busca por soluções padronizadoras (item 4.4.2), tendem a prejudicar aqueles que possuem maiores dificuldades de acesso. Do mesmo modo, a responsabilização das partes pelo excesso pode esconder, no fundo, a velada atribuição de culpa ao participante eventual (item 4.4.3).

Em contrapartida, como forma de tratamento, os três movimentos propostos visam contribuir para a retomada da pauta expansionista do acesso à justiça. Para tanto, cabe considerar o acesso à ordem jurídica justa sob a ótica da instrumentalidade metodológica, indo além do Judiciário e não se limitando à justiça baseada no direito material (item 4.5.1). A expansão, todavia, não é ilimitada: como direito social, acessar à justiça necessariamente impõe uma inevitável questão alocativa (item 4.5.2).

Nesse aspecto, reitera-se que o discurso da "explosão de litigiosidade" parte de uma pergunta deslocada. Mais relevante do que descobrir se existem muitos processos no Judiciário, é saber qual a instituição (e qual o processo) que melhor serve para a concretização da justiça. Novamente, então, destaca-se a análise institucional comparada (item 4.6). Na busca pelo processo adequado para a promoção da justiça, valhe-se de uma análise semelhante àquela proposta para encontrar o processo jurisdicional adequado. De fato, processos jurisdicionais podem ser vistos como alternativas disponíveis entre os processos voltados ao acesso à justiça. Os três eixos de perguntas, então, são idênticos: Qual é o conflito (item 4.6.1)? Quem decide (item 4.6.2)? Quem se importa (item 4.6.3)? Tais perguntas implicam outras que, em conjunto, ajudam na busca e na comparação dos processos decisórios disponíveis (item 4.6.4).

O resumo das principais ideias apresentadas no decorrer do trabalho confirma a tese de que o estudo do conflito, das instituições e das partes com base em uma perspectiva mais ampla pode ser útil no estabelecimento de parâmetros que auxiliem na identificação do processo adequado. Isso também permite uma percepção mais crítica da ideia comumente difundida da "explosão da litigiosidade".

Destacou-se a importância de dar um passo atrás em direção ao conflito, olhar para o lado para as instituições e observar quais são as partes presentes. No entanto, se houve a tentativa de apontar, sob o aspecto conceitual, os movimentos que se entende como necessários para a busca da solução adequada, não houve uma preocupação em analisar determinado conflito, olhar comparativamente para as opções institucionais disponíveis na situação em concreto e observar as características reais dos sujeitos envolvidos. Restringiu-se ao exemplo "explosão de litigiosidade" para se enfatizar a importância dos movimentos identificados na busca do processo adequado. Do mesmo modo, a complexidade de cada um dos movimentos identificados impôs seleções acerca das características a serem abordadas. Não se chegou, por exemplo, ao conceito de conflito social; movimentos de desjudicialização e deslegalização foram citados, mas não aprofundados; a dinâmica das partes reduziu-se, basicamente, à análise de uma tipologia, sem tratar das nuances existentes entre uma e outra ponta do *continuum*; etc. Tais abordagens poderão ser objeto de pesquisas futuras. Ao menos neste momento, porém, caminhar em direção a esses outros temas, talvez seria dar um passo maior que a perna.

REFERÊNCIAS

ABEL, Richard L. A comparative theory of dispute institutions in society. *Law & Society Review*, vol. 8, n. 2, 1973, p. 217-347.

ALBISTON, Catherine R.; SANDEFUR, Rebecca L. Expanding the Empirical Study of Access to Justice. *Wisconsin Law Review*, 2013, p. 101-120.

ALBISTON, Catherine; EDELMAN, Lauren B.; MILLIGAN, Joy. The Dispute Tree and the Legal Forest. *Annual Review of Law and Social Science*, vol. 10, 2014, p. 106-131.

ALEXANDER, Jeffrey C. *The Meanings os Social Life: A Cultural Sociology*. Livro Eletrônico. New York: Oxford University Press, 2003.

ALVES, Adler Anaximandro de Cruz e. A atuação cidadã da AGU na redução da litigiosidade envolvendo o Instituto Nacional do Seguro Social: considerações acerca de instrumentos de ação da AGU capazes de promover o amplo reconhecimento de direitos sociais. In: *Publicações da Escola da AGU: Trabalhos Vencedores do Concurso de Monografias da AGU em 2009-2010*. Brasília: EAGU, Brasília: EAGU, ano IV, n. 15, 2012, p. 7-44.

ASSOCIAÇÃO BRASILEIRA DE JURIMETRIA. *Os Maiores Litigantes da Justiça Consumerista: Mapeamento e Proposições*. Brasília: Conselho Nacional de Justiça, 2017.

ASPERTI, Maria Cecília de Araujo. A Agregação Informal de Demandas Repetitivas na Conciliação Judicial: Pautas Concentradas e Mutirões. In: GABBAY, Daniela Monteiro; TAKAHASHI, Bruno (coord.). *Justiça Federal: Inovações nos Mecanismos Consensuais de Solução de Conflitos*. Brasília: Gazeta Jurídica, 2014, p. 253-273.

_____. Litigiosidade Repetitiva e a Padronização Decisória: entre o Acesso à Justiça e a Eficiência do Judiciário. *Revista de Processo*, vol. 263, jan. 2017, p. 233-255.

ASSOCIAÇÃO DOS MAGISTRADOS BRASILEIROS. *O Uso da Justiça e o Litígio no Brasil*. Brasília: AMB, 2015.

AZEVEDO, André Gomma de (org.). *Manual de Mediação Judicial*. 6. ed. Brasília: Conselho Nacional de Justiça, 2016.

BADIN, Arthur Sanchez. *Controle Judicial das Políticas Públicas: Contribuição ao estudo do tema da judicialização da política pela abordagem da análise institucional comparada de Neil K. Komesar*. Dissertação de Mestrado. São Paulo: Faculdade de Direito da Universidade de São Paulo, 2011.

BERMAN, Paul Schiff. The New Legal Pluralism. *Annual Review of Law and Social Science*, vol. 5, 2009, p. 225-242.

BODART, Bruno. Seria a litigância uma questão de cultura? 15 jun. 2017. Disponível em: https://bit.ly/2SnME0z [https://abde.com.br/publicacoes/seria-a-litigancia-uma-questao-de-cultura-23]. Acesso em: 24 ago. 2020.

CAMPILONGO, Celso Fernandes. *Política, sistema jurídico e decisão judicial*. Livro Eletrônico. 2. ed. São Paulo: Saraiva, 2011.

CAPPELLETTI, Mauro; GARTH, Bryant. *Acesso à Justiça*. Tradução de Ellen Gracie Northfleet. Porto Alegre, Sergio Antonio Fabris Editor, 1988.

CARMONA, Carlos Alberto. Arbitragem e Jurisdição. *Revista de Processo*, vol. 58, abr./jun. 1990, p. 33-40.

CARNELUTTI, Francesco. *Como se Faz um Processo*. Tradução de Hiltomar Martins de Oliveira. Belo Horizonte: Líder, 2005.

_____. *Sistema di Diritto Processuale Civile*. Vol. I. Padova: CEDAM, 1936.

CARVALHO, Daniel. Pente-fino cancela 84% de auxílio-doença e aposentadoria por invalidez. *Valor econômico*, 13 abr. 2017. Disponível em: https://bit.ly/2rWCDfb [https://www.valor.com.br/brasil/4937382/pente-fino-cancela-84-de-auxilio-doenca-e-aposentadoria-por-invalidez].Acesso em 24 ago. 2020.

CHAYES, Abram. The role of judge in public law litigation. *Harvard Law Review*, vol. 89, n. 7, maio/1976, p. 1281-1315.

CINTRA, Antonio Carlos de Araújo; GRINOVER, Ada Pellegrini; DINAMARCO, Cândido Rangel. *Teoria Geral do Processo*. 17. ed. São Paulo: Malheiros, 2001.

CLARK, Bryan. *Lawyers and Mediation*. Berlin/Heidelberg: Springer-Verlag, 2012.

COLE, Daniel H. The Varieties of Comparative Institutional Analysis. *Wisconsin Law Review*, 2013, p. 383-409.

CONSELHO NACIONAL DE JUSTIÇA. *Cem maiores litigantes – 2011*. Brasília: CNJ, Disponível em: https://bit.ly/3gr33fV [https://www.cnj.jus.br/wp-content/uploads/2011/02/pesquisa_100_maiores_litigantes.pdf]. Acesso em: 24 ago. 2020.

_____. *Cem maiores litigantes – 2012*. Disponível em: https://bit.ly/3aQLDbs[https://www.cnj.jus.br/wp-content/uploads/2011/02/100_maiores_litigantes.pdf]. Acesso em: 24 ago. 2020.

_____. *Justiça em Números – 2018: ano-base 2017*. Brasília: CNJ, 2018.

_____. *Justiça em Números – 2019*. Brasília: CNJ, 2019.

_____. *Relatório de Inspeção. NUPEMEC-CEJUSC Tribunal de Justiça do Estado de São Paulo*. São Paulo: CNJ, março/2018. Disponível em: https://bit.ly/32jXr1W [https://www.cnj.jus.br/download/3001/2018/83371/relatorio_nupemec_tjsp_2018.pdf]. Acesso em: 24 ago. 2020.

CORNWELL, ErinYork; POPPE, Emily S. Taylor; BEA, Megan Doherty. Networking in the Shadow of the Law: Informal Access to Legal Expertise through Personal Network Ties. *Law and Society Review*, vol. 51, n. 3, set./2017, p. 635-668.

COSTA, Susana Henriques da. STF e os filtros ao acesso à Justiça: gestão processual ou vantagem ao grande litigante? Supremo em Pauta. *Estado de S. Paulo*, 18 set. 2014. Disponível em: https://bit.ly/2LFMvCV [https://politica.estadao.com.br/blogs/supremo-em-pauta/stf-e-os-filtros-ao-acesso-a-justica-gestao-processual-ou-vantagem-ao-grande-litigante/]. Acesso em: 24 ago. 2020.

CRESPO, Mariana Hernández. A systemic perspective on ADR in Latin America: enhancing the shadow of the Law through citizen participation. *Cardozo Journal of Conflict Resolution*, vol. 10, outono 2008, p. 91-129.

CUNHA, Alexandre dos Santos. *Indicadores socioeconômicos e a litigiosidade*. Brasília: 23 set. 2010. 12 slides. Apresentação em Powerpoint. Disponível em: https://bit.ly/3lgdmqM [https://slideplayer.com.br/slide/3733620/]. Acesso em: 24 ago. 2020.

DEUTSCH, Morton. *The Resolution of Conflict: Constructive and Destructive Processes*. New Haven/ London: Yale University Press, 1973. [Também foi utilizada seguinte tradução parcial para o português: DEUTSCH, Morton. A resolução do conflito: processos construtivos e destrutivos. Tradução de Arthur Coimbra de Oliveira, com revisão de Francisco Schertel Mendes. In: AZEVEDO, André Gomma (org.). Estudos em arbitragem, mediação e negociação – Vol. 3. Brasília: Brasília Jurídica, 2004, p. 29-98].

DINAMARCO, Cândido Rangel. *A Instrumentalidade do Processo*. 15. ed. São Paulo: Malheiros, 2013.

DINAMARCO, Cândido Rangel; LOPES, Bruno Vasconcelos Carrilho. *Teoria Geral do Novo Processo Civil*. São Paulo: Malheiros, 2016.

DUTRA, Bruno. INSS cancela R$ 9,6 bilhões em aposentadorias e auxílios-doença irregulares. O Globo, 06 jun. 2018 e 04 out. 2018. Disponível em: https://glo.bo/2RjLypb [https://oglobo.globo.com/economia/inss-cancela-96-bilhoes-em-aposentadorias-auxilios-doenca-irregulares-22858802]. Acesso em: 24 ago. 2020.

EDELMAN, Lauren B. *Working Law: Courts, Corporations, and Symbolic Civil Rights*. Livro eletrônico. Chicago/London: University of Chicago Press, 2016.

EDELMAN, Lauren B.; SUCHMAN, Mark C. When the "Haves" Hold Court: Speculations on the Organizational Internalization of Law. In: KRITZER, Herbert M.; SILBEY, Susan. *In Litigation: Do the "Haves" Still Come Out Ahead*. Stanford: Stanford University Press, 2003, p. 290-341.

EDELMAN, Lauren B.; FULLER, Sally Riggs; MARA-DRITA, Iona. Diversity Rhetoric and the Managerialization of Law. *American Journal of Sociology*, vol. 106, n. 6, mai/2001, p. 1589-1641.

ELGOIBAR, Patricia; EUWEMA, Martin; MUNDUATE, Lourdes. Conflict Management. *Oxford Research Encyclopedia of Psychology*, jun. 2017. Disponível em: https://bit.ly/2RdUjBp[http://psychology.oxfordre.com/view/10.1093/acrefore/9780190236557.001.0001/acrefore-9780190236557-e-5?rskey=c2jGaX&result=1]. Acesso em: 24 ago. 2020.

ENGEL, David M. *The Myth of the Litigious Society: Why We Don't Sue*. Livro eletrônico. Chicago/Londres: The University of Chicago, 2016.

ESKRIDGE JR., William N. Expanding *Chevron*'s Domain: A Comparative Institutional Analysis of the Relative Competence of Courts and Agencies to Interpret Statutes, *Wisconsin Law Review*, 2013, p. 411-454.

ESTADO DE S. PAULO. Aumento de litigiosidade compromete mecanismos processuais. *Estado de S. Paulo*, 28 dez. 2015. Disponível em: https://bit.

Referências

ly/2Q6mAoH [http://www.conjur.com.br/2015-dez-28/aumento-litigiosidade-compromete-mecanismos-processuais]. Acesso em 24 ago. 2020.

_____. Explosão de litigiosidade. *Estado de S. Paulo*, 18 set. 2010. Disponível em: https://bit.ly/2VhsGqi [http://politica.estadao.com.br/noticias/geral,explosao-de-litigiosidade,611970]. Acesso em 24 ago. 2020.

_____. O Sistema brasileiro de Justiça: experiência recente e futuros desafios. *Estudos Avançados* 18 (51), 2004, p. 103-125.

FELDMAN, Eric. Law, Culture, and Conflict: Dispute Resolution in Postwar Japan. In: FOOTE, Daniel H. (ed.) *Law in Japan: a Turning Point*. Washington: University of Washington Press, 2007, p. 50-79.

FELSTINER, William L. F. Avoidance as Dispute Processing: An Elaboration. *Law and Society Review*, vol. 9, n.4, verão/1975, p. 695-706.

_____. Influences of Social Organization on Dispute Processing. *Law and Society Review*, vol. 9, n. 1, Litigation and Dispute Processing: Part one, outono/1974, p. 63-94.

FELSTINER, William L. F.; ABEL, Richard L.; SARAT, Austin. The Emergence and Transformation of Disputes: Naming, Blaming, Claiming... *Law & Society Review*, vol. 15, n. 3/4, Special Issue on Dispute Processing and Civil Litigation (1980-1981), p. 631-654.

FERNANDES, Adriana. Governo cancela R$ 9,6 bilhões em benefícios irregulares. Estado de S. Paulo, 06 jun. 2018. Disponível em: https://bit.ly/2KDid6H [https://economia.estadao.com.br/noticias/geral,governo-cancela-r-9-6-bilhoes-em-beneficios-irregulares,70002390051].Acesso em: 24 ago. 2020.

FERRAZ, Léslie S.; GABBAY, Daniela Monteiro; ECONOMIDES, Kim; ASPERTI, Maria Cecilia de Araújo; COSTA, Susana Henriques da; LAURIS, Élida; ALMEIDA, Frederico de; CHASIN, Ana Carolina; CUNHA, Luciana Gross; TAKAHASHI, Bruno. Mesa de debates: Repensando o acesso à Justiça: velhos problemas, novos desafios. *Revista de Estudos Empíricos em Direito*, v. 4, 2017, p. 174-212.

FERRAZ JR., Tércio Sampaio. O oficial e o inoficial: ensaio sobre a diversidade de universos jurídicos temporal e espacialmente concomitantes. In: Joaquim Falcão. (Org.). *Invasões Urbanas: conflito de direito de propriedade*. Livro Eletrônico. 2. ed. Rio de Janeiro: Editora FGV, 2008, pos. 2153-2254.

FGV DIREITO SP. *Relatório ICJBrasil*. 1º trimestre/2014 – 4º trimestre de 2014: Ano 06. São Paulo: FGV.

FISHER, Roger; URY, William; PATTON, Bruce. *Como chegar ao sim*. Tradução Vera Ribeiro e Ana Luiza Borges. 2. ed. Rio de Janeiro: Imago, 2005.

FISS, Owen. Contra o acordo. In: *Um Novo Processo Civil: Estudos Norte-Americanos sobre Jurisdição, Constituição e Sociedade*. Coordenação da tradução de Carlos Alberto de Salles. Tradução de Daniel Porto Godinho e Melina de Medeiros Rós. São Paulo: Revista dos Tribunais, 2004, p. 121-145.

FIX-FIERRO, Héctor. *Courts, Justice & Efficiency: A Social-Legal Study of Economic Rationality in Adjudication*. Portland: Hart Publishing, 2003.

FOLLETT, Mary Parker. Co-ordination. In: FOLLETT, Mary Parker. *Freedom & Co-ordination: Lectures in Business Organisation*. Editado por L. Urwick et al. London: Management Publications Trust, 1949, p. 61-76.

FONSECA, Juliana Pondé. *Problemas Estruturais Do Judiciário: por um processo civil factível*. Dissertação de Mestrado. Curitiba: Universidade Federal do Paraná, 2011.

FREITAS JR., Antonio Rodrigues de. Conflitos de Justiça e Limites da Mediação para a Difusão da Cultura da Paz. In: SALLES, Carlos Alberto de (org.). *As grandes transformações do processo civil brasileiro: homenagem ao Professor Kazuo Watanabe*. São Paulo: Quartier Latin, 2009, p. 509-534.

_____. Conflitos intersubjetivos e apropriações sobre o justo. In: SILVA, Luciana Aboim Machado Gonçalves da (org.). *Mediação de Conflitos*. São Paulo: Atlas, 2013, p. 33-41.

FRIEDMAN, Lawrence M. *Impact: How Law Affects Behavior*. Livro eletrônico. Cambridge/ London: Harvard University Press, 2016.

_____. *Total Justice*. New York: Russell Sage Foundation, 1994 [1985].

GABBAY, Daniela Monteiro. *Mediação & Judiciário no Brasil e nos EUA: Condições, Desafios e Limites para a institucionalização da Mediação no Judiciário*. Brasília: Gazeta Jurídica, 2013.

_____. Prévio requerimento administrativo como condição de acesso ao Judiciário: decisão boa para quem? Supremo em Pauta. *Estado de S. Paulo*, 05 set. 2014. Disponível em: https://bit.ly/2QlFKXF

[https://politica.estadao.com.br/blogs/supremo-em pauta/previo-requerimento-administrativo-como-condicao-de-acesso-ao-judiciario-decisao-boa-para-quem/]. Acesso em: 24 ago. 2020.

GALANTER, Marc. Access to Justice in a World of Expanding Social Capability. *Fordham Urban Law Journal*, vol. 37, n. 1, 2009, p. 115-128. [também foi utilizada a seguinte tradução para o português: Acesso à Justiça em um Mundo de Capacidade Social em Expansão. Tradução de João Eberhardt Francisco, Maria Cecília de Araújo Asperti e Susana Henriques da Costa *Revista Brasileira de Sociologia do Direito*, v. 2, n. 1, jan./jun., 2015, p. 37-49].

_____. Adjudication, Litigation, and Related Phenomena. In: LIPSON, Leon; WHEELER, Stanton. *Law and the Social Sciences*. New York: Russell Sage Foundation, 1986, p. 151-257.

_____. Afterword: Explaining Litigation. *Law and Society Review*, vol. 9, n. 2, Litigation and Dispute Processing: Part Two, inverno/1975, p. 347-368.

_____. Introduction: Compared to What? Assessing the Quality of Dispute Processing. *Denver University Law Review*, vol. 66, n. 3, 1989, p. xi-xiv.

_____. Jury Shadows: Reflections on the Civil Jury and the "Litigation Explosion". In: *The American Civil Jury: Final Report of the 1986 Chief Justice Earl Warren Conference on Advocacy in the United States Washington*. S.l.: The Roscoe Pound-American Trial Lawyers Foundation, 1987, p. 14-42.

_____. *Justice in Many Rooms: Courts, Private Ordering and Indigenous Law*. Madison: University of Wisconsin, s/d. Reimpressão do artigo publicado no *Journal of Legal Pluralism*, n. 19, 1981, p. 1-47.

_____. Planet of the APs: Reflections on the Scale of Law and Its Users, *Buffalo Law Review*, vol. 53, n. 5, p. 1369-1418.

_____. Reading the Landscape of Disputes: What We Know and Don't Know (And Think We Know) About Our Allegedly Contentious and Litigious Society. *UCLA Law Review*, vol. 31, 1983, p. 4-71.

_____. The Day After the Litigation Explosion, *Maryland Law Review*, vol. 46, n. 1, 1986, p. 3-39.

_____. The Legal Malaise; or, Justice Observed. *Law & Society Review*, vol. 19, n. 4, 1985, p. 537-556.

_____. The Modernization of Law. In: WEINER, Myron (ed.). *Modernization*. New York: Basic Books, 1966, p. 153-165. [também foi utilizada a seguinte tradução para o português:: A Modernização do Direito. Traduzido por Maria da Conceição Barbosa. In: SOUTO, Cláudio; FALCÃO, Joaquim (ed.). *Sociologia e Direito: leituras básicas de sociologia jurídica*. São Paulo: Pioneira, 1980, p. 233-241].

_____. The Portable Soc 2; or, What to Do until the Doctrine Comes. In: MACALOON, John J. (ed.). *General Educaton in the Social Sciences: Centennial Reflections on the College of the University of Chicago*. Chicago/ Londres: University of Chicago Press, 1992, p. 246-261.

_____. The Radiating Effects of Courts. In: BOYUM, Keith O.; MATHER, Lynn. *Empirical Theories About Courts*. 2. ed. New Orleans: Quid Pro Books, 2015, 121-146.

_____. The Three-Legged Pig: Risk Redistribution and Antinomianism in American Legal Culture. *Mississippi College Law Review*, vol. 22, 2002-2003, p. 47-55.

_____. The Transnational Traffic in Legal Remedies. JASANOFF, Sheila (ed.). *Learning from Disaster: Risk Management after Bhopal*. Philadelphia: University of Pennsylvania Press, p. 133-157.

_____. The Travails of Total Justice. In: GORDON, Robert W.; HORWITZ, Morton J. (ed.). *Law, Society and History: Themes in the Legal Sociology and Legal History of Lawrence M. Friedman*. New York: Cambridge University Press, 2011, p. 103-117.

_____. Why the "Haves" Come out Ahead: Speculations on the Limits of Legal Change. *Law and Society Review*, 1974, vol. 9, n. 1, p. 95-160. [também foi utilizada a seguinte tradução para o português: Por que "quem tem" sai na frente: Especulações sobre os limites da transformação no direito. Organização e tradução de tradução de Ana Carolina Chasin. São Paulo: FGV Direito SP, 2018. Disponível em: https://bit.ly/2GKMEGC, http://hdl.handle.net/10438/25816. Acesso em: 24 ago. 2020].

GALANTER, Marc; EDELMAN, Lauren. Law: The Social-Legal Perspective. In: WRIGHT, James (ed.). *International Encyclopedia of the Social & Behavioral Sciences*, vol. 13. 2. ed. Amsterdam: Elvesier, 2015, p. 604-613.

GALANTER, Marc; ASPERTI, Maria Cecília de Araujo; GABBAY, Daniela Monteiro; SALINAS, Natasha Schmitt Caccia; SILVA, Paulo Eduardo Alves da. Talking About the Limits of Legal Change: an interview with Marc Galanter. *Revista de Estudos Empíricos em Direito*, vol. 1, n. 2, jul. 2014, p. 200-211.

GERSON, Stuart M. The Burden of Metaphor, inédito, s/d, com base em cópia do arquivo pessoal de Marc Galanter, p. 1-11.

GHOSH, Shubha. Komesar's Razor: Comparative Institutional Analysis in a World of Networks. *Wisconsin Law Review*, 2013, esp. 465-466.

GORDON, Robert W. Afterword: How the Haves Stay Ahead. In: GALANTER, Marc. *Why the Haves Come Out Ahead: The Classic Essay and New Observations*. New Orleans: Quid Pro Books, 2014, p. 111-127.

GRAU, Eros Roberto. *O direito posto e o direito pressuposto*. 4. ed. São Paulo: Malheiros, 2002.

_____. Os Métodos Consensuais de Solução de Conflitos no Novo CPC. In: VVAA. *O Novo Código de Processo Civil: questões controvertidas*. São Paulo, Atlas, 2015, p. 1-21.

GRINOVER, Ada Pellegrini; WATANABE, Kazuo; LAGRASTA NETO, Caetano (coord.). *Mediação e Gerenciamento do Processo*. São Paulo: Atlas, 2008.

GUIMARÃES, Amanda de Araujo. *Incidente de Resolução de Demandas Repetitivas: Soluções e Limites*. Dissertação de Mestrado. São Paulo: Universidade de São Paulo, 2017.

HARARI, Yuval Noah. *Homo Deus: uma breve história do amanhã*. Tradução de Paulo Geiger. Livro Eletrônico. São Paulo: Companhia das Letras, 2015.

INSTITUTO BRASILEIRO DE GEOGRAFIA E ESTATÍSTICA. *Brasil em Números*. Vol. 26. Rio de Janeiro: IBGE, 2018.

INSTITUTO DE PESQUISA ECONÔMICA APLICADA. *Acesso à Justiça Federal: dez anos de juizados especiais*. Brasília: Conselho da Justiça Federal, Centro de Estudos Judiciários, 2012.

_____. *Sistema de Indicadores de Percepção Social – Justiça*. Brasília: IPEA, 2011.

JUNQUEIRA, Eliane Botelho. Acesso à Justiça: um olhar retrospectivo. *Revista Estudos Históricos*, n.18, 1996, p. 389-402.

_____. *Faculdades de Direito ou Fábricas de Ilusão?* Rio de Janeiro: Instituto de Direito e Sociedade/ Letra Capital, 1999.

KAFKA, Franz. Diante da lei. In: *Um médico rural*. Tradução de Modesto Carone. 1ª reimpr. São Paulo: Companhia das Letras, 2001, p. 27-29.

KAWASHIMA, Takeyoshi. Dispute Resolution in Contemporary Japan. In: MEHREN, Arthur Taylor von. *Law in Japan: The Legal Order in a Changing Society*. Cambridge: Harvard University Press, 1963, p. 41-71.

KOJIMA, Takeshi. *Civil Procedure and ADR in Japan*. Tokyo: Chuo University Press, 2004.

KOMESAR, Neil. *Imperfect Alternatives: Choosing Institutions in Law, Economics and Public Policy*. Chicago: University of Chicago, 1994.

_____. Injuries and Institutions: Tort Reform, Tort Theory, and Beyond. *New York University Law Review*, vol. 65, abr. 1990, p. 23-77.

_____. A Job for the Judges: The Judiciary and the Constitution in a Massive and Complex Society. *Michigan Law Review*, vol. 86, fev. 1988, p. 657-721.

_____. *Law's Limits: Rule of Law and the Supply and Demand of Rights*. New York: Cambridge University Press, 2001.

_____. The essence of economics: law, participation and institutional choice (two ways). In: BATIE, Sandra S.; MERCURO, Nicholas. *Alternative Institutional Structures: evolution and impact*. London/New York: Routledge, 2008, p. 165-186.

_____. The Logic of the Law and the Essence of Economics: Reflections on Forty Years on the Wilderness. *Wisconsin Law Review*, 2013, p. 265-338.

_____. The Perils of Pandora: Further Reflections on Institutional Choice. *Law and Social Inquiry*, vol. 22, 1997, p. 995-1009.

_____. Toward an Economic Theory of Conflict Choice. *Working Paper 1979-2*. Madison: University of Wisconsin Law School, Disputes Processing Research Program, 1979.

KOMESAR, Neil; WAGNER, Wendy. The Administrative Process From The Bottom Up: Reflections On The Role, If Any, For Judicial Review. *Administrative Law Review*, vol. 69, 2017, p. 891-948.

KRISLOV, Samuel. Theoretical Perspectives on Case Load Studies: A Critique and a Beginning. In: BOYUM, Keith O.; MATHER, Lynn. *Empirical Theories About Courts*. 1º reimpr. Quid Pro: New Orleans, 2015, p. 167-194.

LADEUR, Karl-Heinz. The Emergence of Global Administrative Law and the Evolution of General Administrative Law. 14 set. 2010. Disponível em: https://bit.ly/2GGZwgV [http://works.bepress.com/karlheinz_ladeur/1/]. Acesso em: 24 ago. 2020.

LAGRASTA, Valeria Ferioli. Os Centros Judiciários de Solução Consensual de Conflitos (CEJUSCS) e seu Caráter de Tribunal Multi Portas. In: BACELLAR, Roberto Portugal; LAGRASTA, Valeria Ferioli (coord.). *Conciliação e Mediação: ensino em construção*. São Paulo: IPAM/ENFAM, 2016, p. 95-118.

_____. A Resolução n. 125 do Conselho Nacional de Justiça: Origem, Objetivos, Parâmetros e Diretrizes para a Implantação Concreta. In: RICHA, Morgana de Almeida; PELUSO, Antonio Cezar (coord.). *Conciliação e mediação: estruturação da política judiciária nacional*. Rio de Janeiro: Forense, 2011, p. 229-249.

LAHAV, Alexandra. *In Praise of Litigation*. Livro eletrônico. New York: Oxford University Press, 2017.

LEVRERO, Mario. *O romance luminoso*. Tradução de Antônio Xerxenesky. Livro eletrônico. São Paulo: Companhia das Letras, 2018.

LEWANDOWSKI, Ricardo. Discurso de Posse na Presidência do Supremo Tribunal Federal, 10 set. 2014. Disponível em: https://bit.ly/2GLueFy [http://www.stf.jus.br/arquivo/cms/noticianoticiastf/anexo/discursoministrorl.pdf] Acesso em 24 ago. 2020.

LORENCINI, Marco Antônio Garcia Lopes. "Sistema Multiportas": Opções para tratamento de conflitos de forma adequada. In: SALLES, Carlos Alberto de; LORENCINI, Marco Antônio Garcia Lopes; SILVA, Paulo Eduardo Alves da (coord.). *Negociação, Mediação e Arbitragem – Curso Básico para Programas de Graduação em Direito*. Rio de Janeiro: Forense/ São Paulo: Método, 2012, p. 57-85.

MACAULAY, Stewart. Non-Contractual Relations in Business: A Preliminary Study. *American Sociological Review*, vol. 28, n. 1, fev. 1963, p. 55-67.

MALLOY, Robin Paul. *Law and Economics: A Comparative Approach to Theory and Practice*. St. Paul: West Publishing, 1990.

MANCUSO, Rodolfo de Camargo. *Acesso à justiça: condicionantes legítimas e ilegítimas*. 2. ed. São Paulo: Revista dos Tribunais, 2015.

MANUS, Pedro Paulo Teixeira. Avalanche de processos atrasa bons julgamentos ou gera decisões sem cuidado. *Consultor Jurídico*, 03 fev. 2017. Disponível em: https://bit.ly/2EQeu2g [https://www.conjur.com.br/2017-fev-03reflexoes-trabalhistas-avalanche-processos-atrasa-bons-julgamentos-ou-gera-decisoes-cuidado]. Acesso em 24 ago. 2020.

MARCONDES, Antonio Fernando Mello. Os *Dispute Boards* e os Contratos de Construção. In: BAPTISTA, Luiz Olavo; PRADO, Mauricio Almeida (org.). *Construção Civil e Direito*. São Paulo: Lex Magister, 2011, p. 123-148.

MATHER, Lynn; YNGVESSON, Barbara. Disputes, Social Construction and Transformation of. In: WRIGHT, James (ed.). *International Encyclopedia of the Social & Behavioral Sciences*, vol. 6. 2. ed. Amsterdam: Elvesier, 2015, p. 560-566.

_____. Language, Audience, and the Transformation of Disputes. *Law & Society Review*, Vol. 15, Number 3-4, 1980-1981, p. 775-821.

MATTEI, Ugo. Access to Justice. A Renewed Global Issue?, vol. 11.3 *Electronic Journal Of Comparative Law*, dec. 2007, p. 1-25. Disponível em: https://bit.ly/2Sqz1h8 [http://www.ejcl.org/113/article113-14.pdf]. Acesso em: 24 ago. 2020.

MENDONÇA, Fernando Hideki. *Entrando em Consenso sobre a Obrigatoriedade da Audiência de Conciliação ou Mediação Preliminar*. Tese de Láurea. São Paulo: Universidade de São Paulo, 2016.

MENKEL-MEADOW, Carrie. Mothers and Fathers of Invention: The Intellectual Founders of ADR. *Ohio State Journal on Dispute Resolution*, vol. 16, 2000, p. 1-37.

MEYN, Ion. Why Civil and Criminal Procedure are So Different: A Forgotten History. *Fordham Law Review*, vol. 86, n. 2, 2017, p. 697-736.

MINISTÉRIO DA FAZENDA. *Reformas Microeconômicas e Crescimento de Longo Prazo*. Brasília: Ministério da Fazenda, dez. 2004.

MNOOKIN, Robert H.; KORNHAUSER, Lewis. Bargaining in the Shadow of the Law: The Case of Divorce. *The Yale Law Journal*, vol. 88, 1979, p. 950-997.

MOORE, Sally Falk. Law and Social Change: The Semi-Autonomous Social Field as an Appropriate Subject of Study. *Law and Society Review*, vol. 7, n. 4, verão/1973, p. 719-746.

MORRILL, Calvin; EDELMAN, Lauren B.; TYSON, Karolyn; ARUM, Richard. Legal Mobilization in Schools: The Paradox of Rights and Race among Youth. *Law & Society Review*, vol. 44, 2010, p. 651-694.

NAGAO, Paulo Issamu. *O Papel do Juiz na Efetividade do Processo Civil Contemporâneo*. São Paulo: Malheiros, 2016.

NEVES, Vitor. Pente-fino no INSS já gerou quase 14 bilhões de economia. Jornal da USP, 21 nov. 2018. Disponível em: https://bit.ly/2VhtDim [https://

jornal.usp.br/atualidades/pente-fino-no-inss-ja-gerou-quase-14-bilhoes-de--economia/].Acesso em: 24 ago. 2020.

OLIVEIRA, Fabiana Luci; CUNHA, Luciana Gross. Medindo o acesso à Justiça Cível no Brasil. *Opinião Pública*, vol. 22, n. 2, Campinas, agosto 2016, p. 318-349.

POSNER, Richard. *Divergent Paths: the Academy and the Judiciary*. Livro eletrônico. Cambridge: Harvard University Press, 2016.

PROCURADORIA-GERAL FEDERAL. PROCURADORIA FEDERAL ESPECIALIZADA JUNTO AO INSS. *Projeto Integrado Benefícios por Incapacidade: Adequação dos Recursos Públicos despendidos pelo INSS com pagamento de benefícios de Auxílio-Doença concedidos por decisão judicial*. Brasília: fev. 2016. 14 slides. Apresentação em Powerpoint.

PURCELL JR., Edward A. *Litigation and Inequality: Federal Diversity Jurisdiction in Industrial America, 1870-1958*. New York: Oxford University Press, 1992.

RAYMUNDO, Adhemar. O Processo Penal à Luz do Pensamento "Carneluttiano". In: SUPERIOR TRIBUNAL DE JUSTIÇA. *Ministro Adhemar Raymundo da Silva: Homenagem Póstuma*. Brasília: Superior Tribunal de Justiça, 2007, p. 93-101. [Publicado originalmente em *Revista dos Tribunais*, v. 51, jan./fev. 1955, p. 12-22].

RESNIK, Judith. Many Doors? Closing Doors? Alternative Dispute Resolution and Adjudication. *The Ohio State Journal on Dispute Resolution*, vol. 10, n. 2, 1995, p. 211-266.

_____. Mediating Preferences: Litigant Preferences for Process and Judicial Preferences for Settlement. *Journal of Dispute Resolution*, vol. 2002, n. 1, 2002, p. 155-169.

RICHA, Morgana de Almeida. Evolução da Semana Nacional de Conciliação como Consolidação de um Movimento Nacional Permanente da Justiça Brasileira. In: PELUSO, Antonio Cezar; RICHA, Morgana de Almeida (Coord.). *Conciliação e Mediação: estruturação da política judiciária nacional*. Rio de Janeiro: Forense, 2011, p. 61-72.

SALLES, Carlos Alberto de. *Arbitragem em Contratos Administrativos*. Rio de Janeiro: Forense, 2011.

_____. Duas faces da proteção judicial dos direitos sociais no Brasil. In: SALLES, Carlos Alberto de (org.). *As grandes transformações do processo civil brasileiro: homenagem ao Professor Kazuo Watanabe*. São Paulo: Quartier Latin, 2009, p. 807-818.

_____. Entre a Eficiência e a Equidade: Bases Conceituais para um Direito Processo Coletivo. *Revista de Direitos Difusos*, vol. 36, Direito Processual Coletivo I, mar./abr. 2006, p. 13-31.

_____. *Execução Judicial em Matéria Ambiental*. São Paulo: Revista dos Tribunais, 1998.

_____. Mecanismos Alternativos de Solução de Controvérsias e Acesso à Justiça: a Inafastabilidade da Tutela Jurisdicional Recolocada. In: FUX, Luiz; NERY JR, Nelson; WAMBIER, Teresa Arruda Alvim (coord.). *Processo e Constituição: Estudos em Homenagem ao Professor José Carlos Barbosa Moreira*. São Paulo: Revista dos Tribunais, 2006, p. 779-792.

_____. Nos braços do Leviatã: os Caminhos da Consensualidade e o Judiciário Brasileiro. In: BARBUGIANI, Luiz Henrique Sormani. *Mediação e Arbitragem no Âmbito Público e Privado: perspectivas e limitações: estudos em homenagem aos 800 anos da Universidade de Salamanca*. Rio de Janeiro: Lumen Juris, 2018, especialmente p. 87-109.

_____. Processo Civil de Interesse Público. In: SALLES, Carlos Alberto de (org.). *Processo Civil e Interesse Público: O processo como instrumento de defesa social*. São Paulo: Revista dos Tribunais, 2003, p. 39-77.

_____. Processo: Procedimento Dotado de Normatividade – uma Proposta de Unificação Conceitual. In: ZUFELATO, Camilo; YARSHELL, Flávio Luiz (org.). *40 anos da Teoria Geral do Processo no Brasil: Passado, presente e futuro*. São Paulo: Malheiros, 2013, p. 201-217.

SANDER, Frank E. A.; CRESPO, Mariana Hernandez. A Dialogue Between Professors Frank Sander and Mariana Hernandez Crespo: Exploring the Evolution of the Multi-Door Courthouse. *University of St. Thomas Law Journal*, vol. 5, n° 3, 2008, p. 665-674.

SANTOS, Boaventura de Sousa. *Toward a New Legal Common Sense*. 2. ed. Londres: LexisNexis Butterworths, 2002.

SANTOS, Wanderley Guilherme. *Razões da Desordem*. Rio de Janeiro: Rocco, 1994.

SARAT, Austin. The Litigation Explosion, Access to Justice, and Court Reform: Examining the Critical Assumptions. *Rutgers Law Review*, vol. 37, 1984-1985, p. 319-336.

SCHLANGER, Margo. Jail Strip-Search Cases: Patterns and Participants. *Law and Contemporary Problems*, vol. 71, 2008, p. 65-88.

SEUL, Jeffrey R. Litigation as a Dispute Resolution Alternative. In: MOFFITT, Michael L.; BORDONE, Robert (ed.). *The Handbook of Dispute Resolution*. São Francisco: Jossey-Bass, 2005, p. 336-357.

SHARAFI, Mitra. Justice in Many Rooms Since Galanter: De-Romanticizing Legal Pluralism Through the Cultural Defense. *Law and Contemporary Problems*, vol. 71, 2008, p. 139-146.

SICA, Heitor Vitor Mendonça. Perspectivas Atuais da "Teoria Geral do Processo", s/d, arquivo do autor, p. 1-28.

SILVA, Paulo Eduardo Alves da. *Acesso à justiça, litigiosidade e o modelo processual civil brasileiro*. Tese de Livre-Docência. Ribeirão Preto: Faculdade de Direito de Ribeirão Preto, Universidade de São Paulo, 2018.

_____. Solução de controvérsias: métodos adequados para resultados possíveis e métodos possíveis para resultados adequados. In: SALLES, Carlos Alberto de; LORENCINI, Marco Antônio Garcia Lopes; SILVA, Paulo Eduardo Alves da (coord.). *Negociação, Mediação e Arbitragem – Curso Básico para Programas de Graduação em Direito*. Rio de Janeiro: Forense/ São Paulo: Método, 2012, p. 1-25.

SORJ, Bernardo. *A Nova Sociedade Brasileira*. 3. ed. Rio de Janeiro: Jorge Zahar Editor, 2006.

SOURDIN, Tania. The Role of the Courts in the New Justice System. *Yearbook on Arbitration and Mediation*, vol. 7, 95, 2015. Disponível em: https://bit.ly/2Akj5WJ [http://elibrary.law.psu.edu/cgi/viewcontent.cgi?article=1033&context=arbitrationlawreview]. Acesso em 24 ago. 2020.

SURGIK, Aloísio. *A Origem da Conciliação*. Tese de Doutorado. São Paulo: Faculdade de Direito da Universidade de São Paulo, 1984.

TALESH, Shauhin A. How Dispute Resolution System Design Matters: An Organizational Analysis of Dispute Resolution Structures and Consumer Lemon Laws. *Law & Society Review*, Vol. 46, n. 3, 2012, p. 463-496.

_____. How the "Haves" Come out Ahead in the Twenty-First Century. DePaul Law Review, vol. 62, 2013, p. 519-554.

TAKAHASHI, Bruno. Aspectos Processuais dos Benefícios Previdenciários por Incapacidade. *Revista CEJ*, ano XVI, n. 56, jan./abr. 2012, p. 28-43.

_____. Desequilíbrio de Poder e Conciliação: o papel do terceiro facilitador em conflitos previdenciários. Brasília: Gazeta Jurídica, 2016.

_____. De novo, os meios consensuais no Novo CPC. *Revista Científica Virtual da ESA*, vol. 23, p. 24-33, 2016. Disponível em: https://bit.ly/2Ve0XGG [https://www.esaoabsp.edu.br/ckfinder/userfiles/files/RevistaVirtual/Revista%20Cienti%CC%81fica%20ESAOABSP%20Ed%2023.pdf]. Acesso em: 24 ago. 2020.

_____. Entre a liberdade e a autoridade: os meios consensuais no novo Código de Processo Civil. *Revista de Processo*, vol. 264, 2017, p. 497-522.

TARTUCE, Fernanda. Conciliação em juízo: o que (não) é conciliar? In: SALLES, Carlos Alberto de; LORENCINI, Marco Antônio Garcia Lopes; SILVA, Paulo Eduardo Alves da (coord.). *Negociação, Mediação e Arbitragem – Curso Básico para Programas de Graduação em Direito*. Rio de Janeiro: Forense/São Paulo: Método, 2012, p. 149-178.

THALER, Richard H.; SUNSTEIN, Cass R. *Nudge: Improving Decisions About Health, Wealth, and Happiness*. Livro Eletrônico. New York: Penguin Books, 2009.

THEODORO JR., Humberto; NUNES, Dierle; BAHIA, Alexandre Melo Franco; PEDRON, Flávio Quinaud. *Novo CPC – Fundamentos e sistematização*. 2. ed. Rio de Janeiro, Forense, 2015.

URWICK, L. Preface. In: FOLLETT, Mary Parker. *Freedom & Co-ordination: Lectures in Business Organisation*. Editado por L. Urwick et al. London: Management Publications Trust, 1949, p. vii-viii.

VAZ, Paulo Afonso Brum. Conciliações nos conflitos sobre direitos da Seguridade Social. *Revista de Doutrina da 4ª Região*. Porto Alegre: Tribunal Regional Federal da 4ª Região, n. 43, ago. 2011. Disponível em: https://bit.ly/34t4V5l [http://www.revistadoutrina.trf4.jus.br/index.htm?http://www.revistadoutrina.trf4.jus.br/artigos/edicao043/paulo_vaz.html]. Acesso em: 24 ago. 2020.

VIANNA, Luiz Werneck. Não há limites para a patológica judicialização da política. *Estado de S. Paulo*, 03 jan. 2016. Disponível em: https://bit.ly/2GTOYLg [http://www.conjur.com.br/2016-jan-03/luiz-werneck-vianna-nao-limites-judicializacao-politica]. Acesso em: 24 ago. 2020.

VOSS, Thomas R. Institutions. In: WRIGHT, James (ed.). *International Encyclopedia of the Social & Behavioral Sciences*, vol. 12. 2. ed. Amsterdam: Elvesier, 2015, p. 190-195.

WAGNER, Wendy. The Participation-Centered Model Meets Administrative Process. *Wisconsin Law Review*, 2013, p. 671-694.

WATANABE, Kazuo. Acesso à justiça e sociedade moderna. In: GRINOVER, Ada Pellegrini; DINAMARCO, Cândido Rangel; WATANABE, Kazuo (org.). *Participação e Processo*. São Paulo: Revista dos Tribunais, 1988, p. 128-135.

_____. *Acesso à ordem jurídica justa: conceito atualizado de acesso à justiça, processos coletivos e outros estudos*. Belo Horizonte: Del Rey, 2019.

_____. *Cognição no Processo Civil*. 4. ed. São Paulo: Saraiva, 2012.

_____. Cultura da sentença e cultura da pacificação. In: YARSHELL, Flávio Luiz; MORAIS, Maurício Zanoide (org.). *Estudos em Homenagem à Professora Ada Pellegrini Grinover*. São Paulo: DPJ, 2005, p. 684-690.

_____. Filosofia e Características Básicas do Juizado Especial de Pequenas Causas. In: WATANABE, Kazuo (coord.). *Juizado Especial de Pequenas Causas: Lei n. 7.244, de 7 de novembro de 1984*. São Paulo: Revista dos Tribunais, 1985, p. 1-7.

_____. A mentalidade e os meios alternativos de solução de conflitos no Brasil. In: GRINOVER, Ada Pellegrini; WATANABE, Kazuo; LAGRASTA NETO, Caetano (coord.). *Mediação e Gerenciamento do Processo*. São Paulo: Atlas, 2008, p. 6-10.

WIZIACK, Julio; PRADO, Maeli. Pente-fino corta R$ 10 bi em gastos irregulares com Bolsa Família, aposentadoria e auxílio-doença. Folha de S. Paulo, 24.jul.2018. Disponível em: https://bit.ly/2LkyLkj [https://www1.folha.uol.com.br/mercado/2018/07/pente-fino-corta-r-10-bi-em-gasto-irregular-com-57-mi-de-beneficiarios.shtml].Acesso em: 24 ago. 2020.

YOSHIMURA, Ryu. A Dualidade do "Liberal" no Neoliberalismo e da Solidariedade Local: um Estudo de Caso do Gerenciamento Individual de Fazendeiros Nikkeis e da Organização de Cooperativas Agrícolas no Sudeste Brasileiro. Tradução de Bruno Takahashi e revisão da tradução de Olivia Yumi Nakaema. IN: ODA, Ernani; NAKAEMA, Olivia Yumi; NABESHIMA, Yuri Kuroda (org.). *Novos Temas de Pesquisa em Estudos Japoneses*. Curitiba: Juruá, 2019, p. 171-188.

YOSHINAGA, Gilberto. Pente-fino no INSS detecta até 'cego' que é motorista. Agora, 15 mai. 2018. Disponível em: https://bit.ly/2s11oGV [http://www.agora.uol.com.br/grana/2018/05/1968415-pente-fino-no-inss-detecta-ate-cego-que-e-motorista.shtml].Acesso em: 24 ago. 2020.

ZAPPAROLLI, Célia Regina. Agir contra si – Acrasia – e a Mediação de Conflitos. In: SOUZA, Luciane Moessa de (coord.). *Mediação de Conflitos: novo paradigma de acesso à justiça*. 2. ed. Santa Cruz do Sul: Essere nel Mondo, 2015, p. 317-330.